教育部高校思想政治理论课教师研究专项重大课题攻关项目
“高校思政课习近平新时代中国特色社会主义思想教学案例库建设研究”
（项目批准号：21JDSZKZ01）

新时代
高校思想政治理论课
教学案例精选

（第4辑）

主 编 杨慧民 张 超

参编者（以姓氏笔画为序）
王 娜 王冠文 王晶梅 王新影
刘秉贤 刘鹏飞 杨丽丽 张 灿
屈 宏 赵 劲 贾 迪 葛丽君

中国人民大学出版社
·北京·

主要作者简介

杨慧民，大连理工大学思想政治理论课案例教学研究中心主任，马克思主义学院教授、博士生导师。累计 44 期在“中宣部、教育部全国高校思想政治理论课骨干教师研修班”上介绍案例教学经验。国家高层次人才特殊支持计划教学名师，马克思主义理论研究和建设工程重点教材《马克思主义基本原理》编写组主要成员，国家级精品资源共享课、国家一流本科课程“马克思主义基本原理”建设负责人，国家级教学成果奖二等奖获得者，教育部高校思想政治理论课名师工作室（大连理工大学）负责人。入选全国高校中青年思想政治理论课教师择优资助计划、思想政治教育中青年杰出人才支持计划。主持完成教育部哲学社会科学研究重大课题攻关项目 1 项、国家社科基金一般项目 2 项、教育部人文社科项目 10 多项。在《哲学研究》《光明日报》等发表研究论文 70 多篇，其中《新华文摘》等全文转载 5 篇。论文荣获辽宁省哲学社会科学奖·成果奖（第六届）一等奖。在高等教育出版社、中国人民大学出版社主编出版思政课案例教学专著、教材教辅 40 多部。

内容简介

本书是以马克思主义理论研究和建设工程重点教材《习近平新时代中国特色社会主义思想概论》的主要内容和逻辑结构为蓝本，以活化教学内容、激活课堂教学、推动教材体系向教学体系和信仰体系转化为着力点，以扎实推进习近平新时代中国特色社会主义思想进课堂、进学生头脑为理念而编写的教学参考用书。本书精选和解析了 31 个学理说得透、事例讲得活、学生听得懂、实践用得上的典型案例。力求既有平实的理论分析，突出思想教育性和理论深度，又有真实案例的细致刻画；既坚持内容为王，又注重学理渗透；既立足“高大上”，又着力“接地气”。全书取材新颖精当，内容鲜活充实，问题讨论层次分明，教学建议贴近实际，总结提升深入浅出，适合广大高校思政课一线教师和思想政治教育工作者阅读使用。

总序

新时代催生新思想，新思想引领新实践。党的十九大报告鲜明指出，“中国特色社会主义进入了新时代”。这是我们党准确把握我国发展新特点新要求所作出的一个重大政治判断。而作出这一重大政治判断的理论标志，是习近平新时代中国特色社会主义思想的创立。习近平新时代中国特色社会主义思想之“新”，主要体现在它创立于新时代中国特色社会主义的伟大实践中。

党的十九大报告将习近平新时代中国特色社会主义思想的主要内容概括为“八个明确”“十四个坚持”，党的十九届六中全会将“八个明确”拓展为“十个明确”，党的二十大报告将其概括为“十个明确”“十四个坚持”“十三个方面成就”。

习近平在党的二十大报告中指出，继续推进实践基础上的理论创新，首先要把握好新时代中国特色社会主义思想的世界观和方法论，坚持好、运用好贯穿其中的立场观点方法，并从六个方面作出概括和阐述，强调必须坚持人民至上、必须坚持自信自立、必须坚持守正创新、必须坚持问题导向、必须坚持系统观念、必须坚持胸怀天下。这一概括深刻揭示了习近平新时代中国特色社会主义思想的理论品格和鲜明特质，充分彰显了习近平新时代中国特色社会主义思想的真理力量和实践伟力。

“十个明确”“十四个坚持”“十三个方面成就”“六个必须坚持”内在贯通、有机统一，凝结着我们党认识世界、改造世界的宝贵经验和重大成果，体现了理论与实际相结合、认识论和方法论相统一的鲜明特色，共同构成了习近平新时代中国特色社会主义思想的科学体系。

学懂弄通落实党的二十大精神和党的二十届三中全会精神，深入推进习近平新时代中国特色社会主义思想坚定不移进教材、生动活泼进课堂、融会贯通进学生头脑，使党的创新理论全面融入高校思想政治理论课，更好武装青年、引领青年，筑牢青年学生成长成才的科学思想基础，使之加深对新时代中国特色社会主义的思想认同、理论认同、情感认同，是当前和今后一个时期全国高校思想政治理论工作者的首要政治任务和庄严使命。

我们推出这套丛书，正是要以全新的理念、扎实的行动将习近平新时代中国特色社会主义思想学深悟透、落到实处；正是要全景展示习近平新时代中国特色社会主义思想指引下的生动实践和伟大成就，充分展示习近平总书记的人格魅力和为民情怀，展现全国各族人民、各行各业因社会发展进步而不断增强的获得感、幸福感、安全感；正是要用生动的笔触、鲜活的案例全方位呈现新时代我们党治国理政的新气象，以及党和国家事业取得的历史性成就、发生的历史性变革，向世人展示一个更加立体、丰富、生动的现代中国。

为了实现这一目标，我们课题组依托教育部高校思想政治理论课名师工作室（大连理工大学）开展工作，用时两年多精心选编了一批学理说得透、事例讲得活、学生听得懂、实践用得上的典型教学案例，既有深入浅出的理论分析，突出思想性和理论深度，又有案例实践的细致刻画，是我们20多年来努力探索思想政治理论课案例教学改革的又一潜心积淀。这一批典型教学案例，折射出以习近平同志为核心的党中央的清醒坚定与从容自信，显示出14亿多中国人的意气风发和昂扬斗志，展现出各行各业砥砺前行的生动实践，昭示了中华民族伟大复兴中国梦的光明道路和壮美前程。

本套丛书主要以马克思主义理论研究和建设工程重点教材《习近平新时代中国特色社会主义思想概论》的主要内容和逻辑结构为蓝本，每个案例所对应的章节内容，我们已尽可能地在教学建议处列出，并在总结提升建议环节结合案例详尽展开论述。同时，为充分展示习近平新时代中国特色社会主义思想深邃的理论视域，把案例教学的潜在优势转化成实实在在的教学效果，在分析案例时我们并非仅仅围绕一个教学主题展开，而是以某一个主题为主线，有所兼顾，以突出思想政治理论课案例教学独有的综合性、贯通性和一体化特点。

我们相信，把这一批典型教学案例“用足、用好、用活”，定能引导当代青年大学生深刻领会习近平新时代中国特色社会主义思想的精神实质和丰富内涵，以紧跟时代的理论自觉、坚如磐石的战略定力、不忘初心的历史担当，勇做新时代新征程的坚定者、奋进者、搏击者；定能凝聚全面建设社会主义现代化国家的强大正能量，提振同心共筑中国梦的精气神，汇聚中华民族伟大复兴的磅礴伟力，提升中国共产党的思想引领力，谱写好新时代社会主义现代化新征程的壮丽篇章。

目录

案例 1

做中国式现代化的先行者，风景“浙”边正好

核心阅读

2003 年 7 月，浙江省委书记习近平提出，要进一步发挥八个方面的优势、推进八个方面的举措，即“八八战略”，指引浙江走出改革创新开放图强之路。这是一个高瞻远瞩的重大部署，成为省域长远发展的全面规划和顶层设计；这是一个影响深远的重大战略，引领浙江实现全方位、系统性、深层次的精彩蝶变。大潮起钱塘，大道汇之江。20 多年来，浙江历届省委、省政府以“八八战略”为总纲领，一张蓝图绘到底、一任接着一任干，在深刻领悟“八八战略”精髓要义的基础上，创造性地落实各项战略部署，推动浙江在中国式现代化进程中示范先行。

21 世纪初，浙江经济发展速度看起来“高歌猛进”，但不蓝的天、不清的水、不绿的山随处可见，资源短缺问题也开始显现，不平衡不协调的发展模式难以为继。

2003 年 7 月，在总结浙江经济多年发展经验的基础上，浙江省委书记习近平在省委十一届四次全会上，全面系统地阐释了浙江发展的八个方面的优势，提出了指向未来的八个方面的举措——“八八战略”。20 多年来，浙江历届省委、省政府一张蓝图绘到底，努力做到“干在实处、走在前列、勇立潮头”，推动浙江工作在融入中国式现代化的宽广大道上敢闯新路、勇挑大梁。

始终与人民心心相印、同甘共苦，不断把人民对美好生活的向往变为现实

在杭州市西湖区翠苑一区社区，为了解决老人吃饭难问题，社区开设了物美价廉的老年食堂；针对来探望老人的子女停车难题，社区还划定了专门的车位。此外，社区池塘里还引入生态水循环系统，以小微景致改善老旧小区环境。

离晚餐开饭不到半小时，温州市鹿城区松台街道菱藕社区邻里食堂内，已有居民陆续到来。食堂引入第三方餐饮企业，卫生又丰富的菜品受到居民欢迎，70 岁以上的老年人还能享受优惠。社区是群众生活居住的主要空间，也是提供公共服务的重要平台。漫步之江大地，聚焦“一老一小”需求的社区食堂、托幼机构等覆盖面不断提升，标准化、专业化、公益性的公共服务彰显以人民为中心的发展本色。

东海洋面之上，舟山群岛星罗棋布。傍晚夕阳的柔光中，舟山第二小学学生周陈延盯着教室内的大屏幕，徜徉在“航天探秘”课程的知识海洋中。线上老师负责授课，线下随堂老师配合做好课堂互动引导和维护课堂秩序，这种“双师课堂”模式改变了山区海岛原本教育资源洼地的困境，给山区海岛优化完善课程结构提供了新的可能。

“一个都不能少！”近年来，浙江统筹实施农村中小学、职业教育提升计划，并通过“教师轮岗交流”、“对口帮扶”和“教育共同体”等方式，推动城乡教育一体化发展。经过不懈努力，浙江城乡义务教育学校校际差异系数被控制在0.27以内，为全国最低。

素有“七山一水二分田”之称的浙江，基础禀赋算不上优越，在10.55万平方公里的土地上，浙江持续推进幼有善育、学有优教、劳有所得、病有良医、老有康养、住有宜居、弱有众扶，让发展的成果惠及更多群众。

努力打造形成更多具有全国知名度、浙江辨识度的标志性共富成果

杭州主城区西南方约200公里，淳安县千岛湖秀水畔的界首乡，自行车、铁人三项等亚运场馆已准备就绪，正等待运动健儿一展风采；界首乡西南方向的库区对岸，一组“队员”正在共同富裕的赛道上通力协作，携手共进。

在不打破行政区划的前提下，2个乡镇25个行政村形成“一张图”谋划、“一盘棋”统筹、“一条心”发展的格局。先富起来的“小下姜”正带领周边20多个村子组成的“大下姜”，共同奔向美好生活。

下姜村的发展，如同一滴水折射出浙江区域协调发展的全貌。2021年6月，《中共中央 国务院关于支持浙江高质量发展建设共同富裕示范区的意见》正式发布，浙江在高起点上被委以新的重任。

浙江不断夯实共同富裕的物质基础，同时着力打造一批标志性成果、着力推动一批共同富裕机制性制度性创新模式、着力出台一批改革方案。为破解区域发展不平衡难题，浙江持续推进“山海协作工程”，加速形成优势互补、资源互通、共建共享的区域合作新格局。浙江山区26县地区生产总值、城乡居民收入等主要指标增速均高于全省平均水平。

补齐发展短板，激发创新动能，浙江围绕缩小“三大差距”，示范区建设交出阶段性成绩单。2003年至2023年，浙江城乡居民可支配收入持续居全国省区第一位，城乡居民收入倍差从2.37缩小到1.90，是全国倍差最小的省区。公共服务更加优质普惠，最低生活保障标准居各省区第一位。

既要“物质富足”又要“精神富有”，打造新时代文化高地

走进位于绍兴越城区后观巷的徐渭故里，悠悠琴声从青藤书屋传来，与之一路之隔的是新近落成的徐渭艺术馆。这片集古朴和新潮于一体的文化艺术展示新空间，是从徐渭“青藤画派”文化元素中提取基因，并结合实体书画作品加以转化而来的。

2020年，浙江启动“文化基因解码工程”，挖掘、研究、阐释优质文化基因，构建全省文化基因库，推进其转化利用。浙江系统梳理文化的传承脉络，累计出版学术著作超过1 700部；“中国历代绘画大系”圆满结项，千年丹青以展览形式走进高校、走进美术馆。

每到周末，温州24小时不打烊自助书房里都坐满了人。原木色书桌旁的软椅上，人们捧着书，沉浸在阅读中。

城市驿站、文化客厅、智慧书房……串联起书香四溢的美景。截至 2023 年，围绕“15 分钟品质文化生活圈”目标，浙江全省已累计建成的 5 万余家新时代文明实践中心、所（站、点）和农村文化礼堂，成为人民美好生活的“标配”。

一个共同富裕和现代化的社会，一定拥有高品质文化生活。全体人民不分城乡、区域、群体，都公平享有参与文化活动的权利，同时共享文化改革发展的成果，这才是精神上、文化上的“普遍富”“共同富”“全民富”。

在浙江省嘉兴市桐乡市大麻镇，一片惊呼声中，“90 后”沈东和陆晓婷飞奔上前，接住一名从 6 楼坠下的两岁女童，两人被赞为“最美浙江人”。在浙江，从“最美现象”到“最美风景”，从诚信文化普及到理想信念教育，一场以人的现代化为核心的“浙江有礼”省域文明实践，正在之江大地开展。

涵养绿水青山，一幅人与自然和谐共生的现代化美丽画卷徐徐展开

曾几何时，以牺牲环境为代价的“成长烦恼”在浙江普遍存在，而“绿水青山就是金山银山”为浙江未来发展指明了方向。

从打造“绿色浙江”、启动“千万工程”，到部署加快建设生态浙江、实施“五水共治”，再到建设美丽浙江，建成全国首个生态省，“八八战略”实施 20 多年来，浙江接力开启覆盖全域、联动城乡的生态环境治理保护“大会战”，不断提升生态系统稳定性。

良好生态环境是最普惠的民生福祉。2023 年，浙江省控断面优良水质比例达到 97.6%，近岸海域水质优良率不断创造历史最好水平；空气质量在全国重点区域率先达标，省域森林覆盖率达到 61.15%；生态环境公众满意度连续 11 年提升，环境信访总量连年下降。

当生态环境优势重现，浙江的“绿水青山”源源不断地转化为“金山银山”。

台州市三门县岩下潘村依托得天独厚的自然资源建设美丽乡村，办起了农家乐，每年吸引了数十万人次前来观光。成功“出圈”后的岩下潘村成立旅游开发有限公司，村民自愿入股，更多的“生态游”项目先后建成投运，截至 2023 年，累计分红已达 2 700 万元。

“绿水青山”与“金山银山”是一个双向转化、双向影响的过程。浙江不仅把高品质的“绿”转化为不断流动的“富”，还让“金山银山”更好地反哺“绿水青山”。

为调动各地守护绿水青山的积极性，浙江率先建立了生态环保财力转移支付制度，此后又陆续出台了重点生态功能区财政政策、流域横向生态补偿机制等一系列政策，目前已基本实现生态保护领域财政政策的全覆盖。

以推进绿色发展、促进人与自然和谐共生为目标，浙江正将生态文明建设的各个领域全面集成升华、迭代升级为新的更高水平的实践，推进先行优势向现代化领跑优势全面转化。

思考讨论

1. 结合案例思考，“八八战略”提出 20 多年来，浙江在推进中国式现代化的道路上采取了哪些举措？取得了哪些实践成效？

2. 世界各国走向现代化，都有各自的理念指导、各自的社会历史条件、各自的现实基础，因而都会形成各自内在的质的规定性。结合案例谈一谈中国式现代化的本质要求是什么。

3. 推进中国式现代化是一场长期而艰巨的社会革命，立足于新时代新征程，我们如何才能完成以中国式现代化推进中华民族伟大复兴的使命任务？

教学建议

本案例主要适用于第二章第三节“推进中国式现代化行稳致远”部分的辅助教学。案例主要展示的是浙江作为改革开放先行区，以忠实践行“八八战略”、努力打造“重要窗口”为主题主线，以“干在实处、走在前列、勇立潮头”为精神动力，在实现中国式现代化的宽广大道上敢闯新路、勇挑大梁的典型事例。

组织教学建议

第一，教师应首先引导学生深刻理解和把握什么是中国式现代化，为什么要推进中国式现代化。课前，教师可安排学生自学党的二十大报告中有关中国式现代化的内容；课上，教师可组织学生就相关内容开展结构化研讨。在讨论过程中，教师要着重引导学生把握，现代化是人类社会由低级形态向高级形态演进的历史过程。在人类现代化进程中，大体上形成了资本主义现代化和社会主义现代化的道路分野，具象为西方现代化和中国式现代化的模式分界。从特征上来看，中国式现代化是人口规模巨大的现代化、是全体人民共同富裕的现代化、是物质文明和精神文明相协调的现代化、是人与自然和谐共生的现代化、是走和平发展道路的现代化。从本质上看，它以“坚持中国共产党领导”起首，以“坚持中国特色社会主义”定向，贯通“实现高质量发展，发展全过程人民民主，丰富人民精神世界，实现全体人民共同富裕，促进人与自然和谐共生，推动构建人类命运共同体”等现代化建设的重要方面，落脚在“创造人类文明新形态”。坚持和发展中国式现代化，是强国建设、民族复兴的唯一正确道路。

第二，教师应引导学生把握案例的叙述逻辑，厘清中国式现代化浙江探索的具体做法和实践成效。20多年来，浙江历届省委、省政府以“八八战略”为总纲领，一张蓝图绘到底、一任接着一任干，在深刻领悟“八八战略”精髓要义的基础上，创造性地以人民为中心推进改革发展；着力推动一批共同富裕机制性制度性创新模式；高水平推进文化强省建设，努力打造新时代文化高地；涵养绿水青山，推进和谐共生。浙江的一系列实践举措，契合了中国式现代化的基本特征和本质要求，推动浙江在共同富裕和中国式现代化进程中示范先行，取得了令人瞩目的发展成就。浙江取得的成就，充分证明了中国式现代化发展模式的科学性、可行性和必要性。

第三，在案例教学过程中，教师需着重把握三个关键点：首先，要对中国式现代化的基本特征和本质要求进行深入剖析，讲清楚各构成要素之间的内在逻辑关系，突出知识性教育；其次，要着重讲清楚中国式现代化是中国共产党领导的社会主义现代化，这是对中国式现代化的定性，是管总、管根本的，突出政治性教育；最后，要引导学生始终坚持以习近平新时代中国特色社会主义思想为指导，自觉投入建设中国式现代化的时代洪流中，突出价值性教育。

总结提升建议

第一，中国式现代化最核心的本质特征是“人的现代化”。拉长历史镜头，可以看出现代化是一个动态的历史过程。肇始于西方的资本主义现代化，曾对人类文明进步做出巨大贡献。但从根本上说，资本主义现代化的底层驱动力是资本逻辑。所谓资本逻辑，具体而言就是指资本存在、运行、作用、发展的规律和趋势。中国式现代化是中国共产党领导的社会主义现代化，其在批判“资本逻辑”的基础上形成，自觉承担起探索现代化“人本逻辑”的价值使命，即把人作为现代化的主体，把实现人的自由而全面发展作为现代化的价值旨归和最终目标。应该说，“以人民为中心”是中国式现代化道路与西方现代化道路的本质区别，也是中国式现代化的基本价值遵循，是其出发点、落脚点和衡量标准。浙江作为中国式现代化的先行区、示范区，始终以人民对美好生活的向往为目标，积极探索实现共同富裕的实践进路，统筹推进“物质文明”与“精神文明”共同发展，加快推动人与自然和谐共生，奋力谱写出中国式现代化的浙江篇章。浙江为什么能够成功？归根到底，在于紧紧围绕“为什么人”“依靠什么人”来推进现代化各项事业，实现了人民有信仰、国家有力量、民族有希望三重目标的有机整合，把各种积极因素和力量充分调动起来，形成了现代化的合力，成功走出了一条内涵式发展的现代化之路。浙江在中国式现代化道路上取得的成就，既是对中国式现代化价值旨归的充分彰显，也是对中国式现代化何以成功的系统回答。

第二，中国共产党的领导是中国式现代化的最鲜明特征和最突出优势。党的领导如同“擎天玉柱”“架海金梁”，决定着中国式现代化的根本方向、前途命运、最终成败。现代化催生政党政治，政党政治主导现代化，这已成为几百年来人类政治文明演进的一大逻辑。对经济史和经济思想史的考察也充分表明，对于后发国家而言，一个积极有效、有坚强组织的国家领导力量是实现经济赶超的关键。这同样也是中国式现代化形成和发展的关键特征。国家领导力量的作用，在于新构一些后发国家所不具备却是经济赶超所必备的“替代性条件”。可以说，正是因为有了中国共产党这一经由历史选择的大众型、使命型政党的坚强领导、科学布局、执着探索，中国的现代化事业才能够在危机中育先机、于变局中开新局，不断拓展发展新空间，塑造发展新优势。“七山一水二分田”的浙江之所以能够走出改革创新开放图强之路，实现全方位、系统性、深层次精彩蝶变，就是因为其始终坚持党的集中统一领导，创造性地落实党的各项战略部署，不断推动浙江在中国式现代化进程中示范先行。历史与实践充分表明，只有深刻理解中国共产党的领导对于中国式现代化的决定性作用，才能深刻理解和系统把握中国式现代化何以胜利、何以从胜利走向新的胜利等重大问题。

第三，立足于中华民族伟大复兴新征程，中国式现代化要以科学的指导思想为指引，统筹兼顾、系统谋划、整体推进。推进中国式现代化，是一项前无古人的开创性事业，必然会遇到各种可以预料和难以预料的风险挑战甚至惊涛骇浪。立足于中华民族伟大复兴新征程，扎实推进中国式现代化建设，更加需要高超的智慧和思维，更加需要为之付出不懈的努力和奋斗。习近平在浙江工作期间，提出“八八战略”，为浙江指出改革创新开放图强之路。在“八八战略”总纲领的引领下，浙江坚持“全局意识、长远意识、统筹协调”的系统思维，坚持“发挥优势、补齐短板、打牢支点”的辩证方法，坚持“主要矛盾、根本问题、重点突破”的科学路径，推动中国式现代化取得全方位、整体性和系统性发展。实践证明，推进中国式现代化，必须以科学的指导思想为引领，准确把握人民群众的共同愿望，深入探索经济社会发展规律，特别是要坚持好、运用好习近平新时代中国特色社会主义思想的世界观和方法论以及贯穿其中的立场观点方法，探索形成真能解决问题、能解决真问题的新理念、新思路、新办法，正确处理好顶层设计与实践探索、战略与策略、守正与创新、效率与公平、活力与秩序、自立自强与对外开放等一系列重大关系。

■ 启示意义

中国式现代化是在改革开放中不断推进的，也必将在改革开放中开辟广阔前景。基于实践维度观之，浙江之所以能够在中国式现代化进程中示范先行，关键在于深刻领悟“八八战略”的精髓要义，切实把全面深化改革的战略部署转化为推进中国式现代化的强大力量，进而推动浙江走出改革创新开放图强之路。新征程上推进中国式现代化，必须继续用好改革创新这一重要法宝。党的二十届三中全会明确提出“必须自觉把改革摆在更加突出位置，紧紧围绕推进中国式现代化进一步全面深化改革”。以进一步全面深化改革推进中国式现代化，核心任务是以改革破藩篱、激活力，推动生产关系和生产力、上层建筑和经济基础、国家治理和社会发展更好地相适应，进而为中国式现代化提供强大动力和制度保障。

案例 2

使命在肩 不负人民

——党的领导为脱贫攻坚“领航”“定盘”

核心阅读

贫困是人类社会的顽疾。反贫困始终是古今中外治国安邦的一件大事。摆脱贫困、全面小康，中国共产党念兹在兹、须臾不忘。使命在肩头，人民在心头。党的十八大以来，以习近平同志为核心的党中央，领导组织实施了人类历史上规模空前、力度最大、惠及人口最多的脱贫攻坚战，并取得了全面胜利，补齐了全面建成小康社会最突出短板，实现了中国人民的千年梦想、百年夙愿。我国成为世界上率先完成联合国千年发展目标的发展中国家，创造出人类减贫史上前所未有的奇迹。中国共产党为打赢脱贫攻坚战发挥了坚强领导作用，这是脱贫攻坚战全面胜利的根本原因和核心所在。党的领导是打赢脱贫攻坚战的根本保障和根本优势，为脱贫攻坚“领航”“定盘”。

2020 年 12 月 31 日夜，国务院扶贫办大楼前悬挂的“脱贫攻坚倒计时”电子牌前，人们齐声倒计时，随着数字归零，现场掌声一片，不少人湿了眼眶。“2020 年，全面建成小康社会取得伟大历史性成就，决战脱贫攻坚取得决定性胜利。”习近平发表的新年贺词向全世界郑重宣告。8 年，近 1 亿贫困人口实现脱贫，世界上再没有哪一个国家能在这么短的时间做到。从党中央最高指挥部到基层“最后一公里”，习近平总书记带领全党，层层压实责任，打赢了脱贫攻坚战，兑现了“全面建成小康社会，一个也不能少”的诺言。

总书记亲自挂帅、亲自出征、亲自督战

1992 年 7 月，一位年轻的地委书记出版了一部名为《摆脱贫困》的书籍，该书围绕闽东地区如何早日脱贫这一主题，提出了许多富有建设性的理念、观点和方法。这位年轻的作者就是时任福建省宁德地委书记的习近平。

《摆脱贫困》出版 20 多年后，当年的地委书记，如今担任中共中央总书记的习近平，带领着 14 亿多中国人民，打响了一场彻底摆脱绝对贫困的攻坚战。2012 年底，担任中共中央总书记 40 多天的习近平冒着严寒，赶赴地处集中连片特困地区的河北省阜平县，走进龙泉关镇骆驼湾村、顾家台村两个特困村。在这个太行山里的革命老区，习近平指出：

“没有农村的小康，特别是没有贫困地区的小康，就没有全面建成小康社会。”习近平为全面建成小康社会划定底线任务，向全党全国发出了脱贫攻坚的进军令。

截至 2012 年底，现行标准下尚有 9 899 万农村贫困人口，比全球 90%以上国家的人口都多。这个数字是国家统计局通过农村住户抽样调查得出来的，但他们是谁、住在哪里、为什么贫穷，没人说得清。

2013 年 11 月 3 日，在湖南湘西十八洞村，习近平首次提出“精准扶贫”，此后，习近平反复指出，扶贫不能“手榴弹炸跳蚤”，不能搞“大水漫灌”，对贫困人口要精准识别。按照习近平总书记的指示，一项史无前例的贫困人口建档立卡工作在全国展开。中国扶贫开发历史上第一次实现了精准到户、精准到人，扶贫开发进入“滴灌式”精准扶贫新阶段。从做到“六个精准”到实施“五个一批”，再到解决扶持谁、谁来扶、怎么扶、如何退等问题，习近平总书记对扶贫工作做出一系列重要论述，创造性地提出精准扶贫、精准脱贫的基本方略。

在这场艰苦卓绝的战役中，习近平总书记亲自挂帅、亲自出征、亲自督战，倾注了大量的情感和心力。在 50 多次调研扶贫工作中，他走遍了 14 个集中连片特困地区；他主持召开了 7 场中央扶贫工作座谈会，每次议题都剑指当时面临的突出矛盾和问题，一步步擘画出脱贫攻坚的路线图，为打赢脱贫攻坚战指引着方向。

在以习近平同志为核心的党中央领导下，脱贫攻坚战成为举全国之力展开的一场国家行动：东部 9 个省、14 个市结对帮扶中西部 14 个省区市，全国支援西藏和新疆，东部 343 个经济较发达县市区与中西部 573 个贫困县开展携手奔小康行动；307 家中央单位定点帮扶 592 个贫困县，军队定点帮扶 4 100 个贫困村；12.3 万家民营企业参与“万企帮万村”精准扶贫行动，帮扶 7.28 万个贫困村。习近平指出，“这在世界上只有我们党和国家能够做到，充分彰显了我们的政治优势和制度优势”。

五级书记抓扶贫

脱贫攻坚战打响后，中国构建起严密、坚强的组织体系，扶贫工作由副职分管全部变成党政一把手负责。在党中央领导下，省、市、县、乡、村五级书记抓扶贫，全党动员促攻坚。

2015 年 11 月，被称为“史上最高规格”的中央扶贫开发工作会议在北京举行。会上，22 个中西部省区市主要负责人，向党中央立下了“军令状”。这些脱贫攻坚责任书存放在国务院扶贫办的机要室，封面上印着金色的党徽，显得格外庄重。翻开责任书我们可以看到，每个省区市的贫困县有多少、农村贫困人口有多少、向中央承诺的内容是什么。2016 年到 2020 年，中西部 22 个省级党委和政府接受每年一次的扶贫开发工作成效考核。每年习近平召开政治局会议，听取汇报、审核结果。党中央来约谈省委书记、省长。通过省、市、县、乡、村层层签订脱贫攻坚责任书，强化了脱贫攻坚中央统筹、省负总责、市（地）县抓落实的管理体制。

“五级书记抓扶贫”，这是中国的特色，更是中国的决心。只有在党中央的领导下，五级书记一起抓，才能充分发挥党总揽全局、协调各方的领导核心作用，高效调度人财物等资源。

在五级书记的“链条”上，县委书记处在承上启下的特殊位置。习近平指出，县委书记在干部序列中，说来级别不高，但地位特殊。他多次强调，县级党委是全县脱贫攻坚的总指挥部。2016 年 4 月，中组部、国务院扶贫办印发《关于脱贫攻坚期内保持贫困县党政正职稳定的通知》，明确贫困县党政正职在完成脱贫任务前，原则上不得调离。脱贫摘帽后，为巩固脱贫成果，仍要保持稳定一段时间。全国贫困县的党政一把手拿出久久为功、利在长远的恒心和耐力，顽强苦战，以“不破楼兰终不还”的决心，坚决甩掉贫困县的帽子，真正做到为官一任、造福一方。

2011 年 6 月，组织选派 47 岁的黄诗燕到湖南省炎陵县任县委书记。炎陵地处井冈山西麓，既是革命老区，又是欠发达地区，到 2014 年全县有建档立卡贫困人口 26 761 人，贫困发生率达 16.57%。黄诗燕走遍每一个村，翻越了炎陵的每一座山。差不多每个月都有一周，他在村里走访贫困户。大到扶贫产业选择、重大文件制定、重要举措出台，小到贫困户建档立卡手册，他逐一梳理、逐一审定。他提出以炎陵黄桃为突破口，带动群众脱贫增收。他是炎陵黄桃的“头号推销员”。每年的桃花节、黄桃大会，他都出面“站台”吆喝；北京、广州等地的供销对接会，他现场促销。如今，炎陵黄桃已成为国家地理标志证明商标，出口新加坡等国家，炎陵近 60% 的贫困人口通过种植黄桃实现稳定脱贫。8 年 5 个月零 4 天，黄诗燕带领这个国家级贫困县顺利摘帽，却因连日超负荷工作，突发心脏病因公殉职。“扶贫工作等不得”，是他留给同事们的最后一句话。

派强用好驻村第一书记和工作队

2014 年 1 月，中共中央办公厅、国务院办公厅印发的《关于创新机制扎实推进农村扶贫开发工作的意见》，要求普遍建立驻村工作队（组）制度，确保每个贫困户都有帮扶责任人。2015 年 4 月，习近平在中央全面深化改革领导小组第十一次会议上明确提出，向软弱涣散村党组织和贫困村党组织选派第一书记。

党的十八大以来，全国累计选派 25.5 万个驻村工作队、300 多万名第一书记和驻村干部，同近 200 万名乡镇干部和数百万村干部一道奋战在扶贫一线。他们每天面对的是老百姓生活中细碎烦琐的大事小情，连通的是脱贫攻坚伟业的“最后一公里”。

来自审计署国资监管审计局的姜海泉，2016 年 2 月进驻贵州省丹寨县甲石村，成为这个有 200 多户人家村子的驻村“第一书记”。“荒凉”，是他对甲石村的第一印象。最戳姜海泉心窝子的，是村里的那些孩子。不仅村里的幼儿园条件差，镇上的小学还没有食堂，孩子们到了冬天连一口热饭都吃不上。在姜海泉的努力下，幼儿园的环境发生了翻天覆地的变化。姜海泉从中国教育发展基金会争取了 110 万元的项目支持，帮助甲石村所在的排调镇的第一小学完成食堂扩建，让近 500 名小学生能够在室内吃上热乎乎的饭菜。看到小学生们过冬的棉被单薄，他发起小型募捐活动。不到一天半的时间，就募捐到了将近 1 300 床棉被。姜海泉带领村民搞基础设施建设，谋产业发展，种吊瓜、种香菇、种火龙果。他这个审计干部，愣是学成了一个农业土专家。2018 年 2 月，是姜海泉两年任期结束的时间。村民联名写了希望姜海泉继续留任的请愿书，一个个饱含信任的红手印让姜海泉在甲石村又坚守了两年。甲石村一天天变好，摘掉了贫困的帽子。

革命老区百色是全国 14 个集中连片特困地区之一。2016 年，北京师范大学硕士研究生黄文秀作为优秀定向选调生到百色市委宣传部工作。读大三时她就入了党，毕业后选择回报家乡。2018年3月，被派驻百坭村任第一书记。村民怀疑她做不了什么事，不相信她。这个年轻的女孩没有气馁。驻村两个月后，黄文秀一步一个脚印，弄清了全村所有贫困户的最新情况。她帮助百坭村发展电商，砂糖橘等土特产远销全国各地；她为百坭村申请到通屯的路灯项目，在村里走夜路不再需要手电筒；她挨家挨户走访全村195户建档立卡贫困户，记录本上清晰地标注着每一户的致贫原因……2019年6月17日凌晨，黄文秀在返回百坭村的途中，遭遇山洪不幸遇难，年仅30岁。

截至2020年底，全国共有1 800多人将生命定格在了扶贫岗位上。他们中，既有县委书记、县长，也有生于斯长于斯的乡镇干部、村干部，更有从四面八方赶来把他乡当故乡的第一书记、驻村工作队队员和扶贫志愿者等。他们奋斗过的这片土地和生活在此的人们，将会永远铭记他们的热血与青春、他们的跋涉与牺牲。

思考讨论

1. 脱贫攻坚是一项艰巨而繁重的任务，是一场硬仗。我国在脱贫攻坚上取得了哪些前所未有的成就？你认为我国脱贫攻坚的成功密码有哪些？

2. 为什么说中国特色社会主义制度的最大优势是中国共产党领导？如何理解中国共产党的领导是脱贫攻坚战取得全面胜利的根本保证？

3. 新时代大学生怎样才能做到自觉在思想上政治上行动上同党中央保持高度一致，始终“听党话、跟党走”？

教学建议

本案例主要适用于第三章第一节“中国共产党领导是中国特色社会主义最本质的特征”部分的辅助教学。本案例通过习近平总书记带领全党，层层压实责任，打赢脱贫攻坚战，完成消除绝对贫困的艰巨任务，创造又一个彪炳史册的人间奇迹的伟大实践，展示了具有无比坚强领导力、组织力、执行力的中国共产党，是团结带领人民攻坚克难、开拓前进最可靠的领导力量，彰显了中国特色社会主义制度的最大优势是中国共产党领导。

组织教学建议

第一，在使用本案例之前，可以组织学生观看与脱贫攻坚战有关的纪录片或短视频。如新华社音视频部制作的系列微纪录片《“三区三州”战贫记》和《脱贫攻坚路上的人们》。前者从易地扶贫搬迁、医疗扶贫、教育扶贫、用水改善、产业扶贫5个方面反映“三区三州”中人们与贫困抗争的生动故事。每一个人物命运的转变都折射出国家扶贫政策中“人民至上”的理念。后者讲述了脱贫攻坚路上的“暖心人”（打通扶贫道路中“最后一公里”的扶贫干部）、“带头人”（带领村民致富的排头兵）、“追梦人”（自强不息、坚忍不拔，努力摆脱贫困，改变命运的普通人）三类人物的生动故事，展现了脱贫攻坚战的艰辛。观看短视频，使学生对奋战在扶贫一线的党员干部的重要作用有直观的感性认识，从而为案例讨论打下良好基础。

第二，在案例教学过程中，教师应注意激发学生的问题意识，提升学生分析问题、解决问题的能力。可以设置一些问题引发学生思考：中国共产党的初心使命是什么？中国共产党在中华人民共和国成立后为摆脱贫困做了怎样的努力？我国为什么要打响脱贫攻坚战？在脱贫攻坚路上我们面临哪些严峻挑战？我国脱贫攻坚的成功密码有哪些？我国打赢脱贫攻坚战有何重要意义？为什么说中国创造了人类减贫史上前所未有的奇迹？学生在深入思考、探究这些问题的过程中，深化对“中国特色社会主义制度的最大优势是中国共产党领导”论断的认识，从而加深对坚持和完善党的领导的重要性的理解，自觉增强“四个意识”、坚定“四个自信”、做到“两个维护”，始终“听党话、跟党走”，同人民一道，为实现中华民族伟大复兴的中国梦而奋斗。

第三，在案例教学过程中，教师应注意引导学生学习习近平情系人民、造福人民、不负人民的为民初心、人民情怀，学习广大党员干部坚决响应党中央号召，以热血赴使命、以行动践诺言，在脱贫攻坚这个没有硝烟的战场上呕心沥血、建功立业的奋斗精神。从黄土地上走来的习近平，始终和父老乡亲心连心。从地方到中央，在扶贫这件事上，他“花的精力最多”。在泱泱大国领航者心中，“人民”二字的分量永远最重。习近平总书记创造性地提出精准扶贫、精准脱贫基本方略，推动了扶贫减贫理论创新和实践创新。在这场艰苦卓绝的脱贫攻坚战中，习近平本人 50 多次调研扶贫工作，走遍 14 个集中连片特困地区，脚下沾满泥土，心中满怀对人民的殷殷真情。在以习近平同志为核心的党中央领导下，五级书记抓扶贫，全党动员促攻坚。在脱贫攻坚工作中，数百万扶贫干部倾力奉献、苦干实干，同贫困群众想在一起、过在一起、干在一起，将最美的年华无私奉献给了脱贫事业，涌现出黄诗燕、黄文秀等许多感人至深的先进典型。“上下同心、尽锐出战、精准务实、开拓创新、攻坚克难、不负人民”的伟大脱贫攻坚精神，具有超越时空的重要价值，值得新时代大学生弘扬传承，以此激励自己砥砺前行。

总结提升建议

第一，中国特色社会主义制度的最大优势是中国共产党领导。中国共产党是中国工人阶级的先锋队，同时也是中国人民和中华民族的先锋队，集中了全民族先进分子，经受了长期历史考验和血与火的洗礼，成长为思想高度统一、组织体系严密、组织纪律严明的坚强政党，是中国特色社会主义事业的领导核心。坚持和完善党的领导，是党和国家的根本所在、命脉所在，是全国各族人民的利益所在、幸福所在。我国国家制度和国家治理体系具有多方面的显著优势，其中最大优势是中国共产党领导。中国共产党是中国特色社会主义制度的创建者。没有中国共产党，就没有中国特色社会主义制度的形成、发展和完善，制度优势也就无从谈起。党的领导作为一项制度安排本身就是中国特色社会主义制度的重要组成部分。中国共产党的自身优势是中国特色社会主义制度优势的主要来源。在百余年奋斗历程中，党形成了自身的理论优势、政治优势、组织优势、制度优势和密切联系群众的优势。正是这些优势引领和锻造了中国特色社会主义的制度优势，从根本上保证了中国特色社会主义不变色、不变质。中国共产党的领导是充分发挥中国特色社会主义制度优势的根本保障。只有坚持党的领导，才能更好地发挥党和国家的各方面优势，更好地推动中国特色社会主义事业不断向前发展。脱贫攻坚战的胜利就是极好的例证。

第二，打赢脱贫攻坚战，完成消除绝对贫困的艰巨任务，是中国共产党带领中国人民创造的又一个彪炳史册的人间奇迹。长期以来，贫困一直是世界各国普遍面临的共同难题。消除贫困是人类共同的理想，反贫困是人类共同的使命。摆脱贫困，也是中国人民孜孜以求的梦想。中国共产党和中国政府始终把人民对美好生活的向往作为奋斗目标，为此进行了长期艰苦卓绝的努力。党的十八大以来，以习近平同志为核心的党中央把脱贫攻坚作为全面建成小康社会的底线任务，动员全党全国全社会力量，齐心协力打赢脱贫攻坚战。我国在脱贫攻坚上取得前所未有的成就，主要表现为四个方面：一是在脱贫数量上、规模上、质量上前所未有。8 年奋斗，832 个贫困县 9 899 万农村贫困人口全部脱贫，全面消除绝对贫困，14 亿多中国人迈入全面小康。二是脱贫攻坚的方式前所未有，通过开发式扶贫，引导和支持所有有劳动能力的贫困人口依靠自己的双手创造美好明天。三是参与脱贫攻坚战的人数之多、力量之大、治理能力之强前所未有。四是中国精准脱贫的方案和成果得到了国际社会的充分认可，也为国际社会提供了中国经验。中国提前 10 年实现联合国可持续发展议程确定的减贫目标。在如此短的时间内完成如此巨大规模的脱贫任务，古今中外都没有先例，这是当之无愧的“当惊世界殊”的发展成就，书写了世界反贫困史上的伟大传奇。脱贫攻坚战的全面胜利，标志着中国共产党在团结带领人民创造美好生活、实现共同富裕的道路上迈出了坚实的一大步。

第三，中国共产党的领导是脱贫攻坚战取得全面胜利的根本保障。习近平在全国脱贫攻坚总结表彰大会上指出：“脱贫攻坚取得举世瞩目的成就，靠的是党的坚强领导，靠的是中华民族自力更生、艰苦奋斗的精神品质，靠的是新中国成立以来特别是改革开放以来积累的坚实物质基础，靠的是一任接着一任干的坚守执着，靠的是全党全国各族人民的团结奋斗。”惟其艰难，才更显勇毅。脱贫攻坚战能打赢，最根本的原因是有坚强的领导核心。习近平总书记作为党中央的核心、全党的核心，亲自挂帅、亲自出征、亲自督战，为打赢脱贫攻坚战指引着前进的方向，引领脱贫攻坚战成为举全国之力开展的一场国家行动。中国共产党作为领导中国特色社会主义事业的核心力量，为脱贫攻坚提供坚强政治和组织保证。在党中央集中统一领导下，形成和强化了中央统筹、省负总责、市（地）县抓落实的管理机制，充分发挥出党的战略谋划能力、社会动员能力和组织协调能力，采取超常规举措，省、市、县、乡、村五级书记抓扶贫，一把手负总责，党政军机关、企事业单位开展定点扶贫，推进东西部扶贫协作和对口支援，以前所未有的力度推进脱贫攻坚，充分发挥了中国特色社会主义制度集中力量办大事的优越性，在全社会构筑了扶贫的强大合力，确保了扶贫工作的资源统筹、政策执行和社会动员。广大基层干部奋斗在脱贫攻坚的第一线，下沉到最基层，尽锐出战，砥砺前行，向最后的贫困发起总攻。俗语说，火车跑得快，全靠车头带。党在脱贫攻坚战中发挥了中流砥柱的作用，党的全面领导的优势得到充分彰显，确保最终夺取脱贫攻坚战的全面胜利。

第四，脱贫攻坚战的胜利，彰显了把坚持和加强党中央集中统一领导的最高原则落到实处的重要性。脱贫攻坚是一项繁重、复杂而艰巨的任务，实践周期长，需要精准谋划、科学施策，更需要持之以恒地坚持和加强党中央集中统一领导。脱贫攻坚战的伟大实践再次证明，中国共产党具有无比坚强的领导力，是面临危机挑战时中国人民最可靠的主心骨。党中央集中统一领导是党的领导的最高原则，越是形势复杂、挑战严峻，越是要坚定地维护党中央定于一尊的权威。加强和维护党中央集中统一领导是全党共同的政治责任。全党同志要增强政治意识、大局意识、核心意识、看齐意识，切实做到对党忠诚、为党分忧、为党担责、为党尽责。在思想上政治上行动上同党中央保持高度一致，任何时候任何情况下都不能含糊、不能动摇。我国胜利实现了全面建成小康社会的战略目标，开启了全面建设社会主义现代化国家新征程。中国式现代化是中国共产党领导的社会主义现代化，中国共产党是中国式现代化的强有力的领导者和组织者。推进中国式现代化，要把党的领导落实到党和国家事业各领域、各方面、各环节。在党的坚强领导下，强国建设、民族复兴的目标必将顺利实现。

启示意义

第一，“中国之治”的最大优势是中国共产党的坚强领导。中国特色社会主义制度的最大优势是中国共产党领导。坚持党的领导，发挥党在社会主义建设事业中的领导核心作用，国家就能够实现对社会的统一有效组织，集中力量办大事。经过革命性锻造的中国共产党，是团结带领人民攻坚克难、开拓前进最可靠的领导力量，是中国人民最可靠的主心骨。作为拥有超 1 亿党员的世界第一大政党，中国共产党具有强大的组织执行力、社会动员力和统筹协调力，党中央始终发挥总揽全局、协调各方的领导核心作用，做出科学决策，各级党委、政府和广大党员干部坚决贯彻落实脱贫攻坚的政策要求，为打赢这场脱贫攻坚战提供根本政治保证，也让世界看到了中国共产党驾驭复杂局面、应对风险挑战的强大能力。矢志不渝跟党走是中国人民百余年奋斗的最宝贵经验。无论过去、现在还是将来，中国人民坚定不移听党话、跟党走的忠贞初心将永不改变。

第二，“为什么人”和“如何对待人”的问题，是检验一个政党、一个政权的试金石。中国的脱贫攻坚战之所以能在短短的时间里取得胜利，说到底就在于中国共产党始终代表最广大人民的根本利益，没有任何自己特殊的利益，从来不代表任何利益集团、任何权势团体、任何特权阶层的利益，能够集中全党全国力量、凝聚全民族共同意志，在各项事业中发挥总揽全局、协调各方的作用，能够集中力量解决人民群众最关心最直接最现实的利益问题，能够团结全国各族人民万众一心、共同奋斗，创造幸福美好生活。人民至上是中国共产党最根本的价值取向、最深层的政治伦理，反映了马克思主义关于无产阶级政党为绝大多数人谋利益的根本要求。当代青年通过国际比较、亲身感受，深刻领悟党的领导、领袖领航、制度优势、人民力量的关键作用，将自觉厚植爱国爱党情怀，在时代大潮中干事创业，为实现中华民族伟大复兴贡献智慧和力量。

案例 3

共同富裕的“织里样本”

核心阅读

浙江省湖州市吴兴区织里镇是闻名中外的“中国童装之都”，连续10多年入围全国百强镇。这里是长三角民营经济最具活力、市场化程度最高、人民生活最为富裕的地区之一。几十年来，织里人用勤劳和汗水书写了无数生动鲜活的故事，织里镇从贫穷闭塞之地一跃发展为繁荣富裕的现代新型城镇，仅童装销量就占到全国的2/3。“时装看巴黎，童装看织里”，这句近年来织里人叫响的口号逐渐变成现实。织里之所以快速发展，在于织里赶上了改革开放以来一路飞奔的时代快车，更在于织里人敢想敢为、创新创强的行动探索，也在于织里这片热土和织里人开放开明的磊落气度。织里被赞誉为高质量“中国之治”的微缩版。织里之治，其根基是“共富之治”。

浙江省湖州市吴兴区织里镇地处太湖南岸，千百年间在浙江上千个乡镇中并不起眼。如今，织里早已成为闻名全国的童装之都。2024年，织里镇实现财政收入14.54亿元，连续12年入围全国百强镇。作为民营经济最发达的地方之一，织里镇在生态、产业、社会治理等方面持续放大优势，着力打造小城市共同富裕的先行样板。

做优做强做大特色产业，夯实共同富裕物质基础

从织里镇政府一路向北，不过1.7公里，就到了织里老街“扁担街”。老街代表着老一代织里人永远无法忘怀的辛勤创业、忘我打拼的历史。

20世纪70年代末，织里镇还是太湖边的一个小集镇，耕地短缺，人口膨胀，是杭嘉湖平原出了名的穷乡僻壤。

穷则思变。织里人没有忘记故乡名字的由来——自古，这里就因织造业兴盛而得名。许多村民自己生产床罩、枕套，挑到自发形成的“扁担街”上去卖。

改革开放的春风，融化了束缚手脚的坚冰，织里户户响起机杼声，人人有了致富梦。不少织里人开始“一根扁担两个包，走南闯北到处跑”，前往全国各地售卖自家生产的织制品。

“那时候我们对走出去都是义无反顾的。”有着“扁担街”经历的姚水法，至今还珍藏着他的那根扁担。和他一样全国跑的织里人几乎都“淘金”成功，成为让人羡慕的“万元户”。

1984年，织里兴办了第一代小商品市场，织里人集体向利润更高的童装产业进军，开启了以童装产业助推城乡转型的发展之路。时光流转，两个重大改革举措，掀起了织里童装的创业热潮。1992年8月，织里经济开放区获批成立，给予织里镇很大的发展自主权。1995年6月，织里镇被国家体改委等11个部委批准列为全国小城镇综合改革试点单位，赋予部分县级经济管理权限。许多走南闯北的织里人，纷纷回乡创业，一家一户的手工作坊向品牌、企业转型，织里童装开始走向全国。1997年，织里建立了“中国织里童装市场”，逐渐成为全国童装及面料的交易中心。

将品牌做大做强，逐渐成为织里人的追求。设计是童装企业的核心竞争力。2000年，濮新泉将品牌设计中心从织里转移到上海，第二年就在行业瞩目的国际童装大赛上夺得金奖。

进入21世纪，织里已经形成了覆盖童装设计、加工、销售、面辅料供应、物流仓储等相对完整的产业链，成为中国规模最大、分工协作最紧密的童装产业集群地之一。

2012年，织里镇与阿里巴巴集团合作打造阿里巴巴-织里产业带，织里的许多村庄都成了闻名全国的“淘宝村”。2013年，织里投资2 000万元打造全国首家童装设计中心。一大批童装企业从过去传统的“现抄现做现卖”的“现货制”批发生产模式，转型升级为“先研发再订货后生产”的“期货制”品牌经营模式。2022年1月，织里镇上线“数创未来”童装产业大脑，进一步畅通童装产业链上下游企业间、政企间的连接。

童装是织里镇的第一大主导产业。截至2024年，织里有童装类企业1.4万余家，其中童装生产加工企业约9 000家，其他产业配套企业约5 000家，从业人员30余万人。2024年全镇销售童装超20亿件（套），占全国童装销量的2/3，全年童装销售额达850亿元，线上交易额突破310亿元。织里紧跟“品牌出海”“国内国际双循环”等国家号召，加快童装“走出去”步伐，让“中国童装之都”逐渐向“世界童装之都”蝶变。织里童装畅销全球165个国家及地区，2024年上半年全镇童装出口额约15亿元，同比增长12.6%。织里童装发展有了更清晰的未来发展路径：加快建设一批童装产业小微园，推广自动化设备和信息技术在童装产业生产经营环节的应用，引导一批符合条件的童装企业上马“机器换人”，形成试点示范效应，实现童装产业的集聚化、智造化、数字化发展。

织里镇在持续做大做强童装产业的同时，也面临新旧动能接续转换的问题。在新能源、物联网、智能制造等诸多前沿技术的推动下，织里镇正在重构产业版图。织里瞄准电子信息、高端装备等产业方向，聚焦化合物半导体、高端封装测试、先进材料及智能终端应用等三大核心产业链，布局发展半导体产业，加速抢占数字经济新赛道。截至2024年9月，织里镇新引进半导体产业项目7个，均为固定投资3亿元以上项目，在谈项目11个。

在织里镇芯兴小镇，随着半导体材料及装备制造园、半导体综合服务中心、智能终端应用产业园等一系列配套设施的规划建设，一条颇具织里特色的半导体材料与设备产业集群发展之路正日益清晰。

推进社会治理综合改革，擦亮共同富裕幸福底色

2004年6月2日，织里镇矛盾纠纷调解中心来了一位特殊的访客——浙江省委书记习近平。

正巧碰上吴美丽在为30多位农民工调解劳动争议。习近平认真地听了一会，在吴美丽调解结束后，与她进行了交谈。

习近平说，人民调解为人民，化解矛盾促稳定，这本身就是建设“平安浙江”要抓的一项基础性工作，也是为老百姓排忧解难的实际行动。各级党委、政府要用改革创新的思路，正确处理新形势下的人民内部矛盾。一席话说进了吴美丽的心里。

织里在产业快速发展的过程中，经历了众多治理挑战。织里镇所在的湖州市是首批全国市域社会治理现代化试点城市，常住人口45万，其中外来人口常年保持在35万左右。多元的人口组成、特色的产业结构和社会结构，为基层治理带来新的挑战。织里按照习近平当年的嘱托要求，以改革思路创新社会治理，建立政府、市场、社会“三位一体”治理模式，做好市场环境的法治化、基层治理的网格化、公共服务的均等化，促进政府治理、社会调节、居民自治的良性互动，实现产、城、人融合发展。

作为一个外来人口众多、发生过新老居民矛盾事件的地区，织里不断强化“共治共享”下的社会治理格局，增强新织里人的归属感和认同感。2014年，织里成立了以各地商会会长为基础会员的“新居民和谐促进会”。织里的书记和镇长定期与“新居民”面对面对话，倾听心声，政府重大会议也会邀请大家列席参加，彼此搭建起了通畅的“心桥”。

矛盾与摩擦往往源于利益的再分配不均。很长一段时间，老板与工人之间的劳资纠纷案甚至占到了织里矛盾调解案件的70%以上。于是，织里镇矛盾纠纷调解中心的“平安大姐”工作室便应运而生。该工作室是2015年织里镇群众参与共建共治自发成立的公益团体之一。如今，来自全国17个省24个地区的30名“平安大姐”活跃在织里大街小巷，协调纠纷、调解矛盾，截至2024年，已为居民调解各类纠纷1 910余起。2024年6月28日，平安大姐“共治·共享·共富”实践中心启动仪式在织里镇举行。该实践中心面积达1 500平方米，分为平安大姐社会治理展示馆、安姐职业技术培训学院，以及共富课堂、共富直播间、共富工作室等功能区。

2019年12月，织里荣获全国乡村治理示范乡镇。每个在织里创业的人，都能感受到实打实的便利。织里的“最多跑一次”改革走在前列，325项“最多跑一次”清单事项已全部实现。办理过工商营业执照的个体户李先生感慨：“在织里最快半个小时就能拿到执照。”

推动公共服务普惠共享，展现共同富裕美好愿景

“在老家我是个农民，可在织里我成了市民。”2003年，黄锦红跟着亲友来织里打工，如今他已经成为织里一家颇有名气的服装企业负责人。黄锦红说，来到织里，就是织里人，和本地人一样享受政策、受到尊重。

织里坚持“产城人”深度融合发展的路径，加快建设美好生活试验区，让新老织里人共享更高品质生活。织里加速推进城乡融合。织里镇已引进了枫霖生态农业园、恒鑫长三角蟹苗培育基地、渔大哥水产苗种孵化基地等10个千万级农业产业项目，新兴农业产业已经成为当地一张响当当的名片。织里镇以义皋4A级景区为核心，引进开工建设枫霖“道之鱼”等10个农旅产业项目，完成了上林村美丽乡村精品村创建以及滨湖6村织里段新时代美丽乡村样板区建设。如今，织里的健身步道和休闲公园遍布于每个村。农村公路四通八达，家门口就可以坐公交。2023年，织里城镇、农村居民人均可支配收入分别达到95 389元、61 147元，城乡收入比为1.56∶1。

织里不断优化公共服务，提升新老织里人生活品质，提升群众获得感、幸福感和安全感。近年来，织里累计投入超百亿元，加快配套设施建设。织里实验小学东校区、吴兴实验小学、湖州培文实验学校、织东幼儿园等一批学校已投入使用，形成中心镇区、集镇片区布点均衡，幼小中高比例合理，公办民办遥相呼应的教育新格局；拥有900张床位规模的吴兴区人民医院，让当地群众享受到了城市医疗服务和健康保障；实施“宿舍革命”，员工宿舍配备独立卫生间、淋浴房、空调和热水器，安装“智慧用水、用电”等消防预警系统；建成利济文化公园等7大公园，人居环境不断改善，花园城市加速成形；启用了新的织里镇文体中心。公共服务的普惠共享，让织里魅力更足。

织里镇把精神富有作为小城镇共同富裕的最大特色来打造。“织里·知礼”是织里镇这些年打造的重要文化品牌，而每年一届的“知礼人”评选是重头戏，在织里居住包括暂住一年以上的个人、家庭和团体均可参评。每年都有一半以上的“知礼人”获奖者是新织里人。织里镇把共同富裕的探索实践贯穿到人民群众生产生活的方方面面。织里之富，展现的是百业兴旺、百姓和谐的共同富裕之路。

思考讨论

1. 站在时代前沿，近年来，织里童装不断“织”出新天地，这背后折射了什么？是什么成就了织里童装产业从无到有、由小而大的发展传奇？

2. 在浙江高质量发展建设共同富裕示范区的背景下，作为民营经济最发达的地方之一，织里小城市如何先行一步？如何解读改革致富的织里样本？

3. 凭着“一根扁担两个包，走南闯北到处跑”的艰苦创业、坚韧不拔的扁担精神，织里发展成为“中国童装之都”，你如何理解扁担精神？

教学建议

本案例主要适用于第四章第三节“全面落实以人民为中心的发展思想”部分的辅助教学。案例主要展示作为民营经济最发达的地方之一，浙江省湖州市吴兴区织里镇在生态、产业、社会治理等方面持续放大优势，打造小城市共同富裕的先行样板，展现了“敢想敢为、创新创强、开放开明”的织里精神。

■ 组织教学建议

第一，在讨论具体案例之前，要注意进行必要的知识铺垫。可以引导学生课外阅读以织里发展和织里人创业为蓝本，记录织里高质量推进新型城镇化历程、书写共同富裕浙江样本的长篇报告文学《此心安处：高质量推进新型城镇化地方实践的织里样本》。该书围绕发展之根、产业之基、成长之痛、创城之力、人和之美、共富之韵这一脉络，梳理织里奋斗史，重温改革开放史，见证新时代发展史。也可以引导学生阅读《织里之治：全面小康后社会治理密码》。该书系统剖析社会治理“织里样本”，总结织里实现基层治理体系现代化、提升基层社会治理能力的改革探索，为案例讨论提供了鲜活素材。

第二，在讨论中要注意引导学生结合案例展现的织里镇的发展史，归纳总结织里镇打造小城市共同富裕的先行样板的主要经验。回顾这些年来，织里镇所取得的发展成就，确实令人赞叹；纵观该镇所走过的发展历程，许多经验值得总结。可以说，织里镇的发展特征就是，以特色产业支撑城镇发展，夯实共同富裕物质基础；以社会治理优化发展环境，擦亮共同富裕幸福底色；推动公共服务普惠共享，展现共同富裕美好愿景；人们安居乐业，共享高品质生活。织里的迅速崛起，从根本而言得益于改革开放党和国家的富民政策以及正确领导，同时，其发展轨迹更有其深层次的内在动力。可以说，织里镇能从贫穷闭塞之地一跃发展成繁荣富裕的现代新型小城市，靠的是织里人敢闯敢冒、敢为人先、艰苦创业、永不满足的精神。

第三，在讨论中要注意引导学生发扬“敢想敢为、创新创强、开放开明”的织里精神以及“艰苦创业、坚韧不拔”的扁担精神。织里先辈们从“一根扁担”夜产日销的家庭作坊开始，到现在享誉中外的“中国童装之都”，凭的是一种吃苦耐劳和坚韧不拔的拼搏精神，在改革开放的浪潮中勇立潮头、敢为人先。从太湖小渔村到民营经济重镇，40 多年来，织里镇在改革致富的道路上逐渐形成了“敢想敢为、创新创强、开放开明”的织里精神。百姓敢想、企业敢试、政府敢为。凭着一股敢想敢为的精神，织里镇从一个穷乡僻壤发展成童装之都，也树立了织里人的发展自信。织里镇从“农民创业”到“产业创新”，再到“产城融合”，完成了华丽蜕变，彰显了创新创强的精神。织里镇常住人口中，外来人口占绝大部分，他们和本地人一样享受政策、受到尊重，新老居民共同为打造“世界童装之都”而努力工作。织里镇的开放开明让这座小镇魅力更足。

■ 总结提升建议

第一，共同富裕是中国特色社会主义的本质要求，充满活力的社会主义市场经济是共同富裕的体制基石。邓小平曾指出：“社会主义最大的优越性就是共同富裕，这是体现社会主义本质的一个东西。”习近平指出：“一些发达国家工业化搞了几百年，但由于社会制度原因，到现在共同富裕问题仍未解决，贫富悬殊问题反而越来越严重。”共同富裕是社会主义优于资本主义的一个根本体现，只有在社会主义制度下，才能避免两极分化。共同富裕是中国特色社会主义发展的根本目的。中国特色社会主义一个重要的衡量标准就是，中国走的是一条让发展成果更多更公平惠及全体人民、不断促进人的全面发展的共同富裕之路。基于契约、规则、法治的社会主义市场经济以公平竞争推动效率，为共同富裕奠定财富之源。共同富裕要通过经济资源在共同市场内的充分流动、平衡配置、有效利用来实现。我国实现共同富裕的过程，是在社会主义市场经济条件下实现效率与公平辩证统一的过程。浙江省的市场化改革领跑全国。织里镇的发展历程，是中国改革开放、社会主义市场经济不断发展的经典样本，这里是长三角民营经济最具活力、市场化程度最高、人民生活最为富裕的地区之一。童装是织里镇的第一大主导产业。在市场大潮中，织里童装不断发生产业变革，从重制造向重研发转变，从传统商贸向新兴服务业转变，未来将实现童装产业的集聚化、智造化、数字化发展。依托社会主义市场经济体制的不断完善和系统的社会治理，45 万织里人把一个环境差、秩序乱的“大工厂”转变为和谐稳定、富裕文明、百姓安居的幸福新城，实现了从一个小镇到“童装之都”的华丽蝶变。

第二，共同富裕要坚持以人民为中心的发展思想，坚持发展为了人民、发展依靠人民、发展成果由人民共享，始终突出实现共同富裕的人民主体地位。“治国之道，富民为始。”中国共产党始终坚守人民立场，强调消除贫困、改善民生、实现共同富裕是社会主义的本质要求，是我们党坚持全心全意为人民服务根本宗旨的重要体现，是党和政府的重大责任。坚持人民主体地位，充分调动人民积极性，紧紧依靠人民创造历史伟业，始终是我们党立于不败之地的强大根基。全面建成社会主义现代化强国，实现全体人民共同富裕，人民是决定性力量。必须坚持人民至上，站稳人民立场、把握人民愿望、尊重人民创造、集中人民智慧。共同富裕需要人人参与、人人尽力、人人享有，是共建与共享的统一。织里之富，展现的是百业兴旺、百姓和谐的普遍富裕和全民参与的创富画卷。织里是浙江民营经济发展的“叙事起点”之一。全国乃至全球各地创业者纷至沓来，该镇 45 万常住人口中外来人口占了近 80%。织里镇持续激发市场主体活力，充分调动全民创富热情，形成了人人有责、人人尽责、人人享有的社会治理共同体。发挥好政府这只“看得见的手”与市场这只“看不见的手”的作用，共同富裕还离不开咱们这双“勤劳的手”。织里民众这样的认识，是对坚持以人民为中心的发展思想的生动诠释。

第三，扎实推进共同富裕，必须坚持正确的原则和科学的思路，脚踏实地地探索共同富裕的实现路径。促进共同富裕，要把握好鼓励勤劳创新致富、坚持循序渐进等原则。习近平指出：“我们说的共同富裕是全体人民共同富裕，是人民群众物质生活和精神生活都富裕，不是少数人的富裕，也不是整齐划一的平均主义。”要充分发挥广大干部群众的聪明才智，因地制宜，让通往共同富裕的路子越来越丰富、越来越宽广。成为全国第一个共同富裕先行示范区的浙江向来是许多人印象中的富庶肥美之地，但实际上，这是美好的误读。“七山一水二分田”的基本省情，决定了浙江人多地少，自然资源人均拥有量综合指数居全国各省区市末位。织里镇曾经是太湖边的一个出了名的贫穷小镇。改革开放 40 多年，织里镇发生巨大变化，是因为织里人找准了创富发展的着力点：从发展童装等特色产业、夯实共同富裕的物质基础上着力；从缩小城乡区域发展差距，实现公共服务优质共享上着力；从构建舒心安心放心的社会环境上着力；从丰富人民群众精神文化生活上着力；从打造美丽宜居的生活环境上着力。织里镇在生态优化、产业发展、社会治理等方面持续放大优势，全力打造小城市共同富裕的先行样板。面向未来，只要思路正确、方向明确，心往一处想、劲往一处使，共同富裕的美好生活图景就能更加多彩。

第四，共同富裕是一项长期任务，需要继续以改革创新为根本动力，持续推动共同富裕体制机制创新。几十年来，织里人从“扁担街”一路走来，用勤劳和汗水书写了无数生动鲜活的故事。从不足 500 米的“扁担街”起步，发展到建成常住人口达 45 万之众的现代城镇，其中仅童装销量就占到全国的 2/3……织里的今昔之变迅猛发展，映射的是改革开放带来的发展红利，是新世纪发展大势赋予一个小城镇的勃勃生机。织里人民敢于先行发展、善于带动发展，以生动的实践丰富着共同富裕的时代内涵，织里人的获得感、幸福感不断增加。织里镇没有满足现状，而是一如既往地向改革要动力、向创新要活力，全力打好“扬优势”组合拳，继续探索高质量发展的“共富密码”，推进大数据、人工智能等新一代信息技术与实体经济深度融合发展，不断点燃新的发展引擎，为共同富裕打下更为坚实的基础。共同富裕本身就是社会主义现代化的一个重要目标和具体体现，是中国式现代化的重要特征，是人民群众的共同期盼，是满足人民对美好生活的向往的题中之义。唯改革者进，唯创新者强。持续探索、久久为功，高质量发展、共同富裕的幸福图景，必将在人民群众一双双勤劳而灵巧的手中织就。

启示意义

第一，始终保持干事创业的精神状态，才能不断走向成功。织里镇能从贫穷闭塞之地一跃发展成为繁荣富裕的现代新型城镇，靠的是“敢想敢为、创新创强、开放开明”的织里精神。正是具备了这样一种精神，改革开放之初，在当时对个体经济、私营经济仍带有严重偏见的历史背景下，织里群众穷则思变，敢于冲破禁区，凭着“一根扁担两个包，走南闯北到处跑”的干劲，开始了艰辛的创业历程，由此催生织里童装产业的兴起与发展，从而在“无中生有”中诞生了“中国童装之都”。良好的精神状态，是做好一切工作的重要前提。青年人心怀梦想、坚定信心、抖擞精神、奋勇拼搏，一步一个脚印，定能在接续奋斗中不断书写中国式现代化的新篇章。

第二，找准定位才能走对路子。共同富裕什么样、怎么干，织里走出了自己的路子。分析织里为何快速发展，人们首先想到的是穷则思变，而容易忽略这里厚积薄发的历史积淀。织里因织造业兴盛而得名，几乎家家户户“遍闻机杼声”。织里坚持因地制宜、发挥优势，一切从织里的实际出发，着力做大做强童装特色产业。“一针一线”织出了织里人的幸福，也织出了一个吸引约 35 万外来人口就业创业的产业大镇。新时代新征程，各地在促进经济高质量发展过程中，要因地制宜加快发展新质生产力，抓好优势特色产业。每个人只有找准了自己的位置，既不好高骛远，也不妄自菲薄，目标明确，合理定位，发掘出自己的潜能，脚踏实地不懈奋斗，人生之路才会精彩纷呈。

案例 4

浙江德清：县域共同富裕图景这样绘就

核心阅读

共同富裕是中国特色社会主义的本质要求，是中国式现代化的重要特征。促进共同富裕，当前最艰巨、最繁重的任务仍然在农村。促进共同富裕，必须走城乡融合发展之路。城乡融合发展是统筹城乡发展、城乡一体化发展的必然过程，是乡村振兴和新型城镇化的共同路径。浙江省德清县在探索城乡新型关系的改革中一直走在前列。近年来，德清县以开展国家“多规合一”、新型城镇化、城乡体制改革等国家和省级试点为突破口，统筹城乡经济社会发展，着力破解城乡二元体制机制障碍，提升基本公共服务水平，持续补齐补强短板弱项，形成了以城带乡、以乡促城、城乡一体化发展的良好格局，努力打造理念引领更精准、改革撬动更集成、城乡一体更融合、绿色底蕴更鲜明、治理体系更现代、精神文明更富足的共同富裕县域样板。

浙北人口小县德清是国家新型城镇化试点等 200 余项国家级和省级改革项目的“试验田”“先行者”，一直走在城乡统筹一体化建设的前列。德清县以开展城乡体制改革试点、农业供给侧结构性改革集成示范试点等为契机，着力在农业增效、农村增美、农民增收上先行先试，深入推进城乡融合发展，制定《德清高质量发展建设共同富裕示范区先行样板地实施方案（2021—2025 年）》，努力打造“无差别城乡”共同富裕示范区先行样板地。

变“城乡二元”为“一体融合”

2002 年，德清县被选为浙江省城乡就业统筹试点县。2004 年，德清县域总体规划图正式出炉，第一次将全县 936 平方公里的土地进行整体规划。

德清县以户籍制度改革为突破口推动公共服务均衡化，打造公共服务优质共享共治新样式。2013 年 9 月，德清在浙江省率先启动户籍制度改革，正式取消农业、非农业划分，统一登记为“居民户口”，建立起城乡统一的户口登记制度。

2014 年，德清成为全国 28 个“多规合一”试点市县之一，实现一个市县一本规划、一张蓝图，覆盖城乡，全面构建城乡交通、住房保障、供水、供气、污水处理、垃圾处置“六个一体化”，有效破除城乡二元结构。

启动户籍制度改革后的几年间，德清每年新增8 000万元资金，逐步消除公共服务差别化待遇。2017年底，附着在户籍背后的医保、养老、住房保障等33项城乡差异政策实现全面并轨，德清城乡融合的体制改革初步完成。2018年1月，全国首个城乡发展一体化县级地方标准规范——《城乡发展一体化建设指南》在德清正式发布实施。

为了真正让农村共享发展成果，德清县构建起水陆空“三张网”，全面提高了水资源的利用率，实现全县农村公交村村通，建成一体化的通信基础设施。

德清县探索以政治统领示范、自治激发活力、法治定分止争、德治文化引导、智治提高效率的“五治一体”治理模式促进城乡一体共治。首创“乡贤参事会”农村治理模式，以“农村智囊团”形式发挥补位和辅助作用。“乡贤参事会协商文化村治模式”获2016中国十大社会治理创新奖。

一样的医疗服务、一样的教育资源、一样的文化设施……走在德清乡间，人们脸上洋溢着笑容：“城里有的，我们镇里、村里也都有。”

集成改革动力突破瓶颈

德清县在完成新“户改”之后，新“土改”、新“金改”等一揽子改革相继跟进。德清县通过实施“新土改”，变“死产”为“活权”，全面完成了土地承包经营权、宅基地用益物权、农村（社区）集体经济组织股权等确权颁证。德清出台了全国首个基于所有权、资格权、使用权“三权分置”的宅基地管理办法，并颁发全国首批宅基地“三权分置”证书。2015年9月，浙江省农村集体经营性建设用地使用权，首次在德清以公开拍卖的方式成功出让，创造了“农地入市”全省协议出让第一宗、公开竞拍第一槌。允许农村集体经营性建设用地出让、转让、抵押，允许农村宅基地和农房将一定年限使用权转让、出租、抵押，破除了城乡建设用地市场二元结构。2021年10月，德清县建成浙江省首个农村宅基地综合管理信息系统宅富通。2022年，在宅富通的“农房流转”模块基础上，德清迭代开发“农房激活一件事”平台系统。2023年，德清县全面启动实施“百村万幢（套）农房盘活利用工程”，盘活农村资源，助力共同富裕。

德清县通过实施新“金改”，让“活权”生“活钱”，全力打造跨领域、跨环节、跨层级、跨部门的大金融格局。德清县创新推行农村土地承包经营权等19项农村综合产权抵押贷款，完成全国首单农村集体经营性建设用地使用权抵押贷款。

德清成为首批国家科技成果转移转化示范县，诞生浙江省首个科技成果转化区、首批科技金融结合示范区、首批科技大市场建设试点，拥有浙江省首家担保公司、首家科技小贷公司、首家县域科技支行，搭建一批乡村创业创新园。2018年2月，仙潭村的返乡创业基地正式挂牌，成为全国首个村级返乡创业协会。2020年11月，德清县发布了全国首个《民宿管家职业技能等级评定规范》，2022年，“民宿管家”被纳入新版职业分类大典。

近年来，德清把优化营商环境作为“一号改革工程”，发布全国首个对标世界银行标准的县域营商环境评价指数。

一揽子改革，激起一池活水，不断推动着人、财、物等资源要素在城乡之间自由流动。乡村，不再处于被支配的地位，开始与城市同频共振、携手共舞。

发展高效、生态、智慧、融合型农村产业

德清县厚植农业生态底色，规模化推广示范稻鳖共生、稻鱼共生、稻鸭共育和农牧对接等新型高效、生态种养模式，打造高端绿色农产品供应地、现代生态农业品质体验地、休闲农业与乡村旅游目的地等农业品牌。2022年5月，联合国全球地理信息知识与创新中心在德清县成功落户。

德清是浙江省第一个全国数字农业试点县。早在2019年就印发了《德清县构建乡村治理数字化平台助推数字乡村建设实施方案》，推动乡村规划、乡村经营、乡村环境、乡村服务、乡村治理五大领域数字化。德清打造了全国首个由县到乡镇街道再到村的三级统一调度管理平台。截至2023年，德清县共迭代升级120余项乡村场景应用，农业信息化覆盖率达100%，宽带通村率达98.4%，快递进村率达100%，共建成11个数字农业示范园区、4 100个物联网应用示范点。在2023年国家数字乡村试点县（市、区）综合排名中，德清县排名全国第一。“德清县乡村全域数字化治理体系建设”入选联合国践行2030年可持续发展优秀范例，《“数字乡村一张图”遥感监测助力乡村智治》作为浙江省唯一典型案例入选国家《数字乡村建设指南1.0》。

德清县率先打造以农业大数据中心、智慧农业云平台为基础，以“十园百点”（10个智能农业示范园区、100个智能农业示范基地）为支撑的智慧农业格局。凭借高品质番茄“走红”的德清水木蔬菜工厂，是全国首个具备国家自主知识产权的农业综合体，通过建设数字化的可控性农业设施，实现蔬菜生产所需的种植、人力资源、能源管理等全产业链可控和可计量。2016年，德清县成功列为国家农村产业融合发展试点示范县。2022年，德清县农业现代化发展水平综合评价实现浙江省“六连冠”。

精绘全域美丽大花园画卷

德清打造宜居宜业环境新品质，推动全域美丽，带动全民共同富裕。2019年，“可持续发展的德清实践”入选联合国践行2030年可持续发展议程典范案例。德清突出生态规划先行，对生态敏感的县域西部创新性建立了分区分级控制体系、容量管理控制体系、项目准入控制体系、景观控制体系“四大区域管控体系”。在浙江省率先建立县域内部生态补偿机制和西部山区乡镇“绿色GDP”考核机制。首创的河湖长制相关经验在全国推广，“五水共治”十夺“大禹鼎”、三获“大禹鼎”金鼎，在全国首次农村人居环境普查评价中位列第一。

德清提出打造“中国和美家园”，专门下发《德清县农村环境卫生长效管理实施细则》。首创实施“一把扫帚扫到底”的城乡环卫管理一体化模式，实现城乡垃圾收集覆盖率、生活垃圾无害处理率“两个100%”；首创实施“一根管子接到底”农村生活污水治理模式，建立起县、乡镇、村、农户及企业“五位一体”长效运维管理机制，常态保持干净、整洁、有序的区域农村环境质量。德清先后获评国家级生态县、国家生态文明建设示范县、全国绿色发展百强县市、全国首批百个农村生活垃圾分类示范县，成功入选浙江省第一批生态文明建设实践体验地。

建设有影响力的文化文明高地

德清将精神富有作为县域共同富裕的最大特色来打造，提出率先打造“理想信念强、道德品行美、文化生活优、社会风尚好”的精神富有县域样板。

德清精心打造自觉、自信、自强的“德文化”滋养居民心灵。首创“公民道德教育馆”“百姓设奖奖百姓”等“草根奖”，“美丽德清嫂”等道德人物培育选树，运用“数字化”手段传播塑造“德文化”。举办美丽中国田园博览会、敬农节、国际乡村旅游节、全国山地自行车锦标赛、国际越野跑挑战赛等系列主题节庆赛事活动。文化礼堂、体育中心、运动休闲公园、公共体育设施等，构筑了德清县全民共享的“10分钟体育圈”“文化服务圈”。德清这个约56万人口的小县却“盛产”全国道德模范；注册志愿者近14万人，约占总人口数的25%。2020年，德清以县级城市第一获评全国文明城市。德清县以此为新起点，全力建设人民满意的人文之城、聪明之城、精致之城、共享之城。

思考讨论

1. 促进共同富裕，必须走城乡融合发展之路。进入新发展阶段，如何实现城乡融合发展和乡村振兴互促互进？

2. 作为浙江省首个城乡体制改革试点的德清县，是如何通过一项接一项的改革冲破城乡二元壁垒，开拓出一条城乡统筹、全面融合的发展新路的？

3. 多年来，德清努力打造“无差别城乡”共同富裕示范区先行样板地，德清县的发展路径留下了哪些可以推广的经验？

教学建议

本案例主要适用于第四章第三节“全面落实以人民为中心的发展思想”部分的辅助教学。案例主要展示浙江省德清县坚持把改革作为撬动农村发展活力的突破口，敢为人先、奋勇争先、先行先试，以城乡体制改革、农业供给侧结构性改革、农村土地制度改革等为契机，加快建立完善城乡融合发展体制机制，深入推进城乡融合发展，开拓出一条城乡统筹、全面融合的发展新路，为浙江省乃至全国提供了一大批可复制、能推广的以城乡融合发展促进共同富裕的改革经验。

■ 组织教学建议

第一，在讨论具体案例之前，要注意进行必要的理论铺垫，引导学生阅读中共中央办公厅、国务院办公厅印发的《关于推进以县城为重要载体的城镇化建设的意见》，使学生深刻理解走城乡融合发展道路对推动乡村振兴、促进共同富裕的重要性，从而为课堂案例讨论打下良好基础。教师也可以在讨论前，引导学生观看浙江卫视《浙江新闻联播》栏目推出的系列报道“一张蓝图绘到底 ‘八八战略’新答卷”中的视频《城乡深度融合 百姓幸福满满在德清》，该视频透过幼儿园孩子们的眼睛，看德清乡村新变化，通过一个个细节展现一体化进程已渗入百姓的日常生活，城乡居民共享发展红利。通过观看视频，学生对德清县城乡深度融合发展的状况有了直观的印象。

第二，在讨论中应注意引导学生结合案例内容呈现的以改革为主线、物质富足为基础、精神富有为特色的德清共富路径，理解实行城乡融合发展对于促进共同富裕的重要意义，了解我国在推进乡村振兴和城乡融合发展方面面临的主要问题和挑战以及如何在实践中坚持城乡融合发展，畅通城乡要素流动，打破“城市繁荣、乡村落后”的不平衡发展格局，实现乡村振兴、共同富裕。改革开放特别是党的十八大以来，我国在统筹城乡发展、推进新型城镇化方面取得了显著进展，但仍存在城乡要素流动不顺畅、公共资源配置不合理、影响城乡融合发展的体制机制障碍尚未根本消除等问题。德清县是浙江省首个城乡体制改革试点县，也是国务院确定的农村集体经营性建设用地入市改革试点县。德清县全面推进城乡体制改革，探索建立现代农村产权制度，重点突破城乡二元结构，推进新型城镇化，为浙江省乃至全国推进城乡体制改革积累了宝贵经验、提供了示范样本。教师在案例讨论过程中，应引导学生概括总结德清县促进城乡全面融合发展的主要举措及其极具推广价值的经验。

第三，在讨论中要注意引导大学生学习德清县“停不下来”的改革创新精神。德清县是国家新型城镇化试点等200余项国家级和省级改革项目的“试验田”“先行者”。德清以创新为牵引，用改革注入动力，通过推进“多规合一”、新“户改”、新“土改”、新“金改”等改革，释放出土地增效、农民增收、村集体经济壮大、产业升级等一系列红利，不断破除城乡二元壁垒，擘画了以城带乡、以乡促城的城乡一体化发展新图卷。这个小县城快速发展嬗变的背后是德清一直以来的改革创新精神的激励和实践。这些年，德清凭着一股敢于第一个吃螃蟹的精神，把改革思路、改革方法渗透到经济社会发展的各领域、各方面，造就了德清“停不下来”的改革创新精神。以改革创新为核心的时代精神，是当代中国人民精神风貌的集中写照，是激发社会创造活力的强大力量。新时代青年大学生要带头树立改革创新意识，保持改革创新锐气，自觉做改革创新的实践者和生力军。

■ 总结提升建议

第一，促进共同富裕，最艰巨最繁重的任务在农村。共同富裕是中国特色社会主义的本质要求，是中国式现代化的重要特征。当前，我国城乡发展不平衡，相对于城市，农村的基础较为薄弱。我国人民日益增长的美好生活需要和不平衡不充分的发展之间的矛盾在农村最为突出。城乡区域发展不平衡和收入分配差距较大，是扎实推动共同富裕过程中必须解决的两个突出问题。站在扎实推进全体人民共同富裕的历史新方位，从共富领域、共富地区、共富主体来看，农业领域、农村地区、农民主体问题既是重点也是难点，推动共同富裕最薄弱的地方同时也是最艰巨的地方仍然在农村。从人均可支配收入看，我国农村居民大幅低于城镇居民的局面仍然显著存在，城乡之间在经济、社会、生活的多个方面存在明显差距。农村居民消费水平、农村公共服务水平、农村基础设施建设水平、农村居民社会保障水平都显著低于城镇。在中国共产党领导的社会主义中国，追求的富裕是全体人民共同富裕，决不允许贫富差距越来越大。坚持以人民为中心的发展思想，真正做到发展成果由人民共享，就必须落实到扎实推进全体人民共同富裕上来，在推动共同富裕过程中促进人的全面发展。扎实推动共同富裕，必须像德清县那样，抓紧抓实农村共同富裕工作，促进农业高质高效、乡村宜居宜业、农民富裕富足。

第二，城乡融合发展与乡村振兴战略相辅相成、互促互进的内在关系，决定了城乡融合发展是实现共同富裕的必由之路。城乡关系是人类社会的一种基本关系。中国工农城乡关系经历了从分割对立、统筹发展到加速融合的转变。我国城乡关系政策经历了从“统筹城乡发展”到“推动城乡发展一体化”再到“城乡融合发展”的转变。城市和乡村并不是完全分割、独立存在的两个空间，二者地域相邻、利益相关、文化相连，共处一个生态系统，是命运共同体，互为依存又相互贯通。只有缩小城乡差距，促进城乡融合，推进乡村振兴，才能够弥补乡村发展的短板，实现城乡共同发展。扎实推进共同富裕，要突出城乡融合发展，把城市的动能带到乡村来，激活乡村的功能，打通城乡壁垒，重构城乡关系，实现城乡各类资源、要素的自由流动互通，使城镇的人才、资本等资源流入乡村。坚持城乡融合发展是巩固拓展脱贫攻坚成果、全面推进乡村振兴的应有之义。改革开放以来，在一系列政策的推动下，我国城乡间的关系越来越紧密。2017年，党的十九大报告首次提出实施乡村振兴战略，强调要“建立健全城乡融合发展体制机制和政策体系”。2018年，中央一号文件提出要坚持城乡融合发展，加快形成“工农互促、城乡互补、全面融合、共同繁荣”的新型工农城乡关系。2022年党的二十大报告中指出全面推进乡村振兴，“坚持城乡融合发展，畅通城乡要素流动”。乡村振兴战略作为新时代“三农”工作的总抓手，成为破解城乡发展不平衡、农村发展不充分的重要手段，有助于带动城市与乡村两个空间共同发展，形成城乡协调互动、优势互补、融合发展局面。浙江省德清县领导认为“一个县就是一个农村”，确定统筹城乡发展的统一思路，变“城乡二元”为“一体融合”，在探索城乡新型关系的改革中走在全国前列，取得良好成效。

第三，推进城乡融合发展，关键要直面问题，依靠改革激发内生动力和活力，破除造成城乡分割与对立的思想理念和制度障碍，打破城乡间利益固化的藩篱，构建城乡融合发展的体制机制和政策体系。在推进乡村振兴和促进城乡融合发展过程中，我国面临的主要问题包括社会保障、教育、卫生等资源配置的不平衡，阻碍城乡进一步融合发展，造成乡村公共资源和基础设施建设不足，无法为乡村振兴战略的推进提供良好基础，导致乡村产业发展基础薄弱，抑制了城乡融合发展与乡村振兴的互促互进。发展出题目，改革做文章。必须坚持“城和乡是互促互进、共生共存”的理念，通过综合性改革来破解制约城乡融合发展与乡村振兴推进的难题，更好发挥城乡互补功能，推动城乡融合发展。多年来，德清以改革为动力、创新为牵引，坚持把改革作为撬动农村发展活力的突破口，以农业供给侧结构性改革集成示范试点为引领，全面深化农村“新户改”、“新土改”和“新金改”，积极探索数字化改革，把各项改革有机地衔接起来，实现改革集成效应最大化，持续激发农业农村发展“新活力”，解决发展中的实际问题，推动经济发展、社会治理、民生改善。德清先行先试，创造了农地入市第一宗、登记第一证、抵押第一单等多个“全国第一”，让农民的“死产”变为“活权”。在全国首创基于“三权分置”的宅基地管理办法，有效盘活了农村土地存量。率先开展“一窗服务”，发布了全国首个县域营商环境报告和营商指数……这些改革不仅使德清一次次冲破藩篱，开拓出一条城乡全面融合的发展新路，同时也为全国提供了可复制推广的经验。

第四，城乡全面融合，乡村全面振兴的最终目标是实现全体人民共同富裕。共同富裕是社会主义的本质要求，也是人民群众的共同期盼。无论是脱贫攻坚，还是乡村振兴、城乡全面融合，其战略总目标是缩小城乡差距、地域差距和收入差距，最终实现共同富裕。实现共同富裕是乡村振兴的前进方向，生活富裕是乡村振兴的总要求之一，实施乡村振兴战略是实现全体人民共同富裕的必然选择，乡村振兴为农民农村实现共同富裕提供物质保障。城乡融合发展是推动高质量发展和促进共同富裕的必然选择。实施乡村振兴战略，必须在共同富裕导向下，推动城乡发展从不平衡到相对平衡，持续提升基本公共服务均等化水平，缩小城乡居民生活品质差异，推进城乡基础设施共建共享、互联互通，进一步优化城乡产业结构与城乡空间布局，畅通城乡要素双向高效流动，在城乡融合发展中扎实推动共同富裕。作为国民经济发展和统筹城乡经济社会发展的基本单元，县域是实现共同富裕的关键。近年来，德清县坚定不移，努力在共同富裕领航的新征程中当先锋、探路子、作示范，持续推动城乡一体化发展，对推进县域共同富裕进行了有效的尝试和实践。德清县通过体制机制改革，激发出撬动发展的持久活力，有效打破了城乡之间的壁垒，加快公共服务均等化，深入推进户籍制度改革，附着在户籍背后的医保、养老、住房保障等 33 项城乡差异政策实现全面并轨，补齐城乡之间在公共服务、基础设施、治理体系等方面的落差，让农民群众共享城乡融合发展的成果，探索出一条城乡融合发展的共同富裕的“德清路径”。

■ 启示意义

第一，用改革撬动发展、用创新驱动发展，是推进高质量发展的必由之路。发展是解决一切问题的关键。始终坚持直面发展难题、勇于攻坚克难，在改革路上不停步，敢于探索新的路径，敢为人先，争当先行区，是德清县几十年来快速走向振兴的根本精髓，是德清县推进县域城乡融合发展、共同富裕的内在动力和精神力量。一大批首创性的改革经验在德清县萌发，200 余项省级以上改革试点在德清县落地，真正做到了立足发展出题目，深化改革做文章，坚定不移举改革旗、吃改革饭、走改革路。党的二十大报告指出，高质量发展是全面建设社会主义现代化国家的首要任务。其核心在于推动经济高质量发展，促使经济增长动力机制从要素驱动转向创新驱动，深化经济体制改革，构建现代产业体系，培育经济新增长点。德清县“停不下来”的改革创新精神，同样是推进高质量发展、走好中国式现代化道路必不可少的精神动力。

第二，经济社会发展必须聚焦于人的全面发展和民生福祉的改善。建立健全城乡融合发展体制机制和政策体系，要求坚持以人民为中心的发展思想，以协调推进乡村振兴战略和新型城镇化战略为抓手，以缩小城乡发展差距和居民生活水平差距为目标，推动农业全面升级、农村全面进步、农民全面发展，不断提升农民获得感、幸福感、安全感。共同富裕不单是经济问题，更要聚焦人的全面发展和民生福祉的改善，满足人民对美好生活的需要。从公共服务到生态治理再到文化建设，德清县把共同富裕的探索实践贯穿人民群众生产生活的方方面面，把精神富有作为县域共同富裕的最大特色来打造，树立和弘扬人有德行、如水至清的“德文化”，将文化建设创造性地融入幸福和谐美丽家园建设，力促物质富足与精神富有双先行，树立起全国县域文明城市建设的新样板。

案例 5

风展红旗如画：全面贯彻新发展理念的三明实践

核心阅读

习近平在福建工作期间，曾先后 11 次深入三明调研，16 次做出重要指示。党的十八大以来，习近平关心三明老区苏区发展，多次做出重要指示。三明市始终牢记习近平的重要嘱托，着力“机制活”，坚持向改革开放要动力，破除体制机制弊端，医疗改革、林业改革等成效突出；着力“产业优”，做好结构调整大文章，培育形成四大主导产业；着力“百姓富”，践行以人民为中心的发展思想，让人民群众有更多获得感；着力“生态美”，坚持画好“山水画”，成为国家生态文明先行示范区、全国生态保护与建设示范区。在新发展理念的引领下，三明市克服山多地少、发展空间小等因素限制，走出一条创新成为第一动力、协调成为内生特点、绿色成为普遍形态、开放成为必由之路、共享成为根本目的的高质量发展之路，充分彰显了新发展理念的理论魅力和实践伟力。

“问渠那得清如许？为有源头活水来。”这是家喻户晓的理学名句，而其作者朱熹的灵感正来源于福建省三明市尤溪县南溪书院前那半亩方塘。

“宁化、清流、归化，路隘林深苔滑。今日向何方，直指武夷山下。山下山下，风展红旗如画。”毛泽东诗词中的名篇《如梦令·元旦》，描绘的是革命战争年代三明如火如荼的斗争场景。

绿色三明，红色基因。1997 年 4 月，福建省委副书记习近平来到三明，经过深入调研后，富有远见卓识地指出：“青山绿水是无价之宝，山区要画好‘山水画’，做好山水田文章。”此后，习近平曾先后 11 次深入三明调研，做出一系列重要指示，为三明擘画蓝图、指引航向。20 多年来，三明牢记习近平的嘱托，努力走出一条“机制活、产业优、百姓富、生态美”的发展之路。

着力“机制活”，善用改革开新局

洪田村山林多，可是以往“集体林算不清，群众收入等于零”。靠山“吃”不了山，洪田村一度乱砍滥伐成风：胆大的白天砍，胆小的晚上盗，违法的发财了，守纪的穷哭了。破解困局，唯有明晰集体林权，改革山林产权。“山定权、树定根、人定心”，洪田村成了全国集体林权制度改革的“小岗村”。但是，单凭分山到户，解决不了让日子更好过的问题。村民们普遍缺乏专业管理能力，资金投入不足，收益上不来……弊端逐渐显现。分离“承包经营权”的改革应运而生。林地所有权还归村集体，承包权仍归村民，分离出来的经营权可以流转。一时间，家庭林场、林业专业合作社、林业公司等“新林农”如雨后春笋般涌现。2019 年底，三明又打响了林票制度改革第一枪。一张张林票，吸引了更多的社会资本进山入林，让资源变资产、股权变股金、林农变股东。

林业碳票制是三明的又一次创新实践。将森林的固碳减排能力通过碳交易市场变现，把绿水青山变成金山银山的“转换器”是林业碳汇。在森林植被、枯枝落叶和土壤等中储存的碳叫作碳储量，当年碳储量的增加量可用于开发碳汇项目，并进入碳交易市场流通。2021 年 5 月 18 日，在常口村刻有“青山绿水是无价之宝”几个大字的石碑前，常口村党支部书记张林顺领到了全国首张林业碳票。这张编号为“0000001”的碳票，涉及常口村 3 197 亩生态公益林，监测期碳减排量 12 723 吨。其中的 2 723 吨碳减排量，当天以 4.084 5 万元的价格被福建通海镍业科技有限公司买走，从此，“空气能卖钱”在三明变为现实。

医保改革，是三明的又一个改革大手笔。曾经，三明“未富先老”，包袱大到扛不动。2010 年，三明职工医保统筹基金亏空 1.43 亿元；2011 年，亏空额增加到 2.08 亿元，财政根本无法兜底。2012 年 4 月，三明挥出医改“第一刀”：对辅助性、营养性、过往有过高回扣历史的 129 种品规实施重点监控，医院院长要审批签字，开具处方的医生要签字备案。执行的第一个月，三明全市药品支出就下降 1 670 多万元。随后，三明全面取消药品耗材加成，实行药品耗材联合限价采购，在全国率先成立医疗保障局……一场轰轰烈烈的医改拉开帷幕。2019 年 8 月，全国医改推进现场会在三明召开。随后，三明医改的典型经验被推向全国。

着力“产业优”，找准高质量发展支撑点

福建三明是一座因工业而兴的城市。但在后来的发展中，单一的产业结构给三明带来不少烦恼：传统产业产能过剩，效益下降，高污染产业给生态环境造成巨大压力。为了甩掉重污染的帽子，三明先后实施三轮技术改造专项行动，并且以壮士断腕的决心，关闭了污染严重的生产线，多家传统企业退城入园。三钢集团成为当时市区仅存的一家生产企业，为了实现增产不增污、增产不增废、增产不增能耗的“绿色钢铁”目标，三钢坚持绿色发展理念，通过做强做精主业、做大做优全产业链、推动精细化管理，这家市场、原燃料“两头在外”的钢铁厂，成功跻身全球钢铁 50 强。

做优做强传统工业的同时，还要让老工业基地“发新枝”：

——2020 年 12 月 6 日，三明中关村科技园正式揭牌开园，这座老工业城市装上了强劲的科技“芯”。

——立足本地石墨储量超 9 000 万吨的资源优势，大力发展碳材料产业，着重打造石墨和石墨烯等碳材料专业产业园。

——全球最大的锂离子电池负极材料供应商贝特瑞新材料集团落地永安市石墨和石墨烯产业园，计划建设年产 40 万平方米石墨烯导热膜生产线。

——成立福建省首家氟化工产业技术研究院，开发含氟精细化学品等下游精深产品。

3 000万吨萤石、1亿吨石墨、200万吨稀土……这些以往被忽视的财富，正在科技力量的推动下发展为三明新的优势产业。

着力“百姓富”，既要“富口袋”又要“富脑袋”

习近平在福建工作期间，多次对沙县小吃发展提出殷切希望。20多年来，沙县坚持把沙县小吃当作大产业来抓，努力顺应城市发展和业态变化，走规模化、产业化、标准化、国际化之路。做大做强的沙县小吃不仅成为当地的支柱产业，还遍布全球74个国家和地区。仅由小吃业拉动的中药材、食用菌等小吃配料种植基地就有6万亩，带动2万多农户从事种植业；家禽养殖、调味品生产等众多合作社相继成立，全县有70多家食品加工企业，带动30万人致富。

除了声名远扬的沙县小吃，三明的茶产业同样也“富了一方百姓”。坚持“生态、绿色、有机”理念，推动“茶叶＋旅游”“茶叶＋文创”融合发展，打造了大田美人茶、沙县红边茶等特色品牌，全市茶产业年产值近30亿元，带动农民增收超3亿元，把一片片茶叶变成了老百姓致富的“金叶”。

既要“富口袋”又要“富脑袋”。全国群众性精神文明建设起步于三明，起点就在三元区富兴堡街道东霞社区。当年，多家单位家属楼组成一个“大家庭”，大家有事商量着办，创造了“好在共建、贵在坚持、重在建设”的三明经验。“要以二次创业精神来推动精神文明建设上新水平。”习近平的指示，三明人记在心里，干在实处，“满意在三明”的口号传承30多年，如今更响亮了。

着力“生态美”，画好山区“山水画”

行走在地处闽江源头的福建省三明市，仿佛置身于一幅美丽的山水画。在常口村，清澈的金溪缓缓地流淌，金溪对岸，延绵不绝的青山松木繁茂、飞鸟成群。曾经，常口村在“快揭不开锅”的时候，有不少企业希望收购山上的天然林生产一次性木筷。面对这极大的“诱惑”，习近平的殷殷嘱托帮常口村做出了正确的抉择。当年保留下来的青山绿水成了今天的无价之宝。森林康养基地、生态文明教育培训基地、皮划艇训练中心、脐橙种植基地……村民在家门口就有事做、有钱赚。2023年，常口村村民人均纯收入比1997年增长了近10倍。

2014年以来，三明市先后对明溪、泰宁、将乐、尤溪、清流、宁化、建宁、大田等8个县取消了GDP考核，转而实行农业和生态保护优先的绩效考核。一幅山水画，越画越动人：三明森林覆盖率约达79％，是全国最“绿”的地级市之一；市区空气质量优良天数比例，每年都保持在98％以上；全市流域水质处于福建首位，在全国也名列前茅。坚持画好“山水画”，三明成为国家生态文明先行示范区、全国生态保护与建设示范区。

昔日“路隘林深苔滑”，今朝“路宽林茂粮丰”。在新发展理念的指引下，风展红旗依旧，如画三明更美。

思考讨论

1. 人口不到300万的三明市，地处武夷山南麓、闽江源头，境内“八山一水一分田”。昔日发展基础薄弱，而今，新时期精神文明建设在此发芽开花，三明医改成为全国引领典型，林业改革先行一步，沙县小吃走向全国，更有“中国绿都”的美称……三明市这个“中等生”是如何走出“状元路”的？

2. 1997年4月，福建省委副书记习近平来到三明市将乐县高唐镇常口村调研，指出：“青山绿水是无价之宝，山区要画好‘山水画’，做好山水田文章。”结合案例谈一谈，“山水画”和“无价宝”之间的辩证关系，以及三明市又是如何实现转化的。

3. 各地发展基础不同，资源禀赋不同，贯彻新发展理念应坚持因地制宜、实事求是，不能贪大求全。结合案例谈一谈三明市全面贯彻新发展理念的样本意义。

教学建议

本案例主要适用于第六章第一节“完整、准确、全面贯彻新发展理念”部分的辅助教学。案例主要从“机制活”“产业优”“百姓富”“生态美”四个方面展现了福建省三明市这样一个“家底”不算殷实的闽西北城市是如何结合实际、因地制宜把新发展理念贯穿经济社会发展全过程和各领域的。

■ 组织教学建议

第一，鉴于大多数学生并不熟悉三明市的市情，为了能够让学生更好地理解案例内容，建议课前给学生推送人民日报客户端视频《这里是三明》、新华社融媒体作品《新华社带给你一个“三明治”》，以及网红歌曲《三明后生仔》等内容，帮助学生以喜闻乐见的方式对三明市的发展实践有初步了解。

第二，在案例阅读过程中，要特别注意引导学生思考新发展理念对三明发展实践的指导作用。在福建工作期间，习近平先后11次深入三明市调研，在生态保护、文化传承、经济发展、党的建设等方面16次做出重要批示，为三明市发展擘画了发展路线图。今天来看，三明市的道路选择与发展气象，都可以在习近平总书记对国家发展的恢宏布局中找到对应的线索。“绿水青山就是金山银山”“以人民为中心”“高质量发展”……每一项都能在三明市找到呼应。三明市的蝶变，有力展现了习近平总书记一系列改革和发展理念的前瞻性和科学性。

第三，在讨论环节，引导学生紧密结合三明市实践思考贯彻新发展理念的方法论。新发展理念是一个整体，必须以改革创新的魄力、以实事求是的精神、以因地制宜的原则、以撸起袖子加油干的干劲，协调系统推进。建议教师组织学生从协调和系统的角度对新发展理念进行思考和讨论。

■ 总结提升建议

第一，贯彻新发展理念，必须以人民为中心，指向人民对美好生活的向往。新发展理念归根结底是以人民为中心的发展理念。细察三明市实践，无论是林改、医改、推广沙县小吃还是老工业改造升级，所有的改革都以民生为载体。因此，在改革遭遇的多重博弈中，三明市有底气站在前进的一边，在比比皆是的两难问题中，三明市有勇气站在正确的一边。也由此，三明实践传递出一种较强的全面性和平衡感。这也再一次启示我们，“为什么人的问题”是第一重要的问题。一切为了人民、一切依靠人民，这是中国共产党人的初心所在，也是价值所趋，理应成为一切改革和发展的出发点和落脚点。

第二，贯彻新发展理念，在不同的地区有不同的方法论，必须走因地制宜的路子。习近平强调，各地区要根据自身条件和可能，既全面贯彻新发展理念，又抓住短板弱项来重点推进，不能脱离实际硬干，更不要为了出政绩不顾条件什么都想干，最后什么也干不成。对于三明市而言，创新发展并不是盲目上项目，而是更多地体现在体制机制的创新上；协调发展、开放发展也与东部地区、发达地区有着显著不同，是从实际出发来抓；绿色发展、共享发展在三明市紧紧结合在一起，更多的是注重如何将生态资源转化为生态产业，让人民吃“生态饭”、享“生态福”，实现绿色发展与共享发展的相互促进。

第三，贯彻新发展理念，必须牢牢把握发展大势，以高质量发展不断拓展新空间。早在 1997 年 4 月，习近平就高瞻远瞩地指出，从三明市整个情况来看，今后的发展，要把握住“体制创新、市场导向、结构调整”三句话，三明市才会有一个脱胎换骨的变化。在三明市，三钢集团的改革瞄准的是增产不增污、增产不增废、增产不增能耗的“绿色钢铁”目标；上新产业瞄准的是具有资源优势的石墨烯等具有广泛发展前景的碳材料产业；在农业农村发展中，一片片的茶叶、一棵棵的红豆杉都成功转化为优势产业。多年来，三明市充分利用绿色生态资源禀赋，以生态化理念推动特色现代农业发展，形成了高优粮食、绿色林业、精致园艺等特色农业产业和水稻制种、食用菌生产等 20 多条特色农产品链条。

第四，贯彻新发展理念，必须找准正确方向，久久为功，一张蓝图绘到底。在贯彻新发展理念的过程中，新与旧总会不期而遇，经济社会发展总是在解决问题中前进，也总会在前进中产生新的问题。因此，贯彻新发展理念只有进行时，没有完成时。例如三明市医改，之所以具有在全国普遍推广的价值，就在于三明市不是以改革解决了某一个问题，而是以不断改革逐个破解难题，取得了患者、医院、医生和医保基金等多方共赢的成效，其改革逻辑与实施效果符合卫生健康高质量发展的内在要求。

启示意义

贯彻新发展理念首先要完整把握、准确理解新发展理念。实实在在把新发展理念落到实处，要抓住主要矛盾和矛盾的主要方面，因地制宜解决影响构建新发展格局、实现高质量发展、影响人民群众生产生活的突出问题。三明市在诸多约束条件下勇闯新路，把区位劣势转变为发展优势，在全面贯彻新发展理念的过程中实现了高质量发展。三明市的发展实践诠释了新发展理念是一个整体，那种认为文化、生态、社会等方面的建设只有当经济发展到较高程度时才能作为重点领域去建设的认识是片面的、不可取的。贯彻新发展理念没有固定不变的模式，各地资源条件、发展程度不一样，决定了必须以敢闯敢干的精神走出一条适合自己的发展道路，为高质量发展留出腾挪的空间，三明市的示范意义正在于此。

案例 6

潮涌东方：浦东扬帆再领航

核心阅读

浦东因改革开放而生，因改革开放而兴。自浦东新区设立以来，浦东持续承接中央和上海的战略性试验任务：1995 年，启动与国际接轨的先行先试功能性发展战略；1999 年，“聚焦张江”，实施高新技术发展战略；2005 年，国家综合配套改革战略实施，浦东成为首个综合改革试验区；2013 年，上海自贸试验区在浦东设立，中国自贸试验改革大幕正式拉开……一次次被赋予奋楫而行的新使命。2019 年，上海自贸区临港新片区正式揭牌，拉开又一场面向未来的开发开放帷幕。2021 年 4 月，《中共中央 国务院关于支持浦东新区高水平改革开放、打造社会主义现代化建设引领区的意见》发布，中央对于浦东定位之高、希望之重、支持政策之实、创新空间之大，前所未有。从一片阡陌农田到一座璀璨的现代化新城，浦东新区现已经成为彰显中国理念、中国方案、中国道路的实践范例。35 年时间，浦东新区的 GDP 从 1990 年的 60 多亿元增长到 2024 年的 1.78 万亿元，以全国 1/8 000 的面积创造了 1/80 的 GDP，人均 GDP 达到 30.55 万元。

万里长江，奔腾东去，如巨龙一般跃进太平洋。“龙头”入海处，留下一处点睛之笔。

诞生中国第一个金融贸易区、第一个保税区、第一个综合配套改革试验区、第一个自贸区……这是一片改革开放的高地。

以全国 1/8 000 的面积，创造了 1/80 的 GDP；建成和在建的国家大科学装置达到 10 个；近 400 家跨国公司地区总部集聚于此……这是一方创造奇迹的热土。

一边辐射长江经济带，一边挽起“一带一路”，拥有全球集装箱吞吐量第一的海港、货邮吞吐量第三的空港……这是一个联通中外的枢纽。

这就是上海市浦东新区。

30 多年前，党中央果断实施浦东开发开放政策，这被誉为中国改革开放打出的一张“王牌”。30 多年后，《中共中央 国务院关于支持浦东新区高水平改革开放、打造社会主义现代化建设引领区的意见》（简称《引领区意见》）正式发布，“支持浦东勇于挑最重的担子、啃最硬的骨头”。

多年来，浦东新区引领区建设扎实推进，在首创性改革、引领性开放、开拓性创新方面取得丰硕成果。

处一隅而观全局。从开发开放到引领区建设，背后是怎样一幅波澜壮阔的时代画卷？

创新之光，点亮未来

在浦东的张江科学城，有一个外形酷似鹦鹉螺的建筑——上海光源。它的出现，使得原本无法做或者需要出国排队做的分析工作，在“家门口”就可以完成。借助上海光源，科研人员发现了外尔费米子，揭示出了禽流感、埃博拉等多种流行病毒感染机制，基于上海光源实验数据研发的多种新药已进入临床试验。

张江，浦东创新发展的“热带雨林”。截至 2024 年 7 月，张江科学城已集聚企业 2.48 万家，高新技术企业 1 930 家，外资研发机构 181 家，跨国公司地区总部 70 家。已建、在建和规划建设的国家重大科技基础设施 12 个。全球芯片设计 10 强中的 7 家在张江设立了区域总部、研发中心；全球晶圆代工前 5 的企业有 2 家总部设在张江。外界还常把张江称为“中国药谷”，是因为这里集聚着 1 000 余家生物医药创新企业。全球排名前 10 的制药企业中，有 7 家在张江设立了区域总部、研发中心，中国医药工业百强中逾 1/4 在张江布局。放眼黄浦江畔，李政道研究所、上海量子科学研究中心、上海人工智能实验室、上海树图区块链研究院、上海朱光亚战略科技研究院等数十家代表世界科技前沿发展方向的新型研发机构正加快发展。2023 年，浦东新区集成电路、生物医药、人工智能三大先导产业规模达到 7 300 亿元。

科技创新引擎功能更加凸显，自主创新能力不断增强。截至 2024 年 7 月，大企业开放创新中心（GOI）累计授牌企业 103 家，赋能企业超 3 000 家。

浦东的创新不止于科技。2013 年，浦东继推行国家综合配套改革试点之后，又肩负起建设自贸试验区的重担。那么，它是如何成为撬动中国新一轮改革开放的支点的？可以透过几个镜头一探究竟：

2013 版 190 项、2017 版 95 项、2020 版 30 项……这是上海自贸区外商投资负面清单的“瘦身”记录。截至 2020 年底，上海自贸试验区累计新设企业 6.9 万户，是前 20 年同一区域的 1.7 倍，其中新设外资企业 1.2 万户……这是上海自贸区“大家庭”的成员数量。一减一增间，我们清晰地看到：对外商投资的准入限制少了，投资者热情高了，中国与国际规则体系衔接的步伐更快了，制度创新正为激发市场活力释放巨大红利。

“领唱”上海，唱响长三角一体化之声

2021 年 11 月 4 日，伴着凉爽的秋风，一艘名为新海集和谐号的“太仓快航”货船从上海洋山港出发，经长江入海口逆流而上抵达江苏太仓港。船上运载的 23.47 吨从美国进口的红橡木板材，成为洋山港与太仓港“联动接卸”海关监管模式正式运行的第一单，洋山港放行后，在太仓港被来自安徽的客户直接提离。一次申报、一次查验、一次放行，沪太通关一体化使太仓港成了洋山港的延伸，并成为长三角率先实现区域通关一体化的港口。“联动接卸、视同一港”，不仅加速货物流通，节约成本，疏解了上海国际航运中心的压力，还减少了穿越上海市域的集装箱卡车数量，缓解了城市拥堵。

一次小小的制度创新，进一步拉近了上海浦东与长三角兄弟城市的距离。2021 年

11 月 12 日，习近平在浦东开发开放 30 周年庆祝大会上强调，浦东要努力成为国内大循环的中心节点和国内国际双循环的战略链接，在长三角一体化发展中更好发挥龙头辐射作用。先行先试、积极探索、创造经验，作为“排头兵中的排头兵，先行者中的先行者”，浦东正在助力上海，发挥龙头城市的引领作用，与长三角区域中的兄弟城市携手并进。

绿动浦东，生活绿带和产业绿“链”两手抓

由罗山路、锦绣东路、龙东大道、外环线合围而成，占地 14.54 平方公里的张家浜生态清洁小流域，正成为浦东新区社会主义现代化建设引领区“金色中环发展带”上的一块翡翠，在城市建筑群中呈现出生态绿色的静谧之美。张家浜生态清洁小流域以张家浜及其两岸楔形绿地为核心，西临陆家嘴金融中心、南倚张江科学城、北靠金桥副中心，横跨花木、张江、金桥、唐镇 4 个街镇，辐射人口超 100 万。

绿色发展是高质量发展的底色。仅 2023 年，浦东就成功创建国家级绿色制造示范单位 13 家，上海市级绿色制造示范单位 18 家，零碳创建标杆单位 6 家，零碳创建单位 3 家。探尔科技、千沨新能源、上海火山石绿色环境、上海浦东星链数字产业研究院等，共同启动了中小企业双碳服务体系，有助于企业更好地应对国际贸易中的碳关税政策、优化供应链管理，帮助企业减少产品生命周期的碳排放，增强企业的可持续发展能力。未来，浦东将持续优化产业生态，搭建绿色低碳公共服务新平台，做强“绿色低碳产业发展联盟”；持续支持前沿创新，围绕“新技术、新工艺、新材料、新装备、新能源”，加快绿色低碳产业孵化载体布局；支持前沿概念验证中心、中试平台等超前孵化载体建设；推动绿色低碳特色产业园区建设；持续推进产业融合，鼓励互联网、大数据、人工智能等新兴技术与绿色低碳产业深度融合，加强从新能源、原材料、供应链到再生循环利用的全链条绿色低碳转型发展。

开放，浦东最鲜明的品格

全球 230 多个国家和地区，上海自贸区保税片区和其中 220 多个国家和地区有贸易往来，浦东无疑是在离世界最近的地方做全球生意。成立 GOI 是浦东落实中央《引领区意见》的重要举措之一，由行业龙头企业或细分领域领军企业发起建立的，遵循开放式创新、全球创新趋势，吸引集聚创新力量实现协同创新的新型载体。GOI 自成立以来，大企业踊跃报名加入，2022 年度已有 34 家授牌，集聚了 10 家技术赋能合作伙伴、16 家信贷赋能合作伙伴和 10 家投资赋能合作伙伴。

吸引跨国企业纷至沓来扎根的，正是浦东不断巩固的服务保障、持续优化的营商环境。聚焦投资、贸易、金融等领域推行事中、事后监管，率先构建与国际通行规则接轨的制度体系，形成国际贸易单一窗口、自由贸易账户、证照分离等制度创新项目……在探索高水平制度型开放的过程中，浦东这片被深耕的土地成绩斐然。

书写人民城市的荣光

阳光灿烂的日子，坐在三面落地的景观玻璃墙前，喝茶、听音乐、看书、发呆，室外的绿树、蓝天和波光粼粼的黄浦江一览无余……这样的闲暇时光不是在五星级酒店，也不是在高端写字楼，而是在普通市民皆可去的望江驿。在浦东东岸 22 公里的滨江岸线，每隔 1 公里，就有一个免费供市民休闲娱乐、打发时光的地方，统称“望江驿”。生活过得好不好，人民群众最有发言权。不唯浦东，以人民为中心的发展思想已在上海落地生根。石库门居民告别“倒马桶”，老旧小区加装电梯，把养老服务嵌入社区管理……从人民群众普遍关注、反映强烈的问题出发，上海拿出更多改革创新举措，倾听居民声音，回应大家关切，让改革发展成果更多更公平惠及人民群众。

思考讨论

1. 曾经是“一穷二白”落后农村的浦东，经过 30 多年巨变，在 1 210 平方公里的土地上，吸纳了约 600 万高素质人口，以全国 1/8 000 的面积，创造了 1/80 的 GDP。浦东是以怎样的智慧和理念引领高质量发展的？

2. 2021 年 4 月 23 日，《引领区意见》发布，支持“浦东勇于挑最重的担子、啃最硬的骨头”，立足构建新发展格局，浦东将勇挑哪些“最重的担子”、啃哪些“最硬的骨头”？浦东又将如何发挥引领作用？

3. 习近平指出：“这五大发展理念相互贯通、相互促进，是具有内在联系的集合体，要统一贯彻，不能顾此失彼，也不能相互替代。”结合案例谈一谈，浦东是如何以系统观念贯彻新发展理念的。

教学建议

本案例主要适用于第六章第一节“完整、准确、全面贯彻新发展理念”部分的辅助教学。本案例是一个综合性案例，分别从创新、协调、绿色、开放、共享五方面展示了浦东建设引领区的成就和前景。

组织教学建议

第一，在教学导入环节，可以印发《在浦东开发开放 30 周年庆祝大会上的讲话》，使学生明确作为改革开放高地的浦东在立足新发展阶段、贯彻新发展理念、构建新发展格局中的地位和作用。习近平强调，新征程上，我们要把浦东新的历史方位和使命，放在中华民族伟大复兴战略全局、世界百年未有之大变局这两个大局中加以谋划，放在构建以国内大循环为主体、国内国际双循环相互促进的新发展格局中予以考量和谋划，准确识变、科学应变、主动求变，在危机中育先机、于变局中开新局。浦东要抓住机遇、乘势而上，科学把握新发展阶段，坚决贯彻新发展理念，服务构建新发展格局，坚持稳中求进工作总基调，勇于挑最重的担子、啃最硬的骨头，努力成为更高水平改革开放的开路先锋、全面建设社会主义现代化国家的排头兵、彰显“四个自信”的实践范例，更好向世界展示中国理念、中国精神、中国道路。

第二，在案例阅读环节，引导学生从创新、协调、绿色、开放、共享五方面理解案例材料的逻辑关系。在创新发展方面，除了科技创新，还要特别注意引导学生理解浦东在创新发展中肩负着制度创新的核心使命，在深入推进高水平制度型开放方面积累的丰富经验。在协调发展方面，要引导学生理解浦东在推进长三角一体化发展中的重要作用。上海是我国最大的经济中心城市和推动长三角一体化发展战略的龙头，支持浦东高水平改革开放，就是要支持浦东探索将新发展理念创造性转化为发展实践的方式路径，构筑区域发展的强大势能，带动上海、进而带动长三角和长江经济带高质量发展，为提升我国经济总体效率注入强劲动力、提供示范样板。在绿色发展方面，浦东更加注重绿色人文，19.5%的森林覆盖率、40 多公里可漫步的黄浦江东岸、200 座城市公园，15 分钟可达的公共服务、多元文化融合的国际社区，浦东处处可见生态美与文化情。在开放发展方面，开放是浦东与生俱来的特色，浦东更肩负着更高水平改革开放的开路先锋的使命任务。在共享发展方面，浦东坚持共建共治共享，发展成果与群众共享，精细管理打造高品质生活，加快探索走出一条体现时代特征的超大城市治理之路。

第三，在讨论环节，引导学生理解浦东开放开发的生动实践是我国改革开放和社会主义现代化建设的一个缩影。30 多年来，浦东在一片农田上建起了一座功能集聚、要素齐全、设施先进的现代化新城，形成了高水平的对外开放体系、充满活力的区域创新体系、现代化的产业体系、健全的民生保障体系。浦东发展的意义在于窗口作用、示范意义，在于敢闯敢试、先行先试，在于排头兵的作用。引导学生深刻理解 30 多年来，浦东坚持以改革促开放、以开放促开发，在建设中国特色社会主义伟大历史进程中谱写了勇立潮头、开拓进取的壮丽篇章，成为深刻回答中国共产党为什么能、马克思主义为什么行、中国特色社会主义为什么好的一个重要范例，成为我国改革开放的一面旗帜。

■ 总结提升建议

第一，全面贯彻新发展理念，要以创新发展解决发展动力问题。创新在我国现代化建设全局中居于核心地位，是引领发展的第一动力。习近平在浦东开发开放 30 周年庆祝大会上发表讲话强调："科学技术从来没有像今天这样深刻影响着国家前途命运，从来没有像今天这样深刻影响着人民幸福安康。我国经济社会发展比过去任何时候都更加需要科学技术解决方案，更加需要增强创新这个第一动力。"《引领区意见》明确了浦东新区在科技创新方面的重要任务：打造世界级创新产业集群。这意味着浦东要走一条开放条件下的自主创新之路，达到具备参与全球产业竞争、合作的能级。浦东要面向世界科技前沿、面向经济主战场、面向国家重大需求、面向人民生命健康，加强基础研究和应用基础研究，打好关键核心技术攻坚战，加速科技成果向现实生产力转化，提升产业链水平。

第二，全面贯彻新发展理念，构建新发展格局，要以协调发展解决发展不平衡问题。构建以国内大循环为主体、国内国际双循环相互促进的新发展格局，要以协调发展统筹国内国际两个大局。立足国内循环的协调，需要打通生产、流通、分配、消费等主要环节上的"堵点瘀点"，努力实现国内市场和生产主体、经济增长和就业扩大、金融和实体经济良性循环。立足国内国际双循环的协调，要实行更加积极主动的开放政策，形成全方位、多层次、宽领域的全面开放新格局，为我国创造良好国际环境、开拓广阔发展空间。开发开放 30 多年来，浦东从阡陌纵横的郊区变成了以外向型经济为主，经济实力强、开放程度高、改革经验多的社会主义现代化示范新城区，已经成为上海及长三角、长江经济带，乃至全国经济发展的新引擎。在应对世界大变局中，浦东深度融入世界、积极参与经济全球化，成为引领高质量开放发展的“领头雁”。浦东在全国发展大格局中明确自我发展定位，积极探索有利于推进国内大循环和国内国际双循环的有效途径，在构建新发展格局中发挥着国内大循环的中心节点和国内国际双循环战略链接的重要作用。

第三，全面贯彻新发展理念，要以绿色发展作为高质量发展的底色。实现生产生活方式的绿色转型，从根本上来讲，要靠科技创新，将科技创新成果转化为推动经济高质量发展的强劲动力。只有不断增加绿色科技成果的有效供给，推动生产生活方式的绿色转型，加快发展方式转变步伐，才能使高质量发展的绿色底色更加鲜明。浦东新区全力推进绿色低碳产业高质量发展，充分发挥创新生态活跃、产业门类丰富的全链条优势，以智能化、绿色化、融合化发展为方向，聚焦颠覆性技术和前沿技术创新，持之以恒地探索绿色低碳转型、优化资源利用效率的新路径和新方法，加快催生绿色低碳领域新产业、新模式、新动能，全力推动传统生产力向新质生产力跃迁。

第四，全面贯彻新发展理念，要以开放发展解决发展内外联动问题。开放发展是我国高质量发展的必由之路，是国家进步的前提。加快构建更高水平开放型经济新体制，推动形成全面开放新格局，需要形成具有较强国际市场竞争力的开放政策与制度安排。浦东是我国对外开放的最前沿，肩负着形成更多高水平开放型制度创新成果的使命，30 多年来，浦东以更高的站位、更宽的视野、更大的力度加快改革开放步伐，成为中国深化对外开放和推动经济全球化的引擎。从全国第一个新区、第一个综合配套改革试点到第一个自贸区，浦东在每一个关键历史节点上，都代表国家实施重大改革开放措施。在开放型制度创新方面，浦东率先构建与国际通行规则接轨的制度体系，形成了外商投资负面清单、国际贸易“单一窗口”等一批基础性和核心制度创新成果，300 多项制度创新成果被复制推广到全国。推动形成全面开放新格局，不是某一领域、某一维度的对外开放，而是全方位、立体化的开放；不是简单进行“量”的积累，而是要实现从“量”的扩张到“质”的提升。放眼未来，浦东需要率先开展制度型开放探索、高水平压力测试，形成更多有显示度、说服力的改革开放成果，更好地解决我国发展内外联动的问题。

第五，全面贯彻新发展理念，要以共享发展为根本目的。城市是人集中生活的地方，城市建设必须把让人民宜居安居放在首位，把最好的资源留给人民。自习近平 2019 年在上海杨浦滨江考察时首次提出“人民城市人民建，人民城市为人民”重要理念起，上海就将这一理念不折不扣践行于城市建设实践之中，努力成为现代城市治理的示范样板。建设人民城市是浦东打造社会主义现代化建设引领区的题中应有之义。浦东新区的开发开放，始终对标世界最高水平的城市体，统筹协同推进城市管理、社会治理和经济发展，打造具有世界级水平的超大城市治理体系。

■ 启示意义

新发展理念是一个整体，需要完整把握、准确理解、全面落实，把新发展理念贯彻到经济社会发展全过程和各领域。新发展理念是一个系统的理论体系，回答了关于发展的目的、动力、方式、路径等一系列理论和实践问题。“吃改革饭、走开放路、打创新牌”，既是浦东高质量发展的经验，又是浦东完整、准确、全面贯彻新发展理念的生动实践。浦东是新发展理念的先行者，在做强创新引擎、加强改革系统集成、深入推进高水平制度型开放、增强全球资源配置能力、提高城市治理现代化水平等方面做出了表率、积累了经验，是全面建设社会主义现代化国家的排头兵。

案例 7

生态无价亦“有价”：“两山”转化的丽水实践

核心阅读

丽水是习近平总书记“两山”理念的重要萌发地和先行实践地。习近平在浙江工作期间，曾8次深入丽水调研，第一次到丽水时就赞叹“秀山丽水、天生丽质”。2006年7月29日，习近平第7次到丽水调研时，又殷切叮嘱“绿水青山就是金山银山，对丽水来说尤为如此”，“千万不能搞一些破坏性的开发，把自己的‘金饭碗’给丢了”。自2000年正式撤地设市以来，坚守生态底线始终是丽水一切工作的基本前提，丽水是首批国家生态文明先行示范区、国家森林城市、国家级生态保护和建设示范区、首个“中国天然氧吧城市”和唯一的“中国气候养生之乡”，生态环境状况指数连续20年位居浙江第一（截至2024年）。2019年，丽水成为全国首个生态产品价值实现机制试点市。2021年，中共中央办公厅、国务院办公厅印发《关于建立健全生态产品价值实现机制的意见》，党的二十大报告将建立生态产品价值实现机制作为推动绿色发展的重要举措，“两山”转化的丽水实践生动诠释了中国式现代化的本质要求。

行走在丽水市景宁畲族自治县大均乡，梯田与小溪交错，白鹭成群飞过，宿叶民宿就“嵌”在青山绿水间。民宿门口的小黑板上写着当天房价，单间价格880元（含生态产品价值350元）。什么是生态产品价值？用民宿主人吴聪的话来说就是：“来我们这里不仅是住宿，还能洗洗肺、养养胃、晒晒背。”对此，客人们都觉得挺新奇，小黑板也成了旅游“打卡点”，带动民宿生意和其他消费。大均乡是丽水绿色发展的一个缩影，生动诠释了“绿水青山就是金山银山”理念中“就是”二字的内涵和实现路径。

守护“天生丽质”

丽水的山，是长三角地区之巅，海拔千米以上的山峰超过3 500座。丽水的水，是浙江境内六江之源，涵养瓯江、钱塘江、飞云江、椒江、闽江和赛江。丽水的绿，深深浅浅，铺天盖地。习近平在浙江工作期间，第一次到丽水时就赞叹“秀山丽水、天生丽质”，他强调，“丽水”的本义就是青山丽水、风景秀丽，你们生态优势很明显，这个优势一定要保护好，千万不要以牺牲环境为代价换取一点经济利益，否则肯定会后悔不及。你们这里旅游的特点就是生态旅游、风情旅游。

2000年撤地设市之初，第一届市委就明确提出“生态立市、工业强市、绿色兴市”发展战略，以坚如磐石的决心和定力保护生态环境、推进绿色发展。2013年，浙江省开始不再考核丽水各区县GDP和工业总产值两项指标。在新发展理念的指引下，丽水开启生态建设新篇章。把生态视为核心竞争力，丽水实施了一系列生态标准、生态管理、生态补偿机制，生态保护红线区域占全市总面积的比例从26.6%提高到31.9%，并坚持做到产业园区以外基本无工业、园区之内基本无非生态工业。生态文明建设“组合拳”，使丽水生态环境状况指数连续20年位居浙江全省第一，市控及以上断面Ⅰ～Ⅲ类水体比例、跨行政区域河流交接断面水质达标率、县级以上集中式饮用水水源地达标率实现“三个100%”。浙江省生物多样性最为丰富的地区，丽水名副其实。优越的自然生态环境，使丽水成了动植物的天堂，丽水首次开展的系统性野生动植物资源调查结果表明，野生脊椎动物较历史记录净增219种，野生及常见植物较历史记录净增372种，生物多样性领先全国。

让“风景”变“钱景”

好生态，可以转化为真金白银。丽水市率先探索以政府打造“山”字系区域公用品牌牵引生态产业发展的创新路径。

2014年，丽水推出全国首个地市级覆盖全区域、全品类、全产业链的区域公用品牌——“丽水山耕”。以“基地直供、检测准入、全程追溯”为产品宗旨，通过政府所有、生态农业协会注册、国有公司运营的模式，全产业链一体化公共服务体系形成“平台+企业+产品”价值链，实现利益均衡分配。越来越多的“丽水山耕”农产品走出了大山，缙云麻鸭、缙云茭白、青田稻鱼米、青田杨梅、遂昌三叶青、遂昌菊米、庆元甜桔柚、庆元灰树花、景宁惠明茶、处州白莲等畅销长三角城市。“丽水山耕”多次位列中国区域农业形象品牌影响力指数地市级榜首，获评“新时代区域农业品牌十年·卓越影响力品牌”。

以“丽水山居”为品牌的农家乐民宿经济，在丽水方兴未艾。因一棵红柿子树而走红的松阳县枫坪乡沿坑岭头村，依托自然风光和生态环境，把挂在树上的柿子变成风景，建设“画家村”，打造“民宿村”，让偏远山村火了，村民富了。不仅是沿坑岭头村，在丽水，一个个古村落通过系统恢复风貌和文化基因，引来客商投资乡间客栈、文化驿站等乡村旅游新业态。2019年，丽水市发布《“丽水山居”民宿服务要求与评价规范》，接续提出“品质民宿、美学民宿、生活民宿、共享民宿”的新定位，不断提升品牌的内涵和品质。截至2023年，“丽水山居”年经营收入达36.7亿元，获评全国民宿产业创新示范区。

以“丽水山景”为主打品牌的全域旅游，如火如荼。脉系巍然而深秀，奇险清幽于一体，群峰叠翠，怪石嶙峋，云霭雾绕，巍峨冠绝浙江群峰；蜿蜒于山谷之中，穿梭于丛林之间，看山花烂漫，听虫鸣鸟叫，觅熊迹猴影，别有一番情趣。近年来，丽水整合山景旅游资源，放大“山”的优势，做精“山”的文章，以度假农庄、运动休闲基地、果蔬采摘基地、自驾车旅居车营地及乡村酒店等五大业态雕琢“丽水山景”，牵引带动乡村旅游生态特色产业蓬勃发展。

2023年亚运会期间，一款玻璃瓶装矿泉水频频出镜，这就是西子滴园欢迎宴会等重大外交活动保障用水——“丽水山泉”。“丽水山泉”是一瓶“两山水”，也是一瓶“创新水”，更是一瓶“共富水”。“丽水山泉”原水取自元古宙年代基岩地下150米深井，是我国极少数同时符合《食品安全国家标准 饮用天然矿泉水》《饮用天然矿泉水（适合婴幼儿）》《绿色食品 天然矿泉水》和世界卫生组织（WHO）软水标准的优质天然软矿泉水。2023年3月，“丽水山泉”生产基地顺利取得食品安全管理体系认证证书（ISO22000），并已具备年产15万吨天然矿泉水生产能力。

为生态贴上“价值标签”

量化生态资源价值，是生态产品价值实现的关键。如何破题？丽水以生态系统生产总值（gross ecosystem product，GEP）（又称生态系统产品与服务总值、生态产品总值）核算为切入点，于2019年8月出台全国首个市级生态产品价值核算技术办法。GEP是指一定区域的生态系统为人类和经济社会可持续发展提供的最终产品和服务的价值总和。而GEP核算，就是给“绿水青山”明码标价。这关键一步，让“无形”的绿水青山得到了“有价”的衡量。同时，丽水建立了GDP和GEP双核算、双评估、双考核机制及市县乡村四级GEP核算体系，率先完成全国首个乡级、村级GEP核算工作。丽水市遂昌县大田村成为第一个“吃螃蟹”的行政村。大田村的GEP约为1.6亿元，其中，水源涵养为5 152.19万元，气候调节为5 449.46万元，负氧离子为8.44万元。在大田村生活了大半辈子的程万能感慨地说：“头一回听说村里山、田、林、水，甚至空气都有了价！”

怎么实现绿水青山从可量化到可交易？依托优质民宿资源，推行民宿“生态价”，就是实现生态产品价值的方式之一，除此之外，丽水在GEP精准核算基础上，创新建立政府购买生态产品制度。大均乡的GEP按可比价格计算增幅为5.64%，获得188万元政府生态奖励基金，村集体还以生态资产“入股”研学产业，参与运营利润分配；青田小舟山乡好山好水好服务卖出300万元“生态高价”；云和雾溪畲族乡成立县级“两山银行”，由云和农村商业银行首创“两山贷”，将生态保护、垃圾分类等纳入个人生态信用评价，优惠利率与生态信用积分直接挂钩，鼓励村民主动保护身边的绿水青山。丽水还培育发展了“生态强村公司”174家，这些公司作为公共生态产品的供给主体和市场化交易主体，有效破解了“交易难”问题。国家电投集团投资的缙云县大平山光伏发电项目，得益于大洋镇优越的生态环境，光伏发电板使用寿命延长近5年，年发电量增长超10%，投资方愿意支付“生态溢价”回馈乡村。投资方与大洋镇“两山公司”协商，签订调节服务类生态产品购买协议，分年度支付购买资金279.28万元。如今的丽水，绿水青山“明码标价”，好山好水“变现”“增值”的例子不胜枚举。

“十四五”期间，丽水全力推进GEP进规划、进决策、进项目、进交易、进监测、进考核应用实践，加快出台全国首个GEP综合考评办法。同时，着眼搭建跨区域市场化交易平台，积极谋划打造全国生态产品交易中心，加快落地运营华东林交所，探索完善碳排放权、用能权等生态权益交易制度，力争交易额突破百亿元。

思考讨论

1. 习近平指出，要积极探索推广绿水青山转化为金山银山的路径，选择具备条件的地区开展生态产品价值实现机制试点。结合案例请你谈谈，什么是生态产品价值，生态产品价值有哪些实现方式。

2. 浙江丽水是一座“天生丽质”之城，是习近平总书记“两山”理念的重要萌发地和先行实践地。习近平指出，我们既要绿水青山，也要金山银山。宁要绿水青山，不要金山银山，而且绿水青山就是金山银山。阅读案例请你谈谈对“两山”理念的理解。

3. 在对“两山”理念的理解中，通常更注重“绿水青山”如何转化为“金山银山”，但是在本案例中还可以看到“金山银山”是如何促进“绿水青山”的。请你谈谈该如何运用“金山银山”对“绿水青山”的反作用更好地推动生态文明建设。

教学建议

本案例主要适用于第六章第一节“完整、准确、全面贯彻新发展理念”部分的辅助教学。绿水青山就是金山银山，绿水青山不能坐等金山银山，金山银山可以培育绿水青山。案例主要展示的是浙江丽水如何以“两山”理念为指导，以创新实践探索“绿水青山”转化为“金山银山”的实践路径：一是始终以保护生态环境为红线，不断推进生态文明建设的理念创新、路径创新、模式创新和制度创新；二是在环境保护的基础上推动绿水青山可变现、可增值、可持续，拓宽生态资源产品化、产业化变现渠道，促进农民增收，使农民切实体会“生态红利”；三是探索生态产品价值实现机制，这是“绿水青山”转化为“金山银山”的关键路径。

组织教学建议

第一，丽水是习近平总书记“两山”理念的重要萌发地和先行实践地。为了让学生更好地理解案例文本，可以在案例教学前从理论和实践两个方面给学生提供更多素材：一是《之江新语》中有关生态文明建设的内容。例如，《保护环境要靠自觉自为》《既要 GDP，又要绿色 GDP》《生态省建设是一项长期战略任务》《绿水青山也是金山银山》等；二是可以给学生推送浙江卫视推出的电视理论节目《中国共产党为什么能》第三季《激荡——改革开放 40 年的浙江实践》之“丽水篇”：秀山丽水捧出生态发展“金饭碗”，视频生动讲述了浙西南大山深处的丽水，在绿水青山间捧出生态发展“金饭碗”的故事。

第二，在案例阅读环节，重点引导学生理解什么是生态产品价值及其实现方式。中国科学院生态环境研究中心在我国生态产品价值实现机制试点——丽水市的核算中把生态产品分为以下三类：(1) 物质产品，主要包括生态农产品、生态林产品、生态畜牧产品、生态渔产品、生态能源和水资源等类型；(2) 调节服务产品，主要包括水源涵养、土壤保持、洪水调蓄、空气净化、水质净化、固碳、释氧、气候调节和病虫害控制等方面；(3) 文化服务产品，主要包括各级风景名胜区、自然保护区、地质公园、森林公园等自然景观，古村落、古道、古桥、古堰、梯田等自然文化景观，鸟鸣、泉潺等自然综合美物。根据以上三种不同功能的生态产品价值量相加构成生态系统的价值总和，即 GEP。生态产品的价值实现形式是多种多样的，从 GEP 的核算中可以看出，在现行的制度安排下，物质产品和部分文化服务产品（如风景名胜区）是可以通过市场化途径来实现的；而水源涵养、土壤保持、洪水调蓄、空气净化、水质净化、自然保护区、地质公园、森林公园等是通过政府购买的途径来实现的。

第三，在案例讨论环节，既要引导学生思考"绿水青山"如何转化为"金山银山"，还要引导学生思考"金山银山"是如何反作用于"绿水青山"的，让广大农民获得实实在在的"生态红利"，是"金山银山"助推"绿水青山"的最大动力。通过"两山"的转化让人们认识到，"金山银山"的前提是"绿水青山"，只有推动"水更绿，山更青"，"金山银山"才能滚滚而来。丽水多年来坚守生态底线，坚持推动产业生态化、生态产业化，努力把绿水青山蕴含的生态产品价值转化为金山银山，让良好生态环境成为人民生活的增长点，成为经济社会持续健康发展的支撑点，把绿水青山建得更美，把金山银山做得更大。

■ 总结提升建议

第一，保护环境就是保护生产力，改善环境就是发展生产力。绿水青山既是自然财富、生态财富，又是社会财富、经济财富。实践证明，生态本身就是经济，保护生态环境就是保护自然价值和增值自然资本，就是保护经济社会发展潜力和后劲，使绿水青山得以持续转化为金山银山。丽水不仅强力实施生态建设与环境保护，淘汰环境不达标企业，严格产业准入标准，还将约31.9%的市域面积划入生态保护红线，约75.7%区域划为限制工业进入的优先保护区。在这种情况下，丽水仍然实现了经济快速增长和产业发展质量的不断提升。丽水的实践证实了"两山"理念的科学性，即经济发展并不必然导致环境污染和生态破坏，环境保护也不必然阻碍经济发展。环境保护与经济发展是一个有机联系的整体，二者并非对立关系。

第二，建立健全生态产品价值实现机制，是贯彻落实习近平生态文明思想的重要举措，是践行绿水青山就是金山银山理念的关键路径。好的体制机制是实现生态产品价值持续转化、长效转化、稳定转化的重要保障。20多年来，丽水市在探索绿水青山向金山银山转化的过程中倾注了大量心血，在构建生态产品价值实现体制机制方面走在了全国前列。以2019年成为全国首个生态产品价值实现机制试点为牵引，丽水率先发布国内首个山区市生态产品价值核算指南，开创GEP进规划、进决策、进项目等机制，培育了一套生态产品市场交易体系，创新了产业赋能、品牌赋能等示范全国的生态产品价值实现路径，"绿水青山"如何量化、交易、增值等一系列难点破题，丽水GEP持续稳定增长，GDP迈上1 500亿元新台阶，市域综合实力从全国中下水平跃至中上水平。

第三，人不负青山，青山定不负人。生态是丽水最大的优势，也是其最鲜明的底色，丽水是长三角生态的"绿心"。浙江省丽水市"九山半水半分田"，山地面积2 294万亩，全市森林覆盖率79.9%，是中国首个天然氧吧城市，生态环境质量连续20年位居全省第一。丽水市依托良好的生态条件，大力发展山区旅游，促进山区生态产品价值实现，全年旅游总收入从2010年的116.55亿元增加到2020年的655.99亿元，累计发展农家乐民宿3 380户，从业人员2.9万人。丽水重点拓展四个方面的乡村产业价值空间：植根"绿色"本底，拓展生态价值空间；激活"古色"资源，拓展人文价值空间；串联"青色"样本，拓展美学价值空间；融合“蓝色”制造，拓展科技价值空间。“丽水山耕”“丽水山居”“丽水山景”“丽水山泉”……丽水着眼于实现共同富裕，推动绿水青山可变现、可增值、可持续，拓宽生态资源产品化、产业化变现渠道，持续促进“山”字系区域公用品牌集成发展，有效带动生态精品农业、全域旅游等一二三产业协同发展。

第四，生态产品价值实现对促进生态环境保护具有重要反作用力和积极影响。“绿水青山”可以转化为“金山银山”。但是如果只注重“绿水青山”对形成“金山银山”的积极作用则是对“两山”理念的片面理解。反过来，做强“金山银山”既可以倒逼“绿水青山”的发展，也可以成为培育“绿水青山”的强大推动力。这是因为，一方面，生态产品价值实现是促进“两山”转化的前提，不仅是“绿水青山”必须要有足够的“底色”和“成色”，还必须推动产业生态化，推行绿色生产和绿色消费，从源头减少污染排放和环境负荷，并持续加强生态环境保护，使得“绿水青山”能够可持续。另一方面，生态环境保护离不开物质投入、全民参与和社会支持。生态产品价值实现推动“绿水青山”向“金山银山”的转化，把“金山银山”做大，让人民享受到经济发展和美好生活环境的好处，才能形成加强生态环境保护的物质基础和民意基础。在此意义上，“金山银山”也可以促进“绿水青山”，二者是相辅相成、相互支撑的关系。有意识地利用“金山银山”对“绿水青山”的反作用力和积极影响，对推动环境保护和生态文明建设可以起到事半功倍的效果。

启示意义

贯彻落实“绿水青山就是金山银山”，关键在于打通绿水青山向金山银山转化的通道，建立健全生态产品价值实现机制。“绿水青山就是金山银山”不是要用“叶子”去换“票子”，而是要破除经济发展与生态环境保护的二元对立，把生态优势转化为综合发展优势，将绿水青山转化为金山银山，实现生态产品综合价值提升。同时还要建立金山银山反哺绿水青山的机制，将生态产业发展带来的经济收益重新投入生态文明建设，加强生态环境治理和绿色低碳科技创新，推动实现经济社会全面绿色转型，进一步提升环境质量、增值自然资本。丽水作为“绿水青山”之地，始终坚守生态底线，坚持在发展中保护、在保护中发展，把生态环境作为丽水发展生产力的必备要素和有力支撑，形成生态美、产业兴、百姓富的良好发展格局。绿水青山就是金山银山，这是新时代生态文明建设的核心理念，科学阐明了保护与发展的辩证统一关系。

案例 8

援疆行动赋“新”能 同心逐梦绘“疆”来

核心阅读

对口援疆是新疆工作的重要组成部分，是实现新疆社会稳定和长治久安的战略之举，功在当代、利在千秋。对口援疆，创下了共和国历史上多个之最：支援地域最广、涉及人口最多、资金投入最大、援助领域最全。全方位支援让新疆大地日新月异，让天山南北发展更有速度、民生更有温度、幸福更有厚度。新疆各族人民与全国人民一道，决胜脱贫攻坚，同步圆梦小康。这是全区各级党组织和广大党员干部咬定目标、压实责任、凝心聚力、强化落实的结果，也是各族干部群众贯彻党的治疆方略，坚持新发展理念，主动作为、勠力拼搏的结果。在书写决胜全面建成小康社会“新疆答卷”中，凝聚着以习近平同志为核心的党中央对新疆各族人民的关爱关怀，凝聚着国家各部委、中央企业对新疆各族人民的关心支持，凝聚着19个援疆省市对新疆各族人民的无私帮助。

翻开中国地图，新疆占我国土地面积近1/6，可绿洲仅占新疆总面积的4.2%，其他大部分地方是戈壁和沙漠，这里曾经是有名的少、边、穷地区。对口援疆自1996年启动以来，经过两轮共20余年的运作，取得历史性成就，2 500多万新疆各族人民同步圆梦小康。截至2020年底，现行标准下新疆306.49万农村贫困人口全部脱贫，35个贫困县全部摘帽。团结和谐、繁荣富裕、文明进步、安居乐业、生态良好的大美新疆画卷正在徐徐展开。

人才援疆，提升发展后劲

在沙漠边缘，养澳洲龙虾，可能吗？不仅可能，而且已经成功了。

2020年3月，作为山东第十批援疆干部，臧运东被选派到新疆喀什地区麦盖提县吐曼塔勒乡，担任党委委员、副乡长。他发现这里紧靠叶尔羌河，水域资源丰富，但众多水塘、滩涂长期闲置。臧运东与日照职业技术学院付宁团队合作，开展“东虾西移”——澳洲淡水龙虾养殖技术试验。“在沙漠之地养殖龙虾，从来没有成功的先例，你别自讨苦吃！”面对周围人的质疑，臧运东却铁了心要干。设计规划、跑手续、建池塘、运虾苗……臧运东每天早出晚归，几乎把龙虾养殖基地当成了家。2021年10月，大漠中试养澳洲龙虾获得成功。臧运东还带领技术团队举办水产养殖培训班，会同水产专家编写了一套维汉双语版的《澳洲淡水龙虾养殖技术手册》。臧运东被当地群众亲切地称为“龙虾乡长”。截至2024年初，麦盖提县已形成4处规模化养殖基地、多处养殖点，500亩养殖水面、30万尾的养殖规模，澳洲龙虾南疆养殖产业逐步成形。

人才援疆始终是援疆的核心举措和重要支点。1996年，第一轮援疆工作正式启动，以北京、天津、上海、山东、江苏、浙江、江西、河南8省市和中央及国家有关部委选派援疆干部为主要方式。截至2020年，全国19个援疆省市、中央和国家机关、中央企业选派干部人才已经超过8万人次。援疆各省市坚持“援疆一批人才、带出一批人才”的理念，发挥“传帮带”作用，提升新疆干部人才队伍整体素质。

产业援疆，增强“造血”功能

走进喀什地区巴楚县，一片连绵数万亩的蓝色光伏面板，给苍茫的戈壁滩披上了“科技感”十足的外衣。这是粤水电（广东水电二局股份有限公司）巴楚县200万千瓦光储一体化项目带来的新“光景”。广东能源集团、深圳能源集团等企业在喀什等地投资建设2 000万千瓦光伏项目，并以此为依托，抓紧与上下游产业对接，形成光伏产业集群。

新疆棉花产量占全国总产量近九成。红豆、洁丽雅等国内知名纺织服装企业纷纷在新疆投资兴业，“三城七园一中心”纺织产业群在新疆崛起。2022年1月，鸿星尔克新疆于田服装生产基地正式落成并投入生产，成为鸿星尔克在全国8个生产基地除福建总部外最大的生产加工基地，可创造4 000多个就业岗位。

山东援疆先后引进15家龙头企业入驻疏勒，建设现代蔬菜产业示范园、智慧农业产业园等7座现代农业产业园、9座种植基地，建成8万平方米智能温室大棚、1 000余座日光温室大棚，带动10.8万名群众增收致富。

2020年至2023年，中央和国家机关、中央企业及19个援疆省市，投入援疆资金260多亿元，实施精准扶贫和乡村振兴项目3 700多个。

民生援疆，绘就幸福底色

家住昌吉市阿什里乡“天鹅小镇”的牧民木沙合买提在整洁漂亮的新家中，一边儿弹着冬不拉，一边儿唱着自己新编的歌曲，怡然自得。“天鹅小镇”是由福建援疆泉州分指挥部援建的生态移民工程，总投资超过9 200万元。每户牧民只需出资4万多元，就能拥有一套两室一厅85平方米的住房。2020年，502户1 780名牧民入住。这是民生援疆持续增进各族群众福祉的一个缩影。2020年第三次中央新疆工作座谈会召开以来，各援疆省市持续加大民生援疆力度，80%以上资金用于保障和改善民生、用于县及县以下基层。

机器人编程、3D打印、创意手工制作……华中师大一附中博乐分校创客教室，学生们沉浸在科技实践的乐趣中。华中师大一附中协助打造的这间创客教室，让学生在实践中发现科学的乐趣。博乐分校的一名语文老师徐慧君感慨地说：“援疆教师帮助我们研究优化教育教学方式，学生掌握了有效的学习方法，进步非常大!”华中师大一附中整体托管博乐分校开展教学帮扶，每年选派各学科教师举办讲座，博乐分校选派教师前往华中师大一附中进行跟岗培训学习。以博乐分校为样本，湖北教育“组团式”援疆模式逐步形成，湖北省名校一对一、多对一帮扶博尔塔拉蒙古自治州82所学校。2020年至2023年，各援疆省市累计投入教育援疆资金超过 100 亿元，实施项目 1 800 多个。

“是上海援疆医生给了我儿子第二次生命。”喀什地区泽普县的阿丽通古丽·赛买尔说。赛买尔的儿子患有罕见心脏疾病，所幸上海援疆医生为其制订了诊疗方案。如今，她的儿子和正常的孩子并无两样，这只是援疆医生工作的一个缩影。自 2016 年开始，医疗人才“组团式”援疆工作在探索中前行。7 个省市先后派出近千名医疗人才支援新疆 7 家市级人民医院和兵团第一师医院，开展新技术、新项目超过 2 000 个，培训受援医院人员 18 万多人次。全国 40 余家三级医院与受援地 30 余家县级医院建立支援关系。新疆大多数县医院已经能够开展颅脑肿瘤手术、内镜治疗技术等复杂手术。

科技援疆，赋能高质量发展

2010 年科技部成立了科技援疆工作领导小组，并于 2011 年与国家发展改革委联合发布《全国科技援疆规划（2011—2020 年）》，形成“对口援疆科技合作联席会议（19＋2）制度”，建立了全国“大科技”援疆格局。

在莎车县阿热勒乡的巴旦木产业园，新疆多能互补绿电储用集成应用示范工程“沙漠一号”已投入运行，实现即使在没有阳光时也能发电。这项工程源自上海市对口支援新疆工作前方指挥部提出的需求。新疆地区昼长夜短、光照充足，光伏发电成为当地主要用电方式。然而，上海援疆干部发现，大规模光伏发电波动大、间歇性强，因此出现了大量“弃电”。如何才能让“弃电”不弃？上海科学院决定采用氢能相关技术来破解这一痛点，并将其命名为“沙漠一号”。这项工程主要包含光伏、储能、制氢、储氢、燃料电池、气电联控等 6 个系统，其中有一些是尚未经过工程化验证的新技术，难度极大。上海科学院组织航天能源、航天氢能、航天电源、上海交通大学氢科学中心等单位，组成集化科研于一体的团队，推进实施这一项目。2023 年 3 月，该项目通过了相关专家验收。阿热勒乡巴旦木产业园用上了源源不断的稳定“绿电”。

2023 年 6 月 6 日下午，新疆新驼乳业有限公司和浙江中医药大学共同成立的骆驼产业研究院签约仪式在阿克苏地区柯坪县阿恰勒镇举行。近年来，浙江省援疆指挥部、对口支援柯坪县的湖州市援疆指挥部，与柯坪县委、县政府一起谋划实施“羊驼富民”工程，提供数字化技术助力当地骆驼产业发展。现在柯坪的骆驼都戴上了“5G 智慧项圈”，工作人员在手机上通过智慧畜牧监管平台，就能检测到骆驼的日常饲喂等指标，极大地提高了养殖效率，推动了当地骆驼养殖业从粗放型向智慧化的转变。

文化援疆，春风化雨润无声

新一轮对口援疆工作开展以来，中央单位和 19 个援疆省市以铸牢中华民族共同体意识为主线，坚持以增进国家认同为目标，深入细致推进文化润疆。

江苏援疆聘请国内顶尖设计建设团队，高水平援建伊犁哈萨克自治州博物馆、林则徐纪念馆，建设乔尔玛革命烈士陵园爱国主义教育基地等；湖南援疆对吐鲁番市 20 余处爱国主义教育基地提质升级，建设湖南省对口援疆历史陈列馆、“八千湘女上天山”历史陈列馆等，构筑共同的精神家园；浙江援疆和阿克苏地区联合创作大型历史京剧《班超》、歌舞剧《千年之约·梦回拜城》、实景剧《丝路爱情故事》、电影《汉使令》，培育温宿柯尔克孜族刺绣、阿瓦提农民画、柯坪“柯小驼”、新和手工乐器等“一县一品”文创产品体系，有力提升了阿克苏地区的文化知名度和影响力。

以文化为纽带，援疆省市和受援地各族群众在一次次的交流中，心越走越近，情越来越浓。

思考讨论

1. 我国对口援疆工作经历了怎样的发展阶段？有哪些具体方式和做法？取得了怎样的效果？

2. 全面援疆、精准援疆、长期援疆，极大地改变了天山南北的发展面貌，让改革发展的成果惠及新疆各族民众。新一轮对口援疆是如何完整、准确、全面贯彻新发展理念的？

3. 为什么说对口援疆工作彰显了中国特色社会主义制度的优越性？

教学建议

本案例主要适用于第六章第一节“完整、准确、全面贯彻新发展理念”部分的辅助教学。案例主要介绍了新一轮对口援疆工作启动以来，在以习近平同志为核心的党中央的关怀下，中央和国家机关、中央企业、19个援疆省市，从干部人才、产业、教育、医疗、科技、文化等多方面对口支援新疆取得的巨大成绩，彰显了对口援疆工作助推新疆经济社会跨越式发展的重要作用以及践行新发展理念对于实现新疆社会稳定和国家长治久安的重大意义。

组织教学建议

第一，在运用本案例之前，可以组织学生课外线上观看由中央广播电视总台制作的大型纪录片《雪莲花开——对口援疆纪实》。该纪录片聚焦个体人物命运，故事徐徐呈现、娓娓道来，人物生动鲜活、真实感人。全片共5集，分别围绕人才建设、民生改善、产业援疆、文化润疆、民族团结五大主题，全景式展现了对口援疆的精彩实践。通过观看视频，学生会对党的十八大以来新疆各族群众民生不断改善、和谐幸福新图景有了更感性的认识，为课堂案例讨论打下良好基础。

第二，在讨论中要引导学生了解新时代党的治疆方略，加深对做好对口援疆工作、推进区域协调发展重要性的认识。党的十八大以来，党中央深化对治疆规律的认识和把握，形成了新时代党的治疆方略，坚持从战略上审视和谋划新疆工作，坚持把社会稳定和长治久安作为新疆工作总目标，坚持以凝聚人心为根本，坚持铸牢中华民族共同体意识，坚持我国宗教中国化方向，坚持弘扬和培育社会主义核心价值观，坚持紧贴民生推动高质量发展，坚持加强党对新疆工作的领导。新疆坚决贯彻新时代党的治疆方略，坚持以人民为中心的发展思想，着力解决人民最关心最直接最现实的利益问题，使各阶层、各民族、各地区的人民都能享受到改革发展的成果，各族人民的获得感、幸福感、安全感显著增强。

2023年8月，习近平在听取新疆维吾尔自治区党委和政府、新疆生产建设兵团工作汇报时发表重要讲话："要完整准确全面贯彻新时代党的治疆方略，牢牢把握新疆在国家全局中的战略定位，扭住工作总目标，把依法治疆、团结稳疆、文化润疆、富民兴疆、长期建疆各项工作做深做细做实，稳中求进、绵绵用力、久久为功，在中国式现代化进程中更好建设团结和谐、繁荣富裕、文明进步、安居乐业、生态良好的美丽新疆。"对口援疆已成为全面贯彻新时代党的治疆方略，推动新疆安定和谐、繁荣发展的重大工程，具有推动高质量发展、促进民族团结和凝心聚力的重要作用。

第三，引导学生分析对口援疆工作的主要实践举措以及其中体现出的新发展理念。1996年，第一轮援疆工作正式启动，主要是干部援疆，即由对口支援省市派出干部到新疆当地任职，推动新疆经济社会发展。2010年，新一轮对口援疆工作启动。最大的变化在于，由原先相对比较单一的干部援疆，到经济、干部、人才、教育、科技等协同推进的全面援疆。贯彻创新、协调、绿色、开放、共享的新发展理念是推进新一轮对口援疆工作、实现新疆地区高质量发展的指导原则。党的十八大以来，新一轮对口援疆工作立足新疆的资源禀赋、区位优势和产业基础，对口支援力度不断加大，加快"一带一路"核心区建设，促进经济社会协调发展，大力推进科技创新，加快构建现代化产业体系，特色产业蓬勃兴起，新兴产业不断涌现，基本民生全面改善，基础设施建设加快，科教文化欣欣向荣，2 500多万新疆各族人民与全国人民一道，决胜脱贫攻坚，同步圆梦小康，共享改革开放发展成果，以高质量发展新成效扎实推进中国式现代化新疆实践。

■ 总结提升建议

第一，对口援疆是国家战略，是实现新疆社会稳定和长治久安总目标的重要举措。新疆是中国陆地面积最大的省级行政区，占国土总面积近1/6，位于西北边陲，是重要的安全屏障，是实施西部大开发战略的重点地区，是我国向西开放的重要门户，也是全国重要的能源基地和运输通道，是丝绸之路经济带核心区。同时，新疆又是民族自治地区之一，面临着各种复杂的社会矛盾，是反分裂、反渗透、反恐怖主义的前沿阵地。因此，新疆社会稳定和长治久安，关系全国改革发展稳定大局，关系民族团结、国家安全，关系中华民族伟大复兴大业。做好新疆工作绝不仅仅是新疆一个地区的事情，而是全党全国的大事，必须深刻认识新疆工作在党和国家工作全局中具有的特殊重要的战略地位，牢固树立全国一盘棋思想，完善党中央统一领导、中央部门支持指导、各省市支援配合、新疆发挥主体作用的工作机制。中国基于基本国情和制度优势，将对口支援新疆建设确定为一项安邦富民战略。做好对口援疆工作，是实现新疆社会稳定和长治久安总目标的重要举措，是造福新疆各族群众的伟大事业，是促进各民族交往交流交融的重要载体，是彰显社会主义制度优越性的重要实践。习近平指出，"对口援疆是国家战略，必须长期坚持、精准发力"。全面援疆、精准援疆、长期援疆，让新疆大地日新月异，全面发展，为新疆社会稳定和长治久安注入不竭动力。

第二，新发展理念是推进新一轮对口援疆工作、实现新疆地区高质量发展的指导原则。习近平指出，新时代抓发展，必须更加突出发展理念，坚定不移贯彻创新、协调、绿色、开放、共享的新发展理念。新一轮的对口援疆工作，是包括人才援疆、产业援疆、民生援疆、科技援疆、文化援疆等在内的全面援疆，是贯彻新发展理念的全方位援疆。新疆新兴产业不断涌现，甚至在大漠里养殖澳洲龙虾也能获得成功，体现了创新是引领发展的第一动力、开放是繁荣发展的必由之路；光伏产业的发展、新疆多能互补绿电储用集成应用示范工程“沙漠一号”投入运行，彰显出绿色低碳的生产方式和生活方式的形成；援疆资金项目向民生倾斜、向基层倾斜、向重点地区倾斜，彰显了致力于解决发展不平衡问题，不断增强发展的整体性的协调发展理念；对口援疆经过两轮近30年的运作，取得历史性成就，新疆各族人民与全国人民一道同步圆梦小康，共享祖国繁荣发展的成果，彰显了不断推进全体人民共同富裕的共享发展理念。脱贫、全面小康、现代化，一个民族也不能少。各援疆省市、中央和国家机关、中央企业坚持以人民为中心的发展思想，始终把对口援疆作为重大政治任务，坚定履行援疆职责，坚持发展为了人民、发展依靠人民、发展成果由人民共享，促进各民族交往交流交融，推动中华民族共同体意识深入人心，让现代化建设成果更多更公平惠及新疆各族人民，彰显了为人民谋幸福、为民族谋复兴这一新发展理念的“根”和“魂”。

第三，对口援疆战略是中国特色社会主义制度优越性的集中体现。中国特色社会主义制度是当代中国发展进步的根本制度保障，其最大优势是中国共产党领导。这一制度安排，具有强大整合能力，能够集中力量办大事，有效调节国家政治关系，有效保证人民广泛参加国家治理和社会治理，能够增强民族凝聚力，把全国各族人民的智慧和力量最大限度地凝聚起来，促进经济社会发展和人民生活水平提高，能够有效维护国家主权、安全、发展利益，维护中国人民和中华民族的福祉。对口援疆绝不只是简单的帮扶和援助，而是国家战略、国家行动，不仅体现了党和政府对新疆的高度重视和亲切关怀，更体现了加快建设繁荣富裕和谐稳定的新疆是全国各族人民的共同意志，是全体中华儿女的共同责任。党中央关于对口支援新疆战略的制定，是新疆工作顶层设计中的创举，是社会主义制度集中力量办大事的优越性的集中体现。只有在社会主义制度下，新疆才能借助援疆政策与全国各地一起共享改革发展成果。特别是党的十八大以来，以习近平同志为核心的党中央从战略全局高度谋划新疆工作，集全党之智、举全国之力深入推进对口援疆，新一轮对口援疆投入资金之巨、参与人员之多、覆盖领域之广前所未有。正是因为有了以习近平同志为核心的党中央的坚强领导、祖国大家庭的温暖关怀、广大援疆干部人才的无私奉献和新疆人民的团结奋斗，今日的新疆才有了和谐稳定、繁荣发展的大好局面。新疆各族干部群众切身感受到党的关怀和祖国大家庭的温暖，增强了幸福感和对祖国的自豪感，夯实了民族团结进步的牢固基础。

第四，对口援疆战略实施以来取得的重大成果是对西方抹黑新疆的各种谬论的有力回击。近年来，西方奉行反恐和人权“双重标准”，抹黑新疆的声音甚嚣尘上，说辞却并不新鲜，无非是拿中国的民族宗教事务说事，无中生有地说中国在新疆搞“宗教迫害”“强迫劳动”“侵犯人权”。这种污蔑抹黑，完全违背了人类公理和基本良知，是包括新疆各族人民在内的全体中国人民绝不能容忍的。西方围绕我国新疆事务试图通过联合国人权理事会向中国施压，但屡遭挫败，未能得逞。更重要的是，新疆各族人民不会被西方反华舆论和少数“疆独”势力所左右、所影响，人们越来越清醒地认识到，西方对新疆取得的巨大发展成就视而不见，以人权为幌子在新疆事务上向中国“泼脏水”，是出于贪婪，为了西方自身的地缘政治私利，肆意干涉中国内政，意在阻碍中国发展。事实胜于雄辩，谎言重复一千遍也不会变成真理。新疆如今的真实情况是，在以习近平同志为核心的党中央的关怀下，在国家各部委、中央企业、19 个援疆省市的对口援助下，2 500 多万新疆各族人民与全国人民一道同步圆梦小康，团结和谐、繁荣富裕、文明进步、安居乐业、生态良好的大美新疆画卷展现在世人面前。

启示意义

第一，发展是破解一切难题的“总钥匙”，是解决我国一切问题的基础和关键。长期以来，在党中央的关怀下，对口援疆战略得以扎实推进，新疆各族人民团结奋斗，走出了一条具有中国特色、新疆特点的科学发展之路。坚持走科学且高质量的发展道路，是维护新疆社会稳定和长治久安的重要基石和治本之策。发展是基础，经济社会不发展，一切都无从谈起。完成全面建成小康社会即党的第一个百年奋斗目标之后，党的中心任务就是团结带领全国各族人民全面建成社会主义现代化强国，以中国式现代化全面推进中华民族伟大复兴。这一远大目标的实现，归根到底仍然要靠发展。习近平在党的二十大报告中明确提出：“高质量发展是全面建设社会主义现代化国家的首要任务。”新时代中国青年要争做经济高质量发展的积极推动者，在实现第二个百年奋斗目标的新征程上努力拼搏、奋勇争先。

第二，团结奋斗成就伟业，真抓实干开创未来。每一项事业，不论大小，都是靠脚踏实地、一点一滴干出来的。不干，再美好的梦想也只能成为空想。在党的二十大上，习近平的话语发人深思、给人力量：“新时代的伟大成就是党和人民一道拼出来、干出来、奋斗出来的!”新疆是各民族的共同家园，新疆的美好是各族人民共同创造的。对口援疆战略是各民族团结奋斗、共同繁荣发展的生动实践，充分彰显了各兄弟民族互帮互助、血脉相连的强大民族凝聚力。新疆是一个多民族聚居的地区，民族团结是新疆发展进步的根本基石。铸牢中华民族共同体意识，不断巩固各民族大团结，是新疆各族群众的根本利益所在。中华民族伟大复兴的目标不是轻轻松松、敲锣打鼓就能实现的，一切成就都需要通过各族人民共同奋斗来取得。新时代中国青年要靠奋斗来扬起人生理想的风帆，让青春在全面建设社会主义现代化国家的火热实践中绽放绚丽之花。

案例 9

江苏吴江出奇“智”胜新赛道

核心阅读

在智能技术和数字经济发展机遇来临时，吴江依托制造业雄厚的基础，以“工业互联网看吴江”品牌为引领，竞逐“新赛道”、抢占“智高点”。吴江将“智改数转”作为“一号工程”重点推进，启动工业互联网和“智改数转”两个“三年行动计划”，通过本土企业与“头部平台”的联合打造创新发展新业态，形成了一整套具有吴江特色的数字经济发展模式。截至 2024 年 8 月，吴江累计成功创建省级智能制造工厂 15 家，省级智能制造车间 224 家，成绩连续 6 年居江苏省首位，先发优势明显。面对苏州打造“环太湖科创圈”“吴淞江科创带”的叠加机遇，吴江全力打造工业互联网新高地和数字经济新高地。从“吴江制造”到“吴江智造”，从“鱼米之乡”“丝绸之府”到“智”高赛道领跑者，吴江在高质量发展的道路上走得踏实而稳健。

地处长三角腹地的吴江，民营经济发达，工业基础扎实，总产值较高，但主导产业集中在传统领域。在新一轮科技革命浪潮来临时，传统企业面临着大而不强、创新能力不足的困境。那么，吴江该如何突破发展瓶颈，走出一条产业转型升级的新发展之路呢？

抓住新一轮科技革命抢占发展先机

站在选择的十字路口，吴江决定拥抱这场科技与产业革命，把发展智能工业作为落实“中国制造 2025”的最佳切入点和发挥制造业实力优势、迅速实现“先进制造业立区”的最直接、最有效抓手。

事实上，这盘事关高质量发展的大棋，吴江早在 2013 年就开始布局了。从工业制造全流程再造的角度，吴江把智能制造细分为智能设计、智能生产、智能装备（产品）、企业资源计划管理（ERP）、供应链管理（SCM）、生产性电子商务 6 大关键环节联合推进，通过全产业链布局，消除制造业发展的薄弱环节。

谋定而后动。2015 年，国家正式发布《中国制造 2025》，吴江也正式吹响发展智能工业的号角，启动实施智能工业“155 计划”，点面融合，推进示范企业、试点企业、行动企业梯队建设，有序引导企业对标。

与此同时，一系列“精准滴灌”的配套政策相继实施，吴江在发展智能工业的热潮中勇往直前。瞄准智能制造发力成为吴江企业的普遍共识，这充分激发了其内生动能。

“一号工程”赋能“智改数转”

吴江七都镇的江苏亨通电力电缆有限公司（简称亨通力缆）是一家电力电缆研发生产企业。当人们进入企业的智能工厂，映入眼帘的是一只只智能机械臂上下挥舞，自动化物料运输车有序穿梭，机器人“各司其职”，精准有序地完成生产的各个环节。

2019年，亨通力缆投资1.1亿元，打造了行业领先、可示范推广的“一网双平台”特种电缆智能工厂。3年后，智能工厂成效显著：产品研制周期缩短40%，生产效率提高120%，运营成本降低45%，产品不良率降低20%，能源利用率提升20%。

在吴江，像亨通力缆一样因此获得红利的企业还有很多。明志科技人力成本降低50%，生产效率提升73%，产品废品率从4.5%降低到2%；京东方杰恩特喜科技人机比由1∶1降低为1∶3；金亭汽车线束生产效率提高175%，运营成本降低60%……

民营企业发达的吴江，早早就意识到产业数字化和数字产业化的重要性。从2015年开始，吴江启动了两轮智能工业行动，鼓励企业智能化改造。

2021年，吴江区委、区政府更是明确将“智改数转”作为“一号工程”高位统筹。先后出台了工业互联网融合创新发展、制造业智能化改造和数字化转型两个“三年行动计划”，同时打出了“工业互联网看吴江”品牌，开启了智能化、数字化引领转型的新征程。

要想建设智能制造强区，培养数量充足、结构合理且能力强、富有朝气的智能制造人才队伍是必不可少的。区内不少企业在研发人才的引进和培养方面都面临多重障碍，特别是中小企业，人才问题极为突出。为此，吴江开发区举办了多场培训会、对接会，研讨加快“智改数转”人才队伍建设。

作为智能制造产业的核心需求，加快推进智能制造人才队伍建设需要学会、高校、企业等多方合力的共同推进。为此，吴江开发区组织学会、高校与企业深入交流对接，帮助多方整合资源、对接需求、促成合作，以进一步加快科研成果转化，为“智改数转”提速，助推产业发展。

一系列动作带来的成效相当明显。截至2024年11月底，全区累计完成“智改数转”项目超4 800个，实现全区规上企业全覆盖；累计创建省级智改数转网联标杆企业1家，智能示范工厂15家、智能示范车间224个，星级上云企业超2 000家，其中五星级企业82家；建成工业互联网标志解析二级节点2个，国家级新一代信息技术与制造业发展试点示范项目1个，省级工业互联网标杆工厂16家，省级工业互联网平台11个，综合成效位居全省前列。

“头部平台”联合本土企业创新发展新业态

2022年5月26日，吴江举行“企业上云驱动卡”发布仪式暨“工业互联网看吴江”区（镇）行平望站活动。“企业上云驱动卡”是在普通“上云券”基础上的一次创新应用。当天，全区首批13家企业通过项目评审，获得这张上云驱动卡。

小小一张卡，含金量却很大。按照优化完善的《吴江区工业高质量发展产业政策实施细则》，吴江启动了企业上云上平台补贴政策，最高可覆盖上云投入的60%，单个企业最高补贴达50万元。

在政府强有力的推动下，截至2023年9月，5 000余家企业先后“步入云端”，其中获评省级“星级上云”企业累计1 691家，在全省县区中遥遥领先。

2021年9月，中国工业互联网研究院江苏分院在吴江揭牌成立，吴江与中国信息通信研究院也签订了数字化转型合作协议。截至2022年6月，吴江已成功引进了华为云、海尔卡奥斯和徐工信息3家国家级工业互联网“双跨”平台。这些头部平台，不仅加快自身数字产业化步伐，还积极构建数字经济生态圈，帮助吴江企业明确数字化发展定位，推动本土工业互联网平台企业快速升级。

在头部平台的带领下，亨通数科、盛虹虹云、亿友慧云等本土特色平台也蓬勃发展，基于各自行业领域，深入开展了工业互联网研究，精准把脉问诊上下游企业“智改数转”的难点堵点，帮助企业改造转型。

从吴江华衍水务剥离成立的衍之道信息化公司，专攻数字孪生技术等实际应用，开发了“生产云”等智慧水务平台，切入了除藻机器人等行业独创场景，探索出智能制造的更多新应用、新形态。2022年第一季度，衍之道实现销售收入3 171万元，同比增长178.8%。

本土企业工业互联网平台逐步投入使用，助力企业腾飞。兰天织造推动落布卷AGV自动运输等12项“智改数转”技改项目落地；博众精工建设的数字化转型系统解决方案，让公司整体运营成本降低12%，综合生产效率提升15%；永鼎股份搭建智能大数据分析平台，使工厂综合生产效率提升20.5%；高创电子完成了全流程智能制造系统上线集成验证，打造产品规模化生产的智能新模式。

吴江的荣誉和喜讯不断传来：截至2022年8月，4家企业入选工信部建议支持的国家级专精特新“小巨人”企业公示名单，3家企业获评2022年江苏省智能制造示范工厂，5家企业入选2021年苏州市“智改数转”技术服务输出标杆企业和智能制造优秀服务商公示名单，入围数量均实现大幅度突破。

“头雁效应”引领数字经济新赛道

吴江全力发挥长三角工业互联网一体化发展示范区“头雁效应”，构建全要素、全产业链、全价值链的新型工业生产制造和服务体系。

在工业互联网建设方面，吴江聚焦“工业互联网平台+园区”，探索部、省共建模式，以中国工业互联网研究院江苏分院为核心枢纽，建设长三角工业互联网创新示范基地，聚力构筑贯通产业链上下游的数字创新生态系统。

吴江还加大对工业互联网领域独角兽、瞪羚企业的支持力度，全面启动长三角工业互联网创新示范基地核心区建设，初步显现工业互联网产业集聚效应。

未来，吴江将以“全国工业互联网创新应用示范标杆”为定位，持续打造“工业互联网看吴江”品牌，与苏州大学共建工业互联网产业学院，探索工业互联网人才培养新模式，编制吴江区工业互联网融合创新发展案例集，努力将吴江建设成为工业互联网示范区中的“样板区”，引领数字经济新赛道。

思考讨论

1. 在遇到发展瓶颈时，江苏吴江为何会选择大力发展智能工业？“智改数转”对吴江而言意味着什么？

2. 吴江为什么会积极引进工业互联网“双跨”平台？本土企业与“头部平台”的组合与联动对于吴江的高质量发展起到怎样的作用？

3. 结合本案例谈谈江苏吴江能够领跑发展新赛道的秘诀及其对我国经济高质量发展的启示。

教学建议

本案例主要适用于第六章第一节“完整、准确、全面贯彻新发展理念”和第四节“建设现代化经济体系”部分的辅助教学。案例主要介绍了以传统制造业为主导产业的吴江，在面临发展瓶颈时，紧紧抓住新一轮科技革命的发展机遇，以智能化、数字化转型赋予工业经济发展新动能，构建智能制造生态圈，推动吴江经济高质量发展的过程。

组织教学建议

第一，运用本案例重点让学生理解实现高质量发展的必要性和必然性。高质量发展是“十四五”乃至更长时期我国经济社会发展的主题，关系我国社会主义现代化建设全局。为了更好地使用本案例，可以在导入本案例环节进行一定理论铺垫，着重让学生学习《“十四五”数字经济发展规划》中数字经济高质量发展的相关内容，进而使学生对该专题有整体性把握。

第二，引导学生以逻辑与历史相统一的方法把握吴江经济发展的轨迹。运用本案例使学生直观了解吴江在智能化、数字化转型之前的经济状况和发展面临的问题，通过有力的数据和发展水平的前后对比，使学生深刻感受发展智能制造给企业、城市乃至国家带来的巨大变化，引导其主动思考促进制造业向数字化、网络化、智能化发展对于推动高质量发展的重要意义。

第三，要使学生充分认识到，吴江所谓的出奇“智”胜新赛道，不仅仅是产业转型倒逼下的“机器换人”，提升传统产业那么简单，而是长期致力于构建智能生态圈的打造。可以在组织讨论环节，引导学生就本土企业与“头部平台”合作、长三角工业互联网创新示范基地建设等举措背后的深层意义展开由浅入深、由现象到本质的层层深入的探讨。

第四，对本案例的使用应立足于更广阔的视域，引导学生透过吴江“智能制造”发展的成功，认识到智能化、数字化转型对于驱动整个社会生产方式、生活方式和治理方式变革的重要意义。站在历史唯物主义的视角，让学生明白，拥抱科技革命，抓住数字经济发展机遇，不仅是传统企业转型和城市创新发展的重要契机，更是顺应时代、遵循生产力发展规律的必然选择。

总结提升建议

第一，高质量发展是全面建设社会主义现代化国家的首要任务，是遵循经济规律发展的必然要求。高质量发展是我们当前和今后一个时期确定发展思路、制定经济政策、实施宏观调控的根本要求。高质量发展不仅仅是一个经济要求，而是对经济社会发展方方面面的总要求；不是一时一事的要求，而是必须长期坚持的要求。正如智能制造驱动传统产业变革，并不是一朝一夕的事情，而是需要提前规划，谋定而后动。在本案例中，吴江早在2013年就开始推进全产业链布局，持续赋能传统制造业转型升级，逐渐消除制造业发展的薄弱环节和瓶颈。通观我国整个制造业的发展状况，长期以来存在着大而不强、质量效益不高、低端产能过剩、高端供给不足的问题。在新一轮科技革命发展机遇面前，谁抓住了创新谁就抓住了发展的制胜点。吴江致力于打造工业互联网新高地和数字经济新高地，通过持续的产业数字化、智能化发展，推动制造业从设计、研发、生产、管理到服务的全价值链优化，进而实现制造业质量效益的全面提升，顺应了制造业高质量发展的大势。

第二，促进区域协调发展是实现高质量发展的必然要求。高质量发展需要因地制宜、扬长避短，走出适合本地区实际的发展之路。推进高质量发展，需要发挥各地区比较优势，促进各类要素合理流动和高效聚集，加快构建高质量发展动力系统，形成主体功能明显、优势互补、高质量发展的区域经济布局。智能化、数字化转型是未来制造业发展的总体趋势，但不同地区、不同企业以及不同行业的产业转型升级进路却各有特点，因而对于成功案例，可以借鉴，但不可照搬和复制，必须根据自身特征来设计创新发展模式。在本案例中，吴江能够做到因地制宜，根据自身民营经济发达、工业基础扎实、总产值较高的优势，以及主导产业过于集中在传统领域的劣势，以发展智能工业为切入点，快速实现制造业的升级转型。吴江通过不断推进“智改数转”，帮助企业更好地了解智能制造对于长远发展的重要意义，切实为企业智能车间提供诊断，从顶层规划上帮助企业智能化改造和数字化转型，使其不断发挥内在优势，补短板，形成适合自身的完整的转型升级模式和创新发展道路。

第三，制造业的数字化、网络化、智能化发展，既是其自身实现高质量发展的内在要求，也是新质生产力发展的客观要求。推动高质量发展，是适应科技新变化、人民新需要的必然选择，需要形成优质高效多样化的供给体系，提供更多优质产品和服务。新质生产力则代表一种生产力的跃迁，是科技创新在其中发挥主导作用的生产力，是符合高质量发展要求的生产力，是数字时代更具融合性、更体现新内涵的生产力。随着移动互联网、云计算、大数据、物联网、人工智能等新兴技术的发展和普及，把以认知和自主学习为主要特征的新一代人工智能融合到智能制造中，势必助推智能制造实现质的飞跃。数字化、网络化和智能化的生产运营方式在极大节省人力、物力的同时，切实提高了制造业的质量、销量以及企业本身的市场竞争力。在本案例中，江苏吴江的发展之所以势如破竹，打响“工业互联网看吴江”品牌，得益于其积极推行“智改数转”、抢占“智高点”。吴江大力促成本土企业同“头部平台”的深度合作更是实现了共赢。在这一过程中，不仅加快了“头部平台”自身的发展速度，精准诊断企业“智改数转”中的难点堵点进而使其有效实现转型升级，而且为吴江构建并持续优化、扩大数字经济生态圈，持续激发企业转型升级的内生动能，并使其得到最大程度的释放。

第四，企业是智能制造发展的主体，创新人才是实现由“中国制造”迈向“中国智造”的直接现实力量。在经济数字化、网络化、智能化的发展浪潮中，无论企业专注于哪个领域，都可能在智能制造领域大有作为，甚至大放异彩。企业可以在既有优势产业的基础上围绕重点制造领域关键环节，进行信息技术与制造装备融合的集成创新与工程应用，不断提升产品质量、降低成本、缩短周期、增强用户体验等。在本案例中，吴江产业转型实践，使亨通力缆等一批企业有机会在智能制造业崭露头角，进而为吴江智能制造产业发展奠定坚实的基础。企业发展智能制造的程度和速度在很大程度上依赖于企业家、企业领军人才对智能制造的重视程度、科技创新的能力和企业掌握核心技术的进展程度，因此，必须加快智能制造领域的高端人才引进和培育工作。正如本案例中吴江对“智改数转”人才队伍建设的重视，通过政产学研用联合攻关，充分激发企业的内生动力，实现企业数字化、智能化转型升级的核心目标。只有坚持以产业升级为导向，着眼于社会、行业和企业等多方参与，才能真正实现中国制造业的智能化转型，才能有效推动我国经济的高质量发展。

案例启示

我国经济已由高速增长阶段转向高质量发展阶段。高质量发展是全面建设社会主义现代化国家的首要任务，也是适应生产力发展的必然要求，是推进中国式现代化的现实路径。经济高速发展到一定程度，必然转向质的提升。坚持推动高质量发展，推动经济实现质的有效提升和量的合理增长，成为当前我国社会经济发展的主旋律。只有遵循社会经济发展的客观规律，顺应新兴科技迅猛发展的大势，抓住机遇，直面挑战，才能在新发展格局中出奇制胜，实现经济高质量发展。吴江之所以能够在智能制造、工业互联网领域加速领跑，除了新一轮科技革命的外部推动外，更重要的是其能够洞察先机，提前布局，谋定而后动，进而昂首挺胸地行走在高质量发展道路的前列，赢得历史主动。

案例 10

科大讯飞：将人工智能作为数字经济发展的核心引擎

核心阅读

以人工智能（AI）为代表的数字技术，通过深层次赋能实体经济，实现数智万物，AI与实体经济深度融合，迸发出巨大能量。作为AI领军企业，科大讯飞充分发挥头雁效应，坚持源头技术创新，通过生态定义未来，以AI为核心引擎为我国数字经济“做强做优做大”提供强大支撑。截至2022年，从中文到多语种，科大讯飞每天为1.3亿人次提供语音服务，让沟通无障碍；从东部到西部，在32个省（区、市）5万多所学校，科大讯飞为超过1亿师生提供智慧教学服务；汇聚超500万生态合作伙伴，开放513项AI能力，科大讯飞为全球AI行业注入新动能。科大讯飞充分利用数字技术推动各类资源要素快捷流动，加快推进数字产业化和产业数字化，持续推出高创新性、强渗透性、广覆盖性的智慧应用，为中国数字经济发展贡献力量。

翻译神器打破语言壁垒，智慧教育产品弥合教育鸿沟，智医助理助力基层医疗，城市超脑强化智能支撑，工业互联网平台激发数字经济牵引力……作为中国人工智能“国家队”一员的科大讯飞，多年来始终致力于让机器“能听会说，能理解会思考”，在语音识别、语音合成、机器翻译、图像识别、图像理解、机器推理等领域不断取得重大突破，一步一个脚印地从我国数字经济的参与者、贡献者成长为“顶天立地”的推动者、引领者。

技术“顶天”：为数字经济筑牢智能之基

语音作为人类最自然、最便捷的沟通方式，将会成为所有设备和产品至关重要的入口。

科大讯飞在创业之初就立志“中文语音技术要由中国人做到世界最好，中文语音产业要掌握在中国人自己手中”。正是这种要掌握核心源头技术的决心和不可遏制的热爱，促使科大讯飞从AI产业的拓荒者快速成长为引领者。科大讯飞人深知，“在今天这个时代，我们比以往任何时候都需要源头技术创新，否则我们所有的应用创新、模式创新都是在别人的院子里建大楼”。

2018年至2022年，科大讯飞获得51项全球人工智能竞赛的世界冠军，在当前的中文语音市场上，以60%的份额稳居第一。科大讯飞持续推动中国智能语音及AI走在世界前列，在国际竞争中占据话语权。

纵观全球AI发展史，科大讯飞代表中国树立了多个里程碑，包括首次让语音合成超过真人，首次让语音识别超过速记员，首次让机器翻译通过国家翻译师资格考试，等等。

在《“十四五”数字经济发展规划》（简称《规划》）中，AI被放在重点前沿科技的前三位。让机器从“能听会说”到“能理解会思考”，更全面的技术体系为经济发展和社会整体生产力的提升打下坚实的基础。

在教育场景的因材施教问题上，科大讯飞提出，系统要对学生的作业考试数据进行评价，从而找到薄弱环节、给予精准指导，这就需要从底层打通图像识别、自动评分、知识图谱等一系列关键技术，并且跟资源、管理、教研内容集合起来，才能达到效果。

科大讯飞通过整合创新链条上的各项技术，已具备解决教育、医疗、社会治理等重大社会刚需的能力，从单点技术创新模式进入到系统性创新阶段，并逐渐深化行业应用。

应用“立地”：赋能千行百业的数字转型

在青岛西海岸新区第一中学，通过AI、大数据等数字技术与教育教学的深度融合，学生作业“千人千面”正在成为现实。

“双减”之下，科大讯飞助力教育新型基础设施建设，打造的大数据精准教学系统为师生减负增效，促进“五育并举”。截至2022年，科大讯飞智慧教育产品已运用于全国32个省（区、市）的5万多所学校，为超过1亿师生提供智慧教学服务。

在黑龙江饶河县小佳河镇中心卫生院，科大讯飞智医助理辅助诊疗系统成为医生身边的“高参”。

2017年，智医助理机器人以456分的优异成绩通过了国家临床执业医师资格考试综合笔试，超过了96.3%的人类考生，证明了AI在医疗领域的知识水平、逻辑推理和学习能力。

科大讯飞通过医疗认知智能的系统性创新，助力健康中国落地。截至2025年，智医助理已推广到全国692个区县，服务超22万名基层医生，累计提供10亿次AI辅助诊断建议，规范病例超3.8亿次；在公共卫生领域，累计服务超8亿人次，完成电话随访3.35亿次、短信通知4.67亿条，为基层医疗和公卫服务筑牢了“智慧防线”。

《规划》鼓励面向政务服务、智慧城市、智能制造等重点新兴领域，提供体系化的AI服务。

在智慧城市领域，科大讯飞助力以城市超脑为内核的新型智慧城市建设，服务城市数字化转型发展，孵化了城市超脑、智慧政务等一批创新方案，主营业务已覆盖全国20余省（区、市）、50多个地市。

2020年，科大讯飞助力安徽省高标准建设江淮大数据中心总平台，打造出数据资源归集、共享、应用的“总枢纽”。该平台构建了“1+16+N”的框架体系，联通地市子平台和部门分平台，已汇聚数据超330亿条，提供数据共享服务5 600余万次，有力支撑“数字江淮”建设。

“数据多跑路、群众少跑腿”，数据一体化正不断衍生出更多的便民服务，提升政务服务智慧化水平。在安徽，科大讯飞助力打造“皖事通办”平台，推进各类服务“一网通办”；在浙江，科大讯飞在杭州“亲清在线”平台上线智能客服应用，打通营商服务“最后一公里”。

在工业数字化领域，科大讯飞积极赋能制造业智能升级，建设工业互联网基础设施，为数字化转型贡献讯飞智慧。捷昌驱动是一家生产线性驱动电机的上市龙头企业，过去产品质检主要靠工人用裸耳听声音来判断，存在人工错检、漏检风险。科大讯飞为捷昌驱动打造了工业声纹质检系统，实现了电机无人化自动判定，识别准确率高达 96%。更为重要的是，新增改造设备有效提高了产品生产速度，生产效率提升 15%左右，增加收入约 30%。

为了推动更多中小企业拥抱数字化，科大讯飞与安徽省经信厅联合打造了羚羊工业互联网平台，提供智能升级的“百宝箱”。2021 年 9 月，羚羊工业互联网平台正式上线。该平台打通数据通道，动态汇聚企业信息，记录线上、线下诊断数据，做到为企业提供精准服务。平台上线后迅速覆盖安徽 16 个地市，为中小企业提供数字化产品与解决方案，助力“皖企登云”提质扩面。

开放平台：让产业生态繁荣而有序

科大讯飞从 2010 年开始搭建 AI 产业生态，率先在行业推出开放平台，2017 年承建国家新一代人工智能开放创新平台。截至 2022 年，已开放 449 项 AI 能力及解决方案，聚集超过 293 万名开发者。

在 2022 年安徽省两会上，“1024 开发者节”被《政府工作报告》重点提及，成为创业安徽建设的关键一招。科大讯飞也将持续通过技术、资本、产业扶持推进 AI 生态建设，助力安徽乃至全国的数字经济高质量发展。

为进一步深化产业升级，科大讯飞推出开放平台 2.0 战略，核心是联合行业龙头搭建行业基线底座，与开发者三方合作打造行业优质方案，赋能智慧金融、智慧农业、智慧电力等 18 个行业赛道。

“唯有生态生生不息”，在科大讯飞的带动下，大批 AI 技术研发、标准制定、测试评估、创业孵化等优势资源正在加速汇聚。以科大讯飞为龙头的中国声谷，在 2020 年实现入驻商户超千家、营收超千亿的“双千目标”。此外，科大讯飞还在青岛、苏州、天津、长春等 10 余个城市建立双创基地和产业加速中心，有效支持各地区的 AI 场景落地。

“以资本活水浇灌创新之花”，科大讯飞围绕 AI 硬科技及其在企业服务、教育、医疗、出行、消费等领域的应用，展开“AI+”赋能型的产业生态投资。自 2015 年以来，科大讯飞先后投资了商汤科技、寒武纪、优必选、主线科技、国仪量子等优秀独角兽公司。2021 年讯飞 AI 生态已汇聚超 420 万生态伙伴，扶持生态企业达 15 000 家，平台孵化企业 170 家，战略投资企业近 100 家。

2025 年 6 月 12 日，科大讯飞在深圳成功举办“交互引领 智启新章”的智能交互产品升级发布会。科大讯飞在会上发布多款平台与应用：AIUI 开放平台更新、适用儿童交互的童言识别引擎登场、机器人超脑平台再升级等。科大讯飞推出的虚拟交互平台支持 82 种语言生成，从能听会说到高情商创作，科大讯飞通过一系列软件升级更新有针对性地解决了人机交互中延迟慢、不精准等痛点，引领智能交互迈向更加高效、自然、智慧的阶段。

科大讯飞主动投身数字经济大潮，携手百万开发者共建繁荣有序的产业生态，共赴数智万物新未来。

思考讨论

1. 在《规划》中，AI 被放在重点前沿科技的前三位。为什么 AI 在我国数字经济发展中占据如此重要的位置？科大讯飞又是如何为数字经济的发展提供智能支撑的？

2. 为什么科大讯飞多年来坚持搭建 AI 产业生态？这对于我国数字经济发展有什么意义？

3. 我国为什么要大力发展数字经济，推进数字产业化和产业数字化？结合本案例谈谈你的观点。

教学建议

本案例主要适用于第六章第四节“建设现代化经济体系”和第七章第三节“加快建设科技强国”部分的辅助教学。本案例主要介绍了在 AI 领域深耕 20 多年的科大讯飞，以 AI 为数字经济发展核心引擎，不断在关键核心技术上实现突破，增强企业向上攀登的硬实力，持续推进数字产业化和产业数字化，推出智慧应用以优化科技创新生态，走出了一条“顶天立地”的高质量发展之路。

组织教学建议

第一，为了使学生快速进入案例情境，可以在导入环节以课堂互动的方式让学生们谈谈对于科大讯飞的认识。本案例所涉及的企业科大讯飞与学生们生活学习的相关度较高，无论是智慧课堂、智慧窗、AI 听说课堂等校园教学平台，还是 AI 学习机、AI 翻译笔等自主学习工具，都给他们的学习生活带来了很大改变。授课教师可以让学生们具体谈谈 AI 的引入给他们的学习生活带来了哪些改变，以及使他们的学习生活增加了哪些新体验、新感受，进而引出教学主题 AI 对发展数字经济的重大意义。

第二，注意引导学生理解科大讯飞将 AI 作为数字经济发展核心引擎的深层原因。为了更好地理解这一点，授课教师可以先做一些铺垫，带领学生提前学习《规划》，特别是关于 AI 发展的战略和导向，使学生对我国数字经济发展状况和未来发展规划形成系统性认识。通过本案例，学生重点了解在数字智能技术发展如此迅猛的今天，我国不断壮大数字经济新引擎的必要性和重要性，进而从科学技术发展的客观规律和我国发展数字经济的现实需要维度，把握将 AI 作为数字经济发展核心引擎的必然性。

第三，在组织讨论环节，可以就科大讯飞自创业以来的志向“中文语音技术要由中国人做到世界最好，中文语音产业要掌握在中国人自己手中”展开深入分析。通过讨论，学生从根本上认识到，只有坚持技术创新，牢牢掌握核心源头技术，才不会在发展的过程中遭遇“卡脖子”的窘境，才能从行业的拓荒者快速成长为引领者。通过本案例要使学生意识到，实现科技自立自强，要在关键核心技术领域持续攻关，特别要在核心源头技术上不断创新，唯有如此，才能真正掌握发展的主动权。

第四，本案例中 AI 赋能教育、医疗等行业数字化转型的具体事例，可助学生把握我国推进产业数字化的重大意义。产业数字化是指利用现代信息技术对传统产业进行全方位、全角度、全链条的改造，通过推动互联网、大数据、AI 和实体经济深度融合，提高全要素生产率。通过智能化、数字化转型给教育、医疗、城市治理、政务服务、制造业等领域带来的实质性变革和整体性提升，用实实在在的成绩和变化，让学生领会不断推进产业数字化的必要性。

第五，通过分析科大讯飞携手百万开发者共建繁荣产业生态的战略布局和成功实践，引导学生理解我国推进数字产业化的重大意义。数字产业化是指通过现代信息技术的市场化应用，推动数字产业的形成和发展，其目的是将数字化的知识和信息转化为生产要素，通过信息技术创新和管理创新、商业模式创新融合，不断催生新产业、新业态、新模式，最终形成数字产业链和产业集群。在使用本案例时，授课教师要引导学生主动思考，为什么科大讯飞要积极促成大批 AI 技术研发、标准制定、测试评估、创业孵化等优势资源的加速汇聚，使学生进一步把握推进数字产业化的重要性。

■ 总结提升建议

第一，发展数字经济，关键核心技术必须掌握在自己手中。随着全球 AI、云计算、物联网等技术的迅猛发展及其深度融入经济社会发展各个领域全过程，无论是国家还是企业，谁能够在前沿关键核心技术上实现突破，谁便能够抓住先机，在新一轮竞争中抢占未来发展的制高点，而要实现这一点，必须坚持自主创新。正是认识到这一点，科大讯飞在创立之初，就立志“中文语音技术要由中国人做到世界最好，中文语音产业要掌握在中国人自己手中”。科大讯飞人深知，如果不能在源头关键核心技术上实现自主可控，那么永远无法拥有发展的主动权，随时随地都有可能被人阻断发展之路。正是拥有坚持关键核心技术攻关的决心和魄力，科大讯飞在短短 5 年间就获得 51 项全球人工智能竞赛的世界冠军，以 60%的高份额稳居当前的中文语音市场之首。正是因为抓住了数字关键核心技术自主创新这个“牛鼻子”，科大讯飞实现了首次使语音合成超过真人，首次让语音识别超过速记员，首次让机器翻译通过国家翻译师资格考试，持续推动中国智能语音及 AI 走在世界前列，在国际竞争中占据话语权，为我国数字经济高质量发展夯实了智能基础。

第二，发展数字经济，要推进产业数字化和数字产业化，促进数字经济和实体经济深度融合。数字化、网络化、智能化成为未来社会经济发展的大方向，因而必须推动制造、服务、教育等传统行业迈向智能化、数字化，充分利用 AI 等前沿技术对传统产业进行全方位、全链条的升级改造，提高生产率，发挥数字技术对经济发展的放大、叠加、倍增作用。在这个意义上，不仅要坚持关键核心领域技术攻关，更要使技术落地，使数字智能技术真正为传统行业转型赋能。在本案例中，科大讯飞没有为了数字化而数字化，没有为了智能化而智能化，而是脚踏实地、因地制宜，切实将数字智能技术同具体的传统行业相结合，最大限度地为实体经济、为民生事业输入动能。科大讯飞不仅立足于“双减”政策，致力于为师生减负增效打造大数据精准教学系统，而且通过医疗认知智能的系统性创新，让智医助理机器人具有了临床执业医师一样的知识水平、逻辑推理和学习能力，为基层医疗提供兜底保障。无论是助力安徽打造“皖事通办”平台，推进各类服务“一网通办”，还是在杭州“亲清在线”平台上线智能客服应用，抑或是大力赋能制造业智能升级，建设工业互联网基础设施，科大讯飞都以实实在在的行动为各行各业的数字化转型贡献出讯飞智慧，同时推动数字技术迈向产业化。

第三，推进重点领域数字产业发展，必须构建良好的数字产业创新生态。《规划》提出，“十四五”时期，我国将进一步壮大数字经济新引擎，到2025年，我国数字经济核心产业增加值占GDP比重达到10%。发展数字经济，需要立足于重大技术突破和重大发展需求，聚焦AI、信息通信等重点领域，加快锻造长板、补齐短板，才能实现全产业链的自主可控。面对这些社会发展中的重大命题，不能简单地靠单一技术，而要靠系统性创新，拥有自主可控的产业生态，因而必须促进集群化发展，打造世界顶级数字产业集群。企业在这一过程中扮演着重要的角色，必须拥有一批竞争力强、具有产业链控制力的生态主导型企业，特别需要发挥科技领军企业的领头雁作用。在本案例中，作为AI领军企业，科大讯飞坚持开放共享理念，用核心技术推动整个产业向前迈进。科大讯飞从2010年开始搭建AI产业生态，率先在行业推出开放平台，并持续通过技术、资本、产业扶持推进AI生态建设。在科大讯飞的带动下，大批AI技术研发、标准制定、测试评估、创业孵化等优势资源加速汇聚。站在数字经济新一轮大潮之上，科大讯飞充分利用数字技术推动各类资源要素快捷流动，加快推进数字产业化，为中国数字经济发展贡献讯飞力量。

启示意义

坚持核心源头科技创新是实现科技自立自强的关键所在，解决社会刚需是科技创新的价值目标。面对AI产业爆发的关键窗口期，不断加大投入构筑AI技术和应用的长期壁垒，将目光投向更广阔的领域则是推动高质量发展的必然选择。AI等数字经济领域的关键核心技术具有很强的赋能型特点，只有将这些关键技术进行系统性创新并和实际应用场景深度融合发展，才能真正解决社会重大刚需问题，如用AI赋能智慧教育、智慧医疗、智慧城市等民生刚需领域。科大讯飞正是精准把握了数字经济领域关键核心技术的特征，从国家发展的现实需要和可能出发，坚持核心源头技术创新，服务民生，抓住机遇，才赢得了发展的主动。科大讯飞的成功证明，唯有将技术不断“用起来”，才能持续推动产业数字化和数字产业化，加速构建我国数字产业繁荣生态。

案例 11

宁波：剑指全国前十，因为心中有“数”

核心阅读

GDP 从百亿到万亿，宁波用了 30 年时间。数字经济正成为宁波经济高速发展，迈向全球智造创新之都的关键变量。宁波以“制造业+外贸”作为驱动其经济发展的两大车轮，及时抓住新旧动能驱动的转型机遇，推进制造业转型，全面发力数字经济为其高质量发展持续赋能。宁波坚持智慧城市、大数据、数字经济一体化融合布局和发展，统筹谋划工业智能化、城市智慧化、生活便利化。2021 年，宁波 GDP 总量达 14 594.9 亿元，人均 GDP 以 15.52 万元位列全省第一。2022 年，宁波 GDP 总量达 15 704.3 亿元，同比增长 3.5%。2023 年，宁波 GDP 总量达 16 452.8 亿元，同比增长 5.5%，位列全国第 12 名。带着奋力实现 2025 年 GDP 跻身全国前 10 名的目标，宁波紧握新一轮科技革命和产业变革新机遇，奋力前行。

“杭州有新西湖，上海有新天地，宁波有老外滩。”宁波老外滩，作为“五口通商”中最早的对外开埠区，比上海外滩还早 20 年，它见证了宁波曾经的商贸辉煌，是宁波商帮的发祥地。2021 年，宁波外贸进出口总额破万亿，成为全国第 6 座“外贸万亿之城”。2022 年 4 月，宁波市两会大幅上调未来 5 年的 GDP 增长目标，剑指 GDP 总量前 10。是什么给了宁波这样的勇气和底气？

以亮眼的经济成绩向全国十强发起冲击

2018 年，宁波 GDP 突破万亿；2021 年，宁波又成功跻身“外贸万亿之城”，不仅如此，宁波国家级制造业单项冠军数量位列全国第一。

2021 年，宁波 GDP 总量达 14 594.9 亿元，在省内仅次于省会杭州，占全省 GDP 的比重提高到约 20%。2021 年，浙江省的人均 GDP 为 11.3 万元，宁波人均 GDP（15.52 万元）远超省里平均水平，更是超过杭州（15.17 万元），位列全省第一。从全国来看，2023 年宁波 GDP 在全国排名第 12 位，而且直逼天津，发展势不可挡。

2021 年 8 月，宁波发布对《宁波高质量发展建设共同富裕先行市行动计划（2021—2025 年）》的相关解读文件，明确提出了“奋力实现 2025 年 GDP 总量破 2 万亿、进入全国前10名的目标”。

2023年第一季度，宁波全市实现地区生产总值3 801.8亿元，同比增长4.5%，此时宁波的GDP已经超过了天津，升至全国第11位。尽管宁波最终在2023年全年GDP上惜败于天津，以16 452.8亿元位列全国第12名，同比增长5.5%，但其展现的发展势头令人叹为观止。

除了制造业和外贸这两个传统杀手锏，宁波数字经济发展格局也已轮廓初显，从2018年到2022年，宁波数字经济核心产业从609.8亿元提升到1 119亿元，这5年年均增速达16.4%，超过地区生产总值年均增速7.5个百分点。

数字经济的发展，为宁波经济发展注入新的动能，也在提升这座城市的吸引力。《2022中国城市引力指数报告》显示，宁波城市引力指数位列全国第10，高于西安、武汉、无锡、郑州、青岛、天津、重庆、合肥、东莞、佛山等众多万亿GDP城市，同时，在5大计划单列市中，仅次于深圳，位列第2。

两大车轮驱动宁波经济高质量发展

宁波是典型的外向型经济驱动发展城市，“制造业＋外贸”一直是驱动宁波经济发展的两大车轮。

2019年，宁波推出的“246”万千亿级产业集群建设、“225”外贸双万亿行动等政策，让制造业和外贸之间良性互动发展。以外贸数据为例，2020年，宁波外贸出口总额同比保持着7.3%的增速，全国排名跻身全国前6。2021年，外贸总额更是首次突破万亿。

宁波是全国重要的先进制造业基地，全国最大的石化产业基地和新材料产业基地，以及全国四大家电生产基地和三大服装产业基地之一，已形成了绿色石化、汽车及零部件、新材料、电子信息、纺织服装、智能家电等8个千亿级产业集群，有着完备的产业链条。

此外，截至2024年，宁波累计拥有国家级制造业单项冠军企业104家，连续6年数量位居全国第一；国家级专精特新“小巨人”企业352家，居全国城市第5位。

宁波的另一大优势是港口，即使在新冠疫情之下的2021年，宁波舟山港完成货物吞吐量12.2亿吨，13年蝉联世界首位；集装箱吞吐量3 107.9万标箱，稳坐全球第三大集装箱港宝座。

宁波的外贸进出口业务大多是民营企业在经营，平均4个宁波人中就有1人从事外贸相关行业。2021年，宁波完成进出口贸易总额11 926.1亿元，成为继上海、深圳、北京、苏州、东莞之后的第6座“外贸万亿之城”。

新冠疫情期间的宁波外贸似乎并没有受到多大的影响。一方面得益于政府及时的纾困政策安排。宁波从加快培育外贸新增长点、引进和培育“大优强”外贸市场主体、优化外贸结构等方面提出了20条政策措施，全力稳住外贸基本盘，稳定产业链、供应链。另一方面则是宁波完备的产业链条和强大的港口优势。凭借数字经济的赋能，在国内国际双循环格局下，“制造＋外贸”的组合焕发出新的活力和潜能。

让数字经济为发展蓄能

作为制造业大市，早在2016年宁波就成了“中国制造2025”首个试点示范城市。在当下全国制造业转型升级的浪潮下，宁波已率先摸索出制造业转型的路径：

一是部分制造企业转向专精特新，努力打造制造业单项冠军企业。宁波国家级制造业单项冠军数量位列全国第一，足以说明这条转型路径对宁波来说是行得通的。

二是在宁波城市大脑的框架下，开展工业数字化，通过搭建工业互联网平台，建设“产业大脑＋未来工厂”，来引领制造业提质升级。

何谓产业大脑？产业大脑可以理解为城市大脑在产业发展中的应用，是一个通过集合数据、模型、算法、工具等，能全面掌握、分析、研判、预警的产业智能化中心。换句话说，产业大脑能通过大数据，加快供应链各节点的融合，解决政府与市场、生产端与消费端之间信息不对称的问题，从而实现供需的精准对接。

在浙江省公布的首批 30 个行业产业大脑建设试点项目中，化工、智能家电、服装、模具（金属）、文体用品等 5 个细分行业产业大脑由宁波牵头建设。

前身为余姚市微型轴承厂的宁波更大集团牵手菜鸟、阿里云打造“未来工厂”。该工厂致力于打造高度自动化、信息化、数字化的未来工厂，实现工厂的人机协同、信息整合、数智运用。

从工厂的业务规划、蓝图设计、物流规划到现场物联网平台、信息化系统、设备中台的统一构建，以及厂内自动化物流设备导入、管理等各个环节都与云计算、人工智能等先进数字技术紧密结合。

随着宁波“1＋N＋X”的工业互联网平台体系的不断优化，以及各行业产业大脑的加速建设，宁波点线面的智造新模式开始成形并发挥效果。2021 年，人工智能产业、数字经济核心产业、高技术制造业、装备制造业增加值的增长都超过 16%。2022 年，宁波数字经济增加值达 8 000 亿元，占地区生产总值比重超过 51%。

城市大脑为高质量发展嵌入智慧

用亲切高效的姿态吸引人才来聚，用数字化重塑供应链，用智能制造加持各行各业，这一切的背后都离不开宁波的城市大脑。

宁波城市大脑基于阿里飞天云平台构建，采用“851”建设架构，其中，“5”是指城市公共数据中心、城市数字智慧治理指挥中心、城市数据共享开放与交易服务中心、城市数据安全监测防护中心、大数据新经济赋能中心“五大治理中心”，通过一体化建设宁波市大数据中心与宁波数字智慧大脑，实现“一网通办”“一脑通治”。

2021 年 3 月底，宁波城市大脑上线，旨在进一步扩大服务覆盖面、加强数据整合集成、汇聚各方才智，助力城市大脑迭代升级、城市经济高质量发展，让广大城乡居民有更强的获得感。

借助数字化改革场景“新居民一件事”应用平台，不需要跑现场，不用走烦琐流程，各级政府的惠民政策，运用大数据分析精准配对、一键办理，实现了“政府多跑路，群众少跑腿”。

截至 2022 年 5 月 23 日，宁波城市大脑已帮助 6 万余人在线办理流动人口积分申请，其中完成审核 4.7 万人，1.3 万人待审核。

宁波市还借助宁波城市大脑“甬易办”平台，实现各级政府的惠企惠民资金，一键精准配对、瞬时到账，企业全程不需要跑现场，不用走烦琐流程。

八方人才来聚干实事。宁波通过数字经济赋能宁波的制造业和对外贸易，用大数据打破信息不对称，让供需两端重新对接和匹配，重塑供应链。

2022 年 3 月 2 日，宁波舟山港内外理智能一体化系统在宁波舟山港金塘港区成功验收，开启了宁波舟山港集装箱码头内外理智能一体化全覆盖时代。舟山港还通过阿里云，优化港口的危化品安全管理和调度生产，不仅提高了安全监控能力，还提高了港口集装箱运转效率。

宁波转型发展路径和数字经济发展的目标都已逐渐明晰，他们能否引领宁波经济再次突破，圆梦全国前十，时间会给出答案。

思考讨论

1. 宁波为什么要加速推进传统制造业的数字化、智能化转型？这样做的意义是什么？

2. 城市大脑为城市治理能力和效率提升带来了哪些助益？结合本案例谈谈你对建设城市大脑的看法。

3. 为什么宁波会提出“奋力实现 2025 年 GDP 总量破 2 万亿、进入全国前 10 名的目标”？这一目标提出的依据是什么？

教学建议

本案例主要适用于第六章第四节“建设现代化经济体系”部分的辅助教学。本案例主要介绍了宁波抓住新一轮科技革命和产业变革新机遇，以 GDP 跻身全国前 10 名为目标，以数字化改革为引领，全力实施数字经济超常规高质量发展，打造具有全球影响力、智造引领力、创新驱动力和示范带动力的全球智造创新城市。

组织教学建议

第一，在使用本案例之前，授课教师可先对宁波社会经济发展历史进行简要介绍，以便学生更好地理解宁波提出进军 GDP 全国十强目标的背景。1987 年，宁波成为计划单列市，享受省一级的经济管理权限后，宁波经济便开启加速度。1988 年，宁波 GDP 总量便突破百亿；1999 年，宁波 GDP 总量突破千亿；2018 年，宁波成功步入万亿 GDP 俱乐部。GDP 从百亿到万亿，宁波用了 30 年，这 30 年也是中国改革开放后，经济高速发展的 30 年。在此基础上启发学生进一步思考，如今中国经济正从高速向中高速转型，那么宁波冲击 GDP 全国十强的新动能又在哪里，进而引出教学主题“发展数字经济”。

第二，注意引导学生分析“制造业＋外贸”这两大车轮是如何驱动宁波经济腾飞的，进而使其理解宁波紧紧抓住新旧动能驱动转型机遇的内在原因。通过本案例，学生要明白，传统产业特别是制造业对于我国经济高质量发展的重要意义，今天强调发展数字经济，并不是对传统产业的抛弃，相反，要通过数字化、智能化转型为传统产业持续赋能，使高质量发展的标签更为多元化。

第三，注意引导学生把握宁波推进制造业转型发展的具体思路和实践路径。一方面，宁波以技术攻坚实现部分制造企业转向专精特新；另一方面，在城市大脑的框架下推进数字化转型以引领制造业提质升级。通过本案例要使学生明白，“万亿之城”不是一天建成的，这不仅是一个由量变到质变的过程，而且必须选对路、提前布局，科技创新和数字化转型正是宁波实现高速、高质量发展的制胜法宝。

第四，注意引导学生认识城市大脑的建设对宁波实现高质量发展的重要作用。授课教师可以在课前布置查阅资料任务，使他们以具体的事例说明宁波的“一网通办”“一脑通治”给经济发展、城市治理和人民日常生活带来哪些变化，进而使其主动发掘实现数字政务、数字民生的必要性和重要性。更要让学生认识到，发展数字经济的根本目标既包括实现经济高质量发展，又指向满足人民对美好生活的需要，提升人民的获得感和幸福感。

第五，在组织讨论环节，可以以辩论的方式让学生们预测宁波提出的“奋力实现 2025 年 GDP 总量破 2 万亿、进入全国前 10 名的目标”能不能实现。宁波在挺进“前十”的道路上遇到的对手主要是南京和天津，授课教师可以根据各城市的发展状况和具体数据引导学生对结果做出预测。当然，预测的结果并不是教学的重点，教学目的是使学生理解探索适合不同城市数字经济发展模式和智慧城市建设路径对推进城市高质量发展的重要意义。

总结提升建议

第一，数字经济正在成为新一轮国际竞争的重点领域，加快发展数字经济，是抓住发展主动权、抢占新一轮科技革命和产业变革先机的战略选择。当今世界正在经历新一轮科技革命和产业革命，数字经济已成为世界经济发展的重要方向。数字经济在基础设施、生产要素、生产和服务方式等方面表现出与以往经济发展明显不同的特征和规律。充分把握和利用数字经济的内在规律和技术特征，以全方位数字化改革引领数字经济大发展，是推动构建新发展格局和建设现代化经济体系的重要战略布局。在本案例中，宁波虽然依靠制造业和外贸迈入“万亿之城”之列，但其深知，在新一轮科技革命和产业变革的大势中，只有在发展数字经济上抢占新机，才能为自身高质量发展不断储能蓄力。发展数字经济，是宁波开启新一轮经济发展高潮的关键动能。从 2018 年到 2022 年，宁波数字经济核心产业从 609.8 亿元提升到 1 119 亿元，5 年年均增速达 16.4%，超过地区生产总值年均增速 7.5 个百分点。正是这样的战略布局、发展规模和水平，才使得宁波有信心和底气提出进军 GDP 全国十强的目标。

第二，发展数字经济并不意味着与实体经济“抢位”，而是重在“以数促实”，促进数字经济和实体经济深度融合。制造业一直是我国国民经济的支柱，是立国之本、兴国之器、强国之基，也始终是数字经济的主战场。发展数字经济并非对制造业的抛弃，相反，是为之赋能。数字化转型将打通制造业供应链上下游、产业链的众多环节与服务链的各节点，不断优化业务流程，持续降低生产交易成本。新兴网络与数字技术也会持续丰富和拓展经济各行业各领域的数字化应用场景，从而催化传统制造业“数字蝶变”。因此，发展数字经济是实体经济转型升级的强大支撑力。在本案例中，宁波正是抓住了发展数字经济的窗口期，率先摸索出在宁波城市大脑的框架下启动工业数字化转型，通过搭建工业互联网平台，建设“产业大脑＋未来工厂”，来引领制造业提质升级的路径。工业互联网平台体系的优化、各行业产业大脑的加速建设，都给宁波制造业发展带来极大效益。2021 年，宁波 AI 产业、数字经济核心产业、高技术制造业、装备制造业增加值的增长都超过 16%，2022 年，宁波数字经济增加值达 8 000 亿元，占地区生产总值比重超过 51%。宁波制造业能够取得如此喜人的成绩，正是因为其不断推进传统制造业的“数字蝶变”，使传统优势延续成为当下优势、未来优势。

第三，实行数字化、智能化改革，是推进社会治理体系和治理能力现代化的内在要求。数字技术的迅猛发展，既为经济体系数字化转型提供充沛动力，也为加快推动治理现代化提供了有力支撑。以大数据、AI、云计算等为代表的数字技术广泛运用，助力政府部门实现更科学的决策、更高效的管理、更有力的监督、更符合需求的服务、更有预见性的风险防范，为提升社会治理体系和治理能力现代化水平提供强大动力。在本案例中，宁波建设的城市大脑，不仅用亲切高效的姿态吸引人才，用数字化重塑供应链，用智能制造加持各行各业，而且以数字政务成就城市精细而高效的管理。通过一体化建设市大数据中心与宁波数字智慧大脑，宁波实现了“一网通办”“一脑通治”。以城市大脑为总牵引，宁波不断提升城市治理能力现代化和信息服务能力，致力于让科技真正服务于人。

第四，发展数字经济必须坚持以人民为中心，以数字民生助力人民实现美好生活。数字中国不仅是一个经济概念，而且渗透在社会生活的每个环节。“以人为本、便民惠民”是数字化发展的价值目标。因此，发展数字经济，应当突出数字技术的综合运用，以各种智能终端、智慧便携服务、智慧应用场景满足人民对美好生活的需要，通过不断消除“数字鸿沟”，切实增强人民的获得感、幸福感和安全感。在本案例中，宁波城市大脑正式上线后，进一步扩大了服务覆盖面，使数据得到进一步整合，让广大城乡居民有更强的获得感。人民的需求和对美好生活的向往，已经深嵌于宁波城市大脑的内在机理中。

■ 启示意义

以改革带动实体经济与数字经济高水平融合，以数字化转型培育新动能，以新动能不断推动经济社会高质量发展，以高质量发展赋予人民高品质生活，是数字经济发展的应然之路。正是因为抓准了数字化转型和智能制造的关键变量，选对了路，并持之以恒地坚持走下去，宁波才闯出一条具有自身特色的数字经济高质量发展道路，才有底气锚定第一方阵，剑指 GDP 全国前 10。宁波是否能够实现跻身前 10 的目标？时间会给予我们答案，但可以确定的是，以超常举措抓住数字经济发展机遇，以数字智能技术赋能制造业转型，能够在数字化浪潮中抢占发展先机，在经济高质量发展的角逐中赢得历史主动。

案例 12

“数智新重庆”蝶变新颜记

核心阅读

借着数字化、智能化发展的东风，重庆以智博会永久落户当地为契机，大力提升产业链、供应链现代化水平，深入推进以大数据智能化为引领的创新驱动发展战略，加速推进数字产业化、产业数字化，打造“制造强市”，建设“智慧名城”。2016 年 1 月，习近平在重庆调研时强调，“加强技术研发与合作，不断攻克高精尖难题，形成能随时掌握主动权的技术优势，并把技术优势转化为产品优势、效益优势，多为行业争光、为国家争光”。重庆人民牢记总书记的嘱托，使山城重庆不断焕发数字经济创新发展的活力。截至 2023 年底，重庆已建成 958 个数字化车间和 144 个智能工厂，重庆战略性新兴产业增加值占规模以上工业比重达 32.2%，已培育科技型企业 5.85 万家、高新技术企业 7 565 家。“智”得意满的山城重庆在高质量发展的道路上昂首阔步。

伴随着大数据、5G、人工智能、工业互联网等高新技术的升级迭代，集成电路、智能工业机器人产业、智能网联新能源汽车产业、软件和信息服务业等智能产业蓬勃发展，重庆人民持续见证数字经济带来的惊喜与美好。

2017 年，重庆将以大数据智能化为引领的创新驱动发展战略列为“八项行动计划”之首。

2018 年，重庆首次举办中国国际智能产业博览会（简称“智博会”）并实现其永久落户。

2019 年，重庆获批建设首批国家数字经济创新发展试验区。

2020 年，重庆获批建设国家新一代人工智能创新发展试验区，并成功入围工业互联网标识解析五大国家顶级节点建设城市、国家首批 5G 规模组网和应用示范城市。

2021 年，重庆数字经济企业达 1.85 万家，数字经济增加值同比增长 16.0%，占地区生产总值的比重达 27.2%，全市高技术产业和战略性新兴产业增加值占规模以上工业增加值分别达到 19.1%和 28.9%，全市规模以上电子制造业产值年均增长 17.5%，对同期全市工业增长的贡献率达 51.1%。通过这组数据，我们能够直观地看到重庆推动大数据智能化的力度、速度和进度。

由“制造大市”迈向“制造强市”

从“造得出”到“造得好”，从“制造大市”逐步迈向“制造强市”，随着“33618”现代制造业集群体系的打造，制造业对重庆经济的带动作用也越来越大。

先看细分行业，一大批高速增长的新兴产品，带动“重庆制造”快速走向高端化。

2024 年，重庆新能源汽车产量达 95.32 万辆，同比增长 90.5%；单车价值提升至 23.6 万元，20 万元以上车型占比达 48.3%。

在新一代电子信息制造业领域，全球每 3 台笔记本电脑就有一台“重庆造”。2024 年，集成电路、液晶显示屏产量分别增长 110%、22.1%，功率半导体产能排名全国前 3 位。

2024 年，重庆先进材料产业产值超过 6 200 亿元，已创建 4 个国家级新材料产业基地，在发展质量上颇为有“料”，万亿级产业集群已具雏形。

在智能装备及智能制造领域，2024 年工业机器人装机量突破 2.1 万台，智能制造指数跃居西部第一。

软件信息服务业也呈现“满天星”发展态势。软件产业主营业务收入连续两年保持 15%以上的增长、2024 年突破 4 200 亿元。

另外，重庆战略性新兴产业 2024 年增加值增长 12.3%，占规上工业增加值比重为 34.6%。

…………

再看整体数据，重庆制造的势能愈发强劲。

2025 年 1 月至 4 月，重庆高技术产业销售收入同比增长 9.5%，高于全市总体增速，特别是锂离子电池制造、智能设备制造等先进制造业销售收入同比分别增长 48.7%、40.6%，反映出创新产业增长较快；全市科技推广和应用服务销售收入同比增长 50.1%，反映出科研成果加快转化为先进生产力；制造业贡献了重庆 25%的地区生产总值、30%的税收，已成为拉动重庆经济增长的“火车头”。

一组组亮眼数据，不仅展现了重庆“33618”现代制造业集群体系打造两年以来的发展成果，还折射出重庆这座工业城市的蓬勃活力、发展动力。

由“美丽山城”迈向“智慧名城”

位于两江新区的礼嘉智慧公园，道路两侧安装着红外线感知设备，能随时监测温度，用喷雾降温在炎炎夏日为游人带来一丝清凉。

礼嘉智慧公园是面向社会免费开放的青少年科普基地，公园运用多项前沿科技，让市民和游客在放松休息、亲近自然的同时，体验机器人钢琴弹奏、VR 沉浸式体验设备等 50 多个高科技项目。

新宸云顶小区是重庆首个三星级“智慧小区”。小区的业主可以通过人脸识别“刷脸”回家，在小区散步时可连接小区蓝牙播放音乐，还能通过智能 App 进入阅览室，联系物业管家解决日常问题。即便业主身在外地，也能通过“远程遥控”完成装修。

这些看似“未来科技”的场景已经逐步悄然进入日常生活，让人们同步享受到智慧城市建设的成果，也引领着智慧生活的新方式。

大力实施上线上云、互联互通、数据治理、算能提升、融合应用等重大引领性工程，积极推进公共服务智能化，重庆的“智慧名城”让大数据智能化更好地为生活添彩。

在重庆，智慧医疗、智慧交通等民生领域应用场景随处可见：建成全市统一的医疗机构数据平台，截至 2021 年底，接入公立医院 227 家、民营医院 17 家，基本实现公立医院实时监测全覆盖；实现全市交通一卡通互联互通，移动支付全覆盖，中心城区公交刷卡及扫码支付占比超 96%。

道路拥堵，毫米波雷达、无线发射传感器等智能路测设备实时收集路况信息，并传输到智慧交通“大脑”和车辆上，实现精细化、智能化的交通信号控制；扫一扫二维码，逛公园的游客便有了“向导”；热水器自燃，烟感报警装置迅速响起，工作人员及时到场查看处理；居民打开“渝快办”App，动动手指就能办理多项民生事务，不仅能随时随地通过手机报送信息参与城市管理，还可查看自己报送事项的处理进度，并对服务给出评价。

截至 2021 年底，重庆累计推动建设 425 所智慧校园、41 家智慧旅游示范景区（度假区），建成智慧小区 244 个、智慧医院 57 家。

重庆以推动数据“大集中、大融合”为路径，构建“基础能力＋支撑体系＋融跨平台＋典型应用”的一体化智慧城市体系，不断优化完善“云联数算用”全要素群和“住业游乐购”全场景集。

重庆变得更智慧，从“美丽山城”到“智慧名城”的蜕变越来越具象。

由“自我革命”迈向“数字革命”

重庆以数字建设支撑社会治理现代化，让公共服务更高效。

因为有了“渝快办”，在重庆办事由“最多跑一次”变为“一次都不跑”。

“渝快办”是重庆在“放管服”改革和大数据智能化过程中推出的在线政务服务平台。随着大数据智能化成果的应用，重庆政务 App“渝快办”在技术和服务上也不断“提档升级”。

疫情防控期间，重庆将开办企业的审批时间缩短为 1 个工作日，实行材料“一次提交”、线上“一网通办”、线下“一窗通办”的“一网、一窗、一次、一日”全流程办结和全程网上“无纸化”办理。2020 年的前 5 个月，有 2 万余家新创办的公司通过这种便利化操作完成了设立登记。

2020 年 6 月，“渝快办”再次优化升级，首批上线了“我要生二胎”“我要申请公租房”“我要迁户口”“我要领取公积金”“我要办护照”等 5 个“一件事一次办”专区。

依托“渝快办”一体化政务服务平台推进系统融合、数据融合、业务融合，优化在线流程办理，让数据多跑路，让群众少跑腿，以“一网办”取代“来回跑”，是重庆自我改革的目标，也是“智慧名城”的建设目标。

重庆通过搭建基层智慧治理平台，实现跨层级、跨部门、跨业务联动，做到“一屏观天下”“一网统管”；政务信息系统上云率达 100%，建成“国家-市-区县”政务数据共享体系，截至 2022 年 6 月底实现数据共享 10 288 类、开放 5 493 类，全面提升城市治理精细化、智能化水平。

思考讨论

1. 重庆由“制造大市”迈向“制造强市”的主要标志是什么？智能制造对产业发展有着怎样的意义？

2. 请结合本案例谈一谈，重庆为什么致力于加速智慧城市建设和社会服务的数字化转型，以及这么做的意义是什么。

3. 智能化、数字化发展给重庆带来了哪些变化？结合本案例谈谈加快发展数字经济的意义。

教学建议

本案例主要适用于第六章第四节“建设现代化经济体系”部分的辅助教学。本案例主要展示的是重庆如何通过大数据智能化发展逐渐由“制造大市”迈向“制造强市”、由“美丽山城”迈向“智慧名城”、由“自我革命”迈向“数字革命”的蜕变过程。

组织教学建议

第一，引导学生把握重庆发展数字经济的契机和过程。一方面，使学生立足新一轮科技革命的大背景去理解数字化、智能化发展的必要性和必然性；另一方面，启发学生思考，重庆作为一个西部城市，无论是在科技禀赋上还是在对外开放上都无法与沿海城市相较，为何能够抢占数字经济发展的“快车道”，使学生以重庆为样本透视我国数字经济发展的过程。

第二，本案例的使用可以同实践教学相结合，智慧场景模拟能使学生身临其境地感受智慧城市。以现场案例教学的方式使学生迅速进入智能环境中，以自身的切实体验去理解重庆大数据智能化是如何为经济赋能、如何使社会治理变得更有效、如何使人们的生活更加便利的。要让学生明白智慧城市建设对于满足人民对美好生活的需要的重要意义。

第三，引导学生把握数字经济的内涵，理解我国加快发展数字经济的重大意义。数字经济是以数据资源为关键要素，以现代信息网络为主要载体，以信息通信技术融合应用、全要素数字化转型为重要推动力，促进公平与效率更加统一的新经济形态。为了更好地使用本案例，可以先简单介绍一下数字经济理论，使学生对数字经济的概念、内容和发展过程有个大致的了解。在此基础上，引导学生通过本案例进一步把握数字经济的内涵，以讨论和对话的形式启发学生理解我国数字经济发展的总体布局和价值指向。

第四，可以选择以多种形式呈现本案例内容。授课教师可布置课前资料查阅任务，让学生搜集重庆智慧校园、智慧旅游示范景区、智慧社区和智慧医院的相关短视频和图文资料，使他们在整理素材和展示内容的过程中把握重庆智慧城市建设和数字经济发展的过程，在具体的实践情境中理解数字技术是如何与实体经济、居民生活、社会治理相融合，如何提升“智慧名城”人民的获得感、幸福感和安全感的。

第五，引导学生理解数字化、智能化赋能社会治理和公共服务的意义。在组织讨论环节，可以向学生抛出该问题——除了提高办事效率、精简流程和方便百姓以外，数字化、智能化的政务服务平台建设还具有哪些优势，这种改革对于政府和人民群众分别意味着什么——引导其思考。通过重庆“智慧名城”建设的案例，以层层深入的方式启发学生理解智慧城市建设的重要意义。

总结提升建议

第一，加快发展数字经济，既要抓住新一轮科技革命和产业革命的机遇，又必须以国家经济社会发展战略需求为导向。实体经济是发展经济的着力点，制造业是国之重器，是国家经济的根基，必须把制造业发展放在重要位置，而推进新型工业化，也要大力发展数字经济，以适应生产力发展需要。加快数字经济、数字社会、数字政府建设，推动各领域数字化优化升级，是实现经济高质量发展的必然选择。因此，推动数字产业化和产业数字化，加快数字基础设施建设，利用数字与智能技术提升产能和公共服务能力，是推动数字经济高质量发展的大方向。在本案例中，重庆之所以能够从经济发展的“追随者”摇身一变成为“领跑者”，很大程度上得益于其抓住了智博会永久落户重庆的契机。2018 年，重庆首次举办智博会并实现其永久落户，智博会广泛集聚了来自国内外的高端人才、前沿技术、科研成果和产业合作机会。大数据、人工智能、工业互联网、云计算、5G、区块链、元宇宙等前沿技术在这一舞台上争奇斗艳，一系列“构建未来”的产业项目落地重庆，使得重庆数字经济发展驶入“快车道”，传统产业改造按下“快进键”。可以说，重庆正是很好地利用了智博会带来的机遇，顺势而为，深入推进了以大数据智能化为引领的创新驱动发展战略，加快推动数字经济和实体经济融合发展，才能在数字经济发展道路上一骑绝尘、引领变革。

第二，智能化、数字化转型是推动制造业高质量发展、公共服务和社会治理提效升级的内生动力，是推进中国式现代化的战略选择。大数据、云计算、移动互联网等新一代信息技术同机器人和智能制造技术相互融合步伐加快，科技创新链条更加灵巧，技术更新和成果转化更加快捷，产业更新换代不断加快，社会生产和消费从工业化向自动化、智能化转变，社会生产力大大提高，劳动生产率大大飞跃。在这一背景下，只有不断推动传统产业和公共服务实现智能化、数字化转型，才能使其源源不断地获得发展动能。在本案例中，重庆从“制造大市”到“制造强市”和“智慧名城”的蜕变有力地印证了这一点。重庆以智博会作为迈向数字化、网络化、智能化发展的平台，凝聚各方智慧力量，开启全市制造业智能化赋能实践，致力于在新型基础设施建设、制造业数字化改造、信息技术和制造业融合应用等方面全面提升能效。重庆坚持把制造业高质量发展放到重要位置，将智能制造和制造智能有机结合，对制造业进行全方位、全链条的改造，推动传统制造转变为“智造”。无处不在的智能化，不仅为重庆聚集越来越多的高端创新资源，而且为其公共服务和社会治理提质增效。

第三，发展数字经济必须坚持以人民为中心，使人民在数字化、智能化发展中收获高质量生活。我国社会主要矛盾已经转化为人民日益增长的美好生活需要和不平衡不充分的发展之间的矛盾，发展中的矛盾和问题集中体现在发展质量上。这就要求我们必须把发展质量问题摆在更为突出的位置，着力提升发展质量和效益。推进智能城市建设是提升社会经济发展质量和人民生活质量的重要方面，但对于广大人民群众而言，智能化更像一股高深莫测的力量，强大却无法具象化，而他们能够感受到的是智能化给自己的生活带来的切切实实的便利。在本案例中，重庆之所以赢得“智慧名城”的美誉，不仅仅体现在其传统产业的智能化转型和新兴产业的崛起，更体现在人民的日常生活中。在重庆，无论是道路两旁的智能降温设备，还是智慧公园里多种多样的VR沉浸式体验设备，抑或是智慧小区里的云端管家，无不以智能化提升人民的生活质量。智慧政务、智慧医疗、智慧交通、智慧教育等公共服务更是切实为人们解决了很多难题，特别是在疫情期间，政务服务转到线上办理，线上授课与管理等，都让人民群众切身体验到了智能化、数字化发展为生活带来的便利，感受到了智能城市的魅力。

启示意义

高质量发展是新时代我国经济社会发展的鲜明主题，是全面建设社会主义现代化国家的首要任务，而数字经济的高质量发展不仅仅涉及经济和技术领域，它更承载着人民对美好生活的向往。数字化、智能化已渗透至社会生产和生活的方方面面，不断打破时间和空间对人们的生产和消费活动以及日常交互的限制。在数字时代，对于生活的便利性、安全性和有序性的需求，已成为人们美好生活需要不可或缺的部分。重庆的经验证明，只有不断提升智能服务的普惠性，进一步弥合不同群体之间在数字与智能设备使用上的鸿沟，使最广大人民群众享受大数据智能化所带来的高效和便利，才能让科技真正赋能人民美好生活，彰显数字中国建设的内在价值。

案例 13

看长三角一体化的新画卷正徐徐铺展

核心阅读

随着我国经济迈入高质量发展阶段，长江三角洲社会经济发展已经到了从量的提升转到质、量共抓的新阶段，既面临我国深化对内开放、率先探索形成国内国际双循环新发展格局的重大机遇，也面临经济密度不高、关键领域合作不足、区域内发展不平衡等诸多挑战。自 2018 年 11 月习近平宣布支持长江三角洲区域一体化发展并上升为国家战略以来，长三角牢牢抓住一体化发展的历史机遇期，通过城市功能统筹、交通对接、产业与创新协同、公共服务共享、环境共治等手段，不断形成可复制、可推广、可持续的多赢合作新模式，共绘“三省一市”一体化发展新画卷。

长三角一般指长江三角洲地区，包括上海市、江苏省、浙江省、安徽省，共 41 个城市；位于中国长江的下游地区，濒临黄海与东海，是长江入海之前形成的冲积平原。改革开放以来，长三角进入快速工业化阶段，特别是县域经济蓬勃发展，涌现出苏南模式、温州模式等享誉全国的典范。随着我国经济迈入高质量发展新阶段，长江三角洲社会经济发展已经到了从量的提升转到质、量共抓的新阶段，既面临我国深化对内开放、率先探索形成国内国际双循环新发展格局的重大机遇，也面临经济密度不高、关键领域合作不足、区域内发展不平衡等诸多挑战。

2018 年，习近平在首届中国国际进口博览会开幕式上发表主旨演讲，提出将支持长江三角洲区域一体化发展并上升为国家战略。近年来，长三角三省一市以一体化的姿态，勇立潮头探索新型城市合作模式，包括毗邻区合作、示范区合作、新型“飞地经济”、城市对口合作、跨区域跨流域生态补偿等，通过产业与创新协同、交通对接、环境共治、公共服务共享、开放共赢等手段，不断完善和提升区域一体化实现路径。

2022 年 7 月，6 架国产大飞机 C919 完成全部试飞任务。在这背后，长三角一体化提供了重要助力：来自上海的芳纶蜂窝被用于行李架、顶板等，为大飞机“瘦身”；合肥的飞机装备企业为大飞机提供机组和旅客的氧气系统；浙企西子势必锐航空独家负责首批 5 架 C919 大型客机订单应急发电机舱门（RAT 门）的生产制造；江苏省苏州市政府则与中国商飞签约，在航空产业集聚和培育等方面开展深度合作。围绕大飞机，三省一市进行了密切合作，这是长三角产业共建的缩影。

上海凭借大都市的综合经济实力、金融资源配置功能、贸易枢纽功能、航运高端服务功能和科技创新策源能力，把自身资源配置功能和集成商的服务能力做强，加快金融市场、现代服务业和先进制造业领域开放。江苏发挥制造业、科教、开放等优势，建设沿沪宁产业创新带、苏南国家自主创新示范区、南京江北新区、科技产业创新中心和先进制造业基地。浙江发挥数字经济、生态环境、民营经济等优势，以大湾区、大通道、大花园、大都市区建设，成为全国数字经济高地、对外开放枢纽、绿色发展新标杆。安徽发挥创新经济、制造特色、生态资源、广阔腹地等优势，推动皖江城市带发展、合芜蚌国家自主创新示范区等建设，成为科技创新策源地、新兴产业聚集地、绿色发展样板区。三省一市正加速形成优势互补的区域经济布局，产业共建正步入正轨。

2022年7月13日，沪苏嘉城际铁路开工仪式在浙江嘉兴举行。一线跨三地，该铁路建成投用后，苏浙沪两省一市交界地区将由交通薄弱地区转变为交通枢纽节点，进一步实现交通出行的“同城化”。除了铁路，长三角的世界级港口群和机场群规模也在不断壮大。截至2024年，宁波舟山港货物吞吐量连续16年居世界首位，不仅开通马鞍山、六安等海铁联运线路，宁波舟山港还与上海港交叉持股，与江苏省港口集团签订合作框架协议。长三角三省一市共拥有上海虹桥、上海浦东、南京禄口、杭州萧山、合肥新桥等23座机场。长三角不仅仅重视机场数量增加，更加重视机场质量提高。长三角各大机场将顺应数字化转型趋势，探索应用物联网、大数据、云计算、网络通信、区块链等技术手段，构建数字孪生机场，提升品质效率、培育发展新动能，助力长三角国际级机场群的建设。

位于上海的长三角国家技术创新中心，将长三角科创中心的优势和苏浙皖各个县市的产业经济进行深度融合。截至2022年8月，长三角已与海外72家和国内61家知名高校和研发机构建立战略合作关系，累计建设企业联合创新中心218家；长三角三省一市以上海为龙头，协同创新体制机制进一步健全，科技创新共同体建设加快推进，已集聚起重大科学装置23个、大型科学仪器超4万台（套）；以创新驱动发展，一批世界级产业集群正在长三角加速崛起，长三角集成电路产业规模在全国占比近60%，生物医药和人工智能产业规模在全国占比约1/3，新能源汽车产量占全国38%。由上海牵头，联合苏浙等地打造的首批燃料电池汽车示范应用城市群加快推进。

西起东太湖，穿汾湖，东入黄浦江，太浦河将上海青浦、江苏吴江、浙江嘉善三地紧密串联。由于行政边界的存在，太浦河一度陷入“三不管”的治理怪圈。如今，三家如一家，兄弟齐发力。吴江启动“蓝带计划”，腾退大量太浦河周边的“散乱污”企业，嘉善也先后取缔近千家钢铁经营户，两地共同规划太浦河沿岸腾退土地，共建现代产业园。长三角不仅破解跨界水体治理难题，还深入推进大气污染防治攻坚。长三角的机动车、船舶以及非道路机械等移动源污染协同治理不断加强。《2021中国生态环境状况公报》显示，长三角的41个城市，平均优良天数比率为86.7%，同比上升1.6个百分点；$PM_{2.5}$浓度为31微克/立方米，同比下降11.4%。这离不开长三角大气污染防治的联防联控。

上海市、江苏省、浙江省、安徽省紧密合作，依托全国一体化政务服务平台公共支撑能力，推进跨省业务协同，深化数据共享应用。如今不少公共服务在长三角区域间可实现共享办理。2022 年 6 月起，在长三角示范区创新试点区域内，职工可以提取住房公积金用于支付异地房屋租赁费用，身份证、驾驶证、行驶证等 30 多类高频电子证照共享互认，138 个政务服务事项在长三角 41 座城市跨省市通办……一体化让身处长三角的百姓有了更多“同城待遇”。

思考讨论

1. 结合案例回答，长江三角洲在推动一体化发展的过程中实施了哪些举措，取得了哪些实际成效？

2. 长三角一体化发展，是习近平总书记亲自谋划、亲自部署、亲自推动的国家重大战略，作为区域协调发展战略的重要组成部分，其内涵和意义是什么？

3. 请结合案例和实际思考如何正确理解和践行协调发展理念。

教学建议

本案例适用于第六章第四节“建设现代化经济体系”部分的辅助教学。本案例主要展示的是我国把推进长三角一体化作为重大国家战略，深入贯彻落实协调发展理念，凝聚三省一市强大合力，奋力推进地区高质量发展的生动实践。

组织教学建议

第一，教师应首先引导学生正确理解和全面把握长三角一体化战略及其重大意义。长三角一体化战略可从四个方面加以理解：一是市场一体化。通过加快市场一体化建设，形成强大、开放、统一的长三角大市场，发挥市场在资源配置中的决定性作用。二是产业一体化。通过加快产业一体化建设，将长三角打造成世界级的现代高端装备制造业聚集区，促进中国产业升级向全球价值链中高端迈进。三是基础设施一体化。以基础设施的共建共享，促进长三角的高质量发展。四是公共服务一体化。通过教育、医疗、环境保护、社会保障体系等方面的一体化，促进长三角区域公共产品的高质量供给。长三角一体化发展是时代的要求，也是国家战略的需要，同时也呼应着世界发展的潮流。长三角一体化发展将进一步推动东部地区的现代化建设，完善区域协调发展新机制，进而为整个长江经济带的协调发展、整个国家东中西地区间的协调发展提供实践样本。

第二，教师应引导学生把握案例的叙述逻辑，厘清长三角推动一体化发展的具体做法和实践成效。长三角聚焦率先形成新发展格局、勇当科技和产业创新的开路先锋、加快打造改革开放新高地三大使命，在产业共建方面，推动区域经济一体化；在互联互通方面，构建交通通达“一张网”；在协同创新方面，打造跨地区创新“共同体”；在协同治理方面，构建污染防治“生态圈”；在服务共享方面，推进公共服务“一座城”。

第三，引导学生将对于长三角一体化战略的分析融入对于“协调发展理念”的分析中，让学生深入探讨和深刻领会协调发展理念的深刻内涵和重要价值，拥护党和国家促进区域协调发展等一系列重大决策，自觉树立和践行协调发展理念。

总结提升建议

第一，推动经济高质量发展，协调发展是制胜要诀。当今中国，处理复杂经济社会关系如同弹钢琴，统筹兼顾各方面发展如同指挥乐队，只有协调，才能奏响中国式现代化交响曲、中华民族伟大复兴进行曲。新发展理念把协调发展放在我国发展全局的重要位置，坚持统筹兼顾、综合平衡，正确处理发展中的重大关系，补齐短板、缩小差距，努力推动形成各区域各领域欣欣向荣、全面发展的景象。协调发展理念是对马克思主义关于协调发展理论的创造性运用，是我们党对经济社会发展规律认识的深化和升华，为理顺发展关系、拓展发展空间、提升发展效能提供了根本遵循。实践证明，统筹推进"五位一体"总体布局，协调推进"四个全面"战略布局，做到协调发展，我国的高质量发展之路就会越走越宽广。长三角一体化战略是贯彻落实协调发展理念的具体举措，旨在解决长三角内部发展不平衡、利益协调机制不健全、社会领域信息化协同和融合发展水平较差等问题。近年来，长三角在协调发展理念的引领下积极探索新型城市合作新模式，坚持在上海这一"龙头"的辐射带动下，推进三省一市在产业、交通、创新、生态、民生等多个领域的共商共建共享，不断完善和优化区域一体化实现路径，为推动地区经济高质量发展奠定了良好基础，充分彰显出协调发展理念的重要指导意义，也为这一理念的丰富和发展奠定了实践基础。

第二，践行协调发展理念，推动经济高质量发展，要注意把握"一体化"和"高质量"两个关键词。长三角一体化战略的实施，充分重视顶层设计和总体规范，探索区域一体化发展的制度体系和路径模式，致力于打造全方位的"一体化"新格局，以更高质量的一体化助力现代化建设的新实践，以一体化发展的确定性应对外部环境的不确定性，奋力谱写长三角高质量发展新篇章。长三角的实践经验表明，推动区域经济一体化必须把握好"一体化"和"高质量"的内涵及关系。"一体化"不是"一样化"，关键是统一有序，增加区域综合实力，激活整体活力，增强主体竞争力；"高质量"是要全面践行新发展理念，走好生产发展、生活富裕、生态良好的文明发展道路，切实提升全球资源配置能力和创新策源能力。"一体化"是"高质量"的实现方法和具体举措，"高质量"是"一体化"的根本任务和最终目标，二者是辩证统一的关系。

第三，创新、协调、绿色、开放、共享的新发展理念是一个不可分割的有机整体。新发展理念是具有内在联系的集合体。创新是引领发展的第一动力，协调是持续健康发展的内在要求，绿色是永续发展的必要条件和人民对美好生活追求的重要体现，开放是国家繁荣发展的必由之路，共享是中国特色社会主义的本质要求。新发展理念相互贯通、相互促进，哪一个发展理念贯彻落实不到位，发展进程都会受到影响。长三角打造产业共建、交通共用、创新共进、绿色共治、民生共享、开放共赢"一体化"新格局的过程，是对党中央提出的创新、协调、绿色、开放、共享的新发展理念的全面践行过程。

启示意义

经济从高速增长迈向高质量发展的新阶段，必须处理好质与量的关系。习近平在扎实推进长三角一体化发展座谈会上强调，长三角一体化发展不是一日之功，我们既要有历史耐心，又要有只争朝夕的紧迫感，既谋划长远，又干在当下。发展是量变和质变的辩证统一，不能顾此失彼，发展的最终目的是质的提升，但质的提升又必须依靠量的积累。在践行新发展理念、推动经济高质量发展实践中，一方面要以实现“高质量”为目标，统筹谋划和一体化部署经济发展战略；另一方面，也要加快制定一体化发展的具体实施方案，一项项推进、一件件落实，加快以量的提升促进经济集聚水平，进而带来质的飞跃。归根到底，就是要处理好自上而下的“顶层设计”与自下而上的“基层探索”的关系。

案例 14

成渝地区双城经济圈：从“瑜亮之争”到“双星闪耀”

核心阅读

作为我国重要的人口、城镇和产业集聚区，成渝地区在国家现代化建设大局和全方位开放格局中具有重要的战略地位。然而，由于种种原因，相距仅 300 余公里的重庆、成都，却成为一对“相爱相杀”的欢喜冤家，呈现出“瑜亮之争”的态势。2020 年 1 月，中央财经委员会第六次会议强调，要推动成渝地区双城经济圈建设，在西部形成高质量发展的重要增长极，使成渝地区成为具有全国影响力的重要经济中心、科技创新中心、改革开放新高地、高品质生活宜居地。在国家部署成渝地区双城经济圈战略的大背景下，从基础设施“连线成网”到携手构建现代产业体系，从大力推进改革创新到打造开放新高地——重庆、四川共下“一盘棋”，推动成渝地区双城经济圈建设全面提速。2023 年，成渝地区双城经济圈经济总量约达 8.19 万亿元，以全国 2%的国土面积贡献了 6.5%的经济体量，作为国家发展战略腹地的承载能力明显增强。从“瑜亮之争”到“双星闪耀”，成渝两地将携手承担起推进区域协调发展的重大历史使命。

自古以来，以重庆、成都为中心的巴蜀大地山水相连，地缘相亲，民俗相通，文化相融。1997 年之前，成都和重庆皆隶属于四川省，两地之间可谓“相亲相爱”。1997 年，重庆被划分为直辖市之后，成渝之间开始呈现“瑜亮之争”的态势，尤其在争夺要素资源方面竞争日趋白热化。重庆开通中欧班列（渝新欧）和陆海新通道，成都紧接着也开通了中欧班列（蓉欧）和陆海新通道；成都要建设第四大航空枢纽，重庆也着手规划、扩建航站楼和跑道；一些商业项目上午在这边达成意向性协议，下午就被邀请到那边考察。例如某中外合作项目，成都将相关产业园区的道路都修好了，正在为项目落地做准备工作，但项目最终选择落户重庆。2020 年 1 月，习近平主持召开中央财经委员会第六次会议并发表重要讲话，强调要推动成渝地区双城经济圈建设，在西部形成高质量发展的重要增长极。在党中央的支持下，从基础设施“连线成网”到携手构建现代产业体系，从大力推进改革创新到打造开放新高地——重庆、四川共下“一盘棋”，推动成渝地区双城经济圈建设全面提速。在国家部署成渝地区双城经济圈战略的大背景下，川蜀大地“双星闪耀”正在变成热络的“龙门阵”，两地正携手承担起国家赋予的历史使命。

在基础设施方面，成渝两地坚持交通先行，全面建成涵盖“铁公水空”的现代化综合交通体系。70 多年前，连接成渝两地的只有一条时速 30 公里的成渝铁路，从“蜀道难”到“蜀道通”再到“蜀道畅”，这条铁路见证了成渝之间交通一体化的进程。成渝两地正在加快促进双城经济圈城市间公路、轨道交通、物流等交通基础设施的互联互通。重庆“米”字形高速铁路网络的建成、成渝高铁的提速、成渝中线高铁建设……随着这些项目的不断推进和建设完成，成渝两地间的交通堵点和断点问题得到明显改善。两地高铁、城际和轨道网的无缝衔接，两地公交一体化运营，两地交通“一卡通”的实现，更为成渝两地的交通便利化打下坚实基础。

除了公路和铁路互联互通，成渝之间空运和水路也更加通畅。2021 年 6 月，成都天府国际机场“振翅高飞”，成都成为我国西部地区首座拥有双国际枢纽机场的城市。同期，重庆江北国际机场 T3B 航站楼正加快建设。成渝地区双城经济圈世界级机场群呼之欲出。成渝两地还围绕推进基础设施互联互通、强化水路运输发展合作、加强水运服务协同合作、加强行业管理协调配合等 4 个方面，推动共建长江上游航运中心。

在产业建设方面，成渝地区双城经济圈抓重大项目，立足优势、突出特色、聚焦重点，着力打造在全国乃至全球有影响力的现代产业集群。《共建成渝地区双城经济圈 2024 年重大项目清单》共列项目 300 个，估算总投资约 3.6 万亿元。这批重大项目主要涵盖基础设施、现代产业、科技创新、文化旅游、生态环保、对外开放、公共服务等 7 大重点领域。重点领域协同发展让内驱力与创造力得以相遇，双城经济圈开启势不可挡的加速迭代。以智能网联和新能源为主攻方向，共建高水平汽车产业研发生产制造基地，是成渝地区双城经济圈推动产业协同的重要抓手之一。成渝地区双城经济圈内汇聚了长安汽车、长城汽车、一汽丰田、吉利汽车等 45 家“实力派”整车企业。2023 年，川渝两地合计生产汽车 329.3 万辆，同比增长 3.9%，占全国汽车总产量的 10.9%；新能源汽车产量 65.2 万辆，增长 35.8%。两地汽车制造业产值达 8 100 亿元，同比增长 7.5%，汽车出口额增长 61.4%。无论是看规模，还是看产值，双城汽车产业圈已经成为全国最重要的力量之一。

在协同创新方面，成渝两地着力建设具有全国影响力的科技创新中心。2022 年，两地联合发起成立成渝地区双城经济圈科研院所联盟，立足成渝地区大院大所资源优势加强科学技术合作，整合两地学科和人才资源。联盟聚焦共享技术创新资源，开展多行业交叉融合和科技研发合作，带动两地产业技术升级和成果转化，促进成渝地区协同创新发展。此外，成渝共同推进西部科学城、国家新一代人工智能创新发展试验区等项目建设，持续完善科技基础资源、大型科研仪器、引智成果共享共用机制。截至 2024 年 6 月，11 个国家大科学装置、5 个国家产业（技术）创新中心、西部第一个国家实验室在川渝落地建设，有的已经产出了有全球影响力的科技成果。川渝首批 3 个共建重点实验室正式认定，17 家全国重点实验室完成优化重组，在先进核能、生物医药、空气动力等多个领域形成原始创新集群。

在深化改革开放方面，成渝两地携手推进贸易便利化，加快建设内陆开放高地。成渝两地高新区共建“市场准入异地同标”便利化准入机制，互设成渝地区双城经济圈企业开办综合窗口，推动营业执照“一体受理、一体办照”。2022 年 1 月，中欧班列（成渝）号开行，成渝两地的中欧班列不再分彼此，在整合资源、提升服务、降低成本等方面展开了多层次紧密合作，共同提升中欧班列（成渝）号开行质量。中欧班列（成渝）号畅连“一带一路”两端，把我国内陆腹地与欧洲中心腹地紧密地串联起来，构建起辐射欧亚、串联东盟、多向互联的国际流通体系，形成高水平服务“双循环”新发展格局。

在公共服务方面，成渝两地加快公共服务一体化。截至 2023 年，成渝联合发布首批 7 项川渝“一件事一次办”事项、34 项川渝“免证办”事项、9 项川渝跨区域数字化场景，311 项“川渝通办”政务服务事项办件量突破 1 500 万件次。实现 291 家二级及以上公立综合医院检查检验结果互认，20 余项住房公积金服务事项全要件、全流程标准化，重庆高新区在全市率先开展“一业一证”跨省域通办，给企业和群众办事带来了诸多便利。

在生态环境联防联治方面，成渝两地联合发布《成渝地区双城经济圈生态环境标准编制规范》，协同推进跨界水环境治理，实施涪江、铜钵河、濑溪河、大清流河等流域水生态环境保护协同治理和联防联治，共同推动创建琼江示范河流。推动毗邻地区城市和建制乡镇污水处理设施、污水污泥无害化处置设施共建共享。此外，两地还将深化河（湖）长制合作，联合开展跨界河流巡河，完善跨界河流上下游水资源联合调度机制。

成渝两地通力合作推动各项部署落地落实、成势见效，看得见、摸得着的可喜变化在巴蜀大地持续涌现。2023 年，成渝地区双城经济圈经济总量约达 8.19 亿元，在 2021 年突破 7 万亿元后，用 2 年时间再上一个万亿台阶；占全国、西部地区的比重分别为 6.5%、30.4%。成渝两地携手同行，唱好“双城记”、建好经济圈，带动全国高质量发展的重要增长极和新的动力源特征初显。

思考讨论

1. 从“瑜亮之争”到“双星闪耀”，成都和重庆在国家部署成渝地区双城经济圈战略的大背景下做出了哪些改变？取得了哪些成绩？

2. 成渝地区双城经济圈战略是我国区域协调发展战略的重要组成部分，请结合案例谈谈你对区域协调发展战略的理解。

3. 结合案例深入思考，坚持实施区域协调发展战略意义何在？

教学建议

本案例主要适用于第六章第四节“建设现代化经济体系”部分的辅助教学。案例主要展示的是在实施区域协调发展战略的背景下，打造重庆和成都两座西部重镇构建双城经济圈战略，从“瑜亮之争”到“双星闪耀”，共下“一盘棋”，共担新使命，携手构筑高质量增长极的生动实践。

组织教学建议

第一，教师应引导学生立足于新发展阶段和新发展格局，正确理解和全面把握区域协调发展战略。实施成渝地区双城经济圈战略，打造高质量发展重要增长极，是区域协调发展战略的重要组成部分。区域协调发展战略的总体思路是按照客观经济规律调整完善区域政策体系，发挥各地区比较优势，促进各类要素合理流动和高效集聚，增强创新发展动能，加快构建高质量发展的动力系统，增强中心城市和城市群等经济发展优势区域的经济和人口承载能力，增强其他地区在保障粮食安全、生态安全、边疆安全等方面的功能，形成主体功能明显、优势互补、高质量发展的区域经济布局。

第二，教师应着重对成渝地区双城经济圈战略的内涵进行讲解。成渝地区双城经济圈战略聚焦打造带动全国高质量发展的重要增长极和新的动力源总体目标，围绕建设具有全国影响力的重要经济中心、科技创新中心、改革开放新高地和高品质生活宜居地的战略定位，旨在通过成渝两地强化战略协作、政策协同、工作协调，提升成渝两地的发展能级，加快成渝两地的现代化建设，从而实现在新形势下更好地服务国家战略大局，形成强大战略后方的落子布局。

第三，教师应引导学生把握本案例的叙述逻辑，在此基础上梳理成渝地区双城经济圈建设的实践成效。成渝地区双城经济圈战略实施以来，两地开展了全方位、多层次、宽领域的合作，大力推进基础设施互联互通、产业发展协同协作、公共服务共建共享、生态环保联建联治、改革开放共促共进，形成了以大带小、以点带面，双圈互动、两翼协同的新发展局面，为推动区域协调发展提供了高水平的实践“样板”。

总结提升建议

第一，实施区域协调发展战略，是破解我国长期存在的发展不平衡不充分问题的重要举措。打开中国地图，京津冀、长三角、粤港澳三大经济圈由北向南，分布在东部沿海地区，成为改革开放以来引领我国经济腾飞的主要动力源。从经济数据上来看，京津冀、长三角、粤港澳三大经济圈用约占全国 2.8%的土地聚集了约 18%的人口，贡献了约 38%的 GDP，而整个西部地区占据约 71%的国土面积，而 GDP 仅占全国的 20%左右。广袤的西部地区需要一台动力强劲的增长引擎来拉动前行。从地图上来看，成渝地区如果能与沿海三大增长极连点成线，将形成一个占全国经济总量七成以上的巨大菱形空间，形成“北有京津冀，东有长三角，南有粤港澳，西有成渝”的中国区域经济格局。国家实施区域协调发展战略，打造成渝地区双城经济圈，就是要将地处西部的成渝地区打造成为继京津冀、长三角、粤港澳之后的第四增长极，进而实现经济高质量发展。经过不懈努力，成渝地区双城经济圈实现地区生产总值跨上 8 万亿元台阶，占全国、西部地区的比重分别为 6.5%、30.4%，为区域经济协调发展提供了强大牵引力。实践表明，实施区域协调发展战略，有助于梯次实现先进生产力的有效牵引，最大限度覆盖及拉动欠发达地区的发展，有效破解我国长期存在的区域发展不平衡不充分问题。

第二，实施区域协调发展战略，有利于加快形成以国内大循环为主体、国内国际双循环相互促进的新发展格局。受东南亚、南亚等新兴国家崛起，西方发达国家制造业回归，特别是少数国家奉行保护主义和单边主义等因素影响，全球供应链、价值链加速迁移和重构。其中一个颇有象征性的现象是，长期以来作为世界工厂的中国，部分沿海外贸型企业选择向国外转移。面对环境变化，加快形成国内大循环是当务之急。其中，把握住两个关键词至关重要——“内需”和“内陆”。而这两个关键词刚好对应了成渝所代表的中国西部地区。此外，成渝还是连接“一带一路”的陆海新通道的重要发起者、推动者和运营者。依托四通八达的国际物流大通道，地处“一带一路”和长江经济带联结点的成渝地区，已从内陆腹地变身为开放前沿，承东启西、联通南北的战略地位日益凸显。加快实施区域协调发展战略，唱好成渝“双城记”，有利于我国利用欧洲的技术、中亚的能源等优势资源，打通南亚、东南亚的市场，推动我国形成“东西双向互济，陆海内外联动”的开放新格局。成渝地区双城经济圈战略实施以来，两地加快深化体制机制改革，积极推动投资贸易便利化，为构建国内大循环提供了有力支撑。实践表明，实施区域协调发展战略，加快构建畅通国内国际双循环主动脉，是构建新发展格局不可或缺的必要环节。

第三，实施区域协调发展战略，有利于拓展我国的战略腹地。探索打破行政区划壁垒，推动经济区与行政区适度分离，有助于优化国土空间布局，增强人口和经济承载能力，维护国家战略安全和经略周边能力。成渝地区历来是我国的战略大后方，其中“成渝”指向“双核心”，“地区”指向更加纵深的经济腹地，“经济圈”则代表成渝地区经济的辐射范围和能量。成渝地区双城经济圈战略的成功经验表明，实施区域协调发展战略，划定地区经济圈，对重塑地区经济地理、带动经济薄弱地区发展、形成强大战略后方均具有重要而深远的影响。

第四，实施区域协调发展战略，有利于维护地区生态安全。生态文明建设是千年大计，功在当代，利在千秋。成渝地区地处长江上游，对长江中下游地区生态安全承担着不可替代的作用。重庆境内长江干流里程达691公里，三峡库区是全国最大的淡水资源战略储备库，维系全国35%淡水资源涵养和长江中下游地区3亿多人饮水安全。实施区域协调发展战略，建设成渝地区双城经济圈，切实强化“上游意识”，担起“上游责任”，让“生态优先、绿色发展”理念蔚然成风，有利于筑牢长江上游重要生态屏障，维护长江中下游乃至更大范围地区生态安全。实践表明，推动区域协调发展战略，打造区域经济发展“共同体”的过程，也是一个不断增强环境治理多核引领和协同带动作用的过程，有助于不断深化生态环境保护重点领域和关键环节体制机制改革，推动生态环境的一体化保护。

■ 启示意义

促进区域协调发展，是实现高质量发展的必然要求。我国幅员辽阔、人口众多，各地区自然资源禀赋差别之大在世界上是少有的，统筹区域发展从来都是一个重大问题。党的十八大以来，习近平立足我国区域发展新形势，着眼全国“一盘棋”，坚持推动区域协调发展战略。我国各项区域发展重大战略高质量推进，区域协调发展呈现新格局。一方面，我们要充分把握推动区域协调发展的重大意义，坚决支持和拥护国家各项区域发展战略和政策；另一方面，我们也要看到，促进区域协调发展，不是简单要求各地区在经济发展上达到同一水平，而是要根据各地区的条件，走合理分工、优化发展的路子。唯有加快形成统筹有力、竞争有序、绿色协调、共享共赢的区域协调发展新机制，方能促进区域协调发展向更高水平和更高质量迈进，为推动我国经济高质量发展奠定坚实基础。

案例
15

京畿大地起宏图
——京津冀协同发展这十年

核心阅读

2014 年 2 月，以习近平同志为核心的党中央站在党和国家事业发展全局的高度，做出了推进京津冀协同发展这一重大决策。习近平总书记亲自谋划、亲自部署、亲自推动京津冀协同发展，指明前进方向、提供根本遵循，推动这一国家战略不断向纵深发展。2024 年是京津冀协同发展上升为国家战略的第十个年头。3 600 多个昼夜，足以证明 21 万平方公里土地的协同之变：京津冀 GDP 十年连跨 5 个万亿元台阶的宏观数据背后，有京津雄半小时通达、$PM_{2.5}$ 平均浓度下降 57.3%等微观感受，更有京城核心区“静下来”、交通走廊上崛起产业发展走廊的格局之变。

一座山，三个村，分属京津冀三地。

60 多年前，三村是一村，名叫大岭后。后来，行政区划调整，一村变三村，分别划归北京市平谷区、天津市蓟州区、河北省三河市。

现如今，三个村再次“合体”。所属乡镇政府签下合作协议，支持三个村共同开发文旅项目，打造京津冀协同发展示范点。

大岭后村是一个缩影。

京津冀是引领全国高质量发展的三大重要动力源之一。10 年来，作为新时代里谋篇落子的第一个区域协调发展的国家战略，京畿大地形成目标同向、措施一体、优势互补、互利共赢的发展格局。区域整体实力持续提升，现代化首都都市圈生机勃勃，扎实向世界级城市群迈进。

镜头一：以舍谋得，让核心区“静下来”

走上银锭桥西望，会看到一栋“冒头”的高楼突兀地插在山水之间，把连绵起伏的西山山脊线硬生生“截”成了两段。这座楼是积水潭医院 52 米高的新北楼。2021 年，这座楼为老城保护“让路”，被完全拆除，并顺利将医疗资源疏解到北五环外的回天地区。

“银锭观山”历史景观的重现，便源于协同发展所带来的城市变化。北京稳步推进核心区功能重组，落实首都功能核心区控规，人口、建筑、商业、旅游密度逐步下降，让核心区“静下来”。

从二环内扩展至整座城市——北京坚守首都城市战略定位，以解决北京“大城市病”为出发点和落脚点，以疏为进、以舍谋得，首都发展深刻转型。

“减法”是为了换来“加法”。2014—2024年，这10年间，北京退出一般制造业企业超3 000家，疏解升级区域性专业市场和物流中心近1 000个。这也带动公共服务资源布局不断优化，8家市属高校和15家市属医疗卫生机构向外布局，精准补建便民商业网点7 700余个，利用拆违腾退空间实施绿化超9 200公顷。北京科技、商务、文化、信息等高精尖产业新设经营主体占比，由2013年的40.7%上升至2023年的66.1%。

北京从聚集资源求增长转向疏解非首都功能谋发展，从城市管理转向超大城市治理，走出了一条减量下的高质量发展之路。

镜头二：“一核”“两翼”展现新形象

疏解非首都功能是京津冀协同发展的“核心”。10年来，北京“一核”“两翼”建设不辍，展现新形象。

其中“一翼”——北京城市副中心框架全面拉开。北京城市副中心建设保持千亿级投资强度，城市绿心公园开园迎客，北京艺术中心、北京城市图书馆、北京大运河博物馆联袂亮相，承载力和吸引力增强了，功能自然显著提升。北京城市副中心行政办公区一二期建成投用，2024年北京市级机关两批集中搬迁工作顺利完成；61家北京市属国企及下属企业实现落户；数字经济等六大产业集群加速形成，行政办公、商务服务、文化旅游、科技创新“3+1”主导功能持续加强。以副辅主、主副共兴，城市副中心高质量发展迈出新步伐，城市框架全面拉开，保持千亿级投资强度，确保一年一个节点，每年都有新变化。

另一“翼”——雄安新区也朝着“妙不可言、心向往之”的典范之城迈进，一座现代化城市拔节生长。

截至2023年，雄安新区“1+4+26”规划体系和“1+N”政策体系基本建立，完成投资6 500多亿元，4 000多栋楼宇拔地而起。

在基础设施建设方面，京雄城际和雄安站建成投运，“四纵三横”高速公路和对外骨干路网全面建成。环起步区生态防洪堤初步具备200年一遇防洪能力，白洋淀进入全国水质优良湖泊行列。北京援建的“三校一院”开学开诊，40余所学校、5所医疗卫生机构与雄安新区对接合作。

在承接非首都功能方面，中国卫星网络集团有限公司等4家央企总部项目加快建设，北京交通大学等4所高校的雄安校区和北京大学人民医院的雄安院区开工建设，央企在雄安设立子公司及各类分支机构200多家。雄安新区中关村科技园揭牌运营，来自北京的3 000余家高新技术企业在雄安注册。

镜头三：协同创新和产业协作持续发力

京津冀是引领全国高质量发展的三大重要动力源之一。10年来，三地经济总量连跨5个万亿元台阶，达10.4万亿元，是2013年的1.9倍。

协同创新持续发力。数据显示，2022年三地研发投入强度为4.28%，比2013年提高0.85个百分点，持续高于全国。2022年区域劳动生产率达18.5万元/人，较2013年基本实现翻倍。

北京流向津冀技术合同成交额由 2013 年的 71.2 亿元增长至 2023 年的 748.7 亿元，年均增长率达 26.5%；中关村企业在津冀两地设立分支机构超 1 万家，北京企业对津冀两地企业投资 4.9 万次，投资总额 2.3 万亿元。"北京研发、津冀制造"模式正加速形成。

产业协作成果丰硕。截至 2023 年，三地确定"六链五群"产业协同新格局，绘制了生物医药等 6 条重点产业链图谱；大兴国际机场临空经济区累计注册企业近万家，近 200 家优质外资企业注册落地，大兴国际机场综合保税区成为全国首个跨省市综合保税区。

2023 年，首届京津冀产业链供应链大会举办，签约项目 152 个，投资额达 1 229 亿元。据介绍，10 年来，河北承接京津转入基本单位 4.3 万家。京津冀生命健康、保定电力及新能源高端装备两个产业集群获批国家级重点产业集群，产值规模占全国 20%以上。培育国家级专精特新"小巨人"企业 1 400 多家，占全国 12%。

镜头四：民生福祉得到新提升

协同发展，交通先行。10 年来，三地携手打通堵点、接通断点，加快构建多节点、网格状、全覆盖的综合交通网络。京张高铁、京沈高铁、京唐城际、津兴城际等开通运营，京津冀铁路营业里程超 1.1 万公里，较 2013 年增长超三成。京昆、京台、京秦、京雄等 9 条高速公路通车，京津冀高速公路里程近 1.1 万公里，较 2013 年增长超四成。

坚持绿水青山就是金山银山。三地加强联防联控联治，区域环境质量取得明显改善。河北省生态环境厅副厅长吴跃介绍，2023 年，京津冀三地 $PM_{2.5}$ 平均浓度分别为 32 微克/立方米、41 微克/立方米、38.6 微克/立方米，较 2014 年分别下降 62.7%、50.6%、57.6%；地表水国考断面全面消除劣Ⅴ类，永定河等五大主干河流全部重现"流动的河"并贯通入海。

推进京津冀协同发展，最终要体现到增进人民福祉、促进共同富裕上。10 年间，三地城镇新增就业累计 1 595.6 万人。2023 年京津冀三地全体居民人均可支配收入与 2013 年相比，年均分别增长 7.2%、6.9%和 8%，三地城乡居民收入比值较 2013 年分别缩小 0.23、0.09 和 0.31。

10 年间，京津 200 多所中小学、幼儿园与河北开展办学合作，三地成立 15 个特色职教集团（联盟）、24 个高校联盟。9 300 余家定点医疗机构异地就医门诊费用直接结算，区域内异地就医实现"同城化"。5 000 余名京津老人入住环京津周边养老机构。推进 40 个京津冀医联体建设，京津医疗机构与河北省所有设区市通过合作建院、整体托管、专科共建等形式，实现了京津冀医联体全覆盖。10 年来，京津输出医疗专家 3 043 人，开展新技术、新项目 532 项，带动河北省疑难危重症救治水平全面提升。

除了医疗资源的优化布局，三地 9 300 余家定点医疗机构异地就医门诊费用直接结算，区域内异地就医实现"同城化"；京津冀医疗机构临床检验和医学影像检查结果互认，有 50 项临床检验结果在京津冀 685 家医疗机构实现互认，30 项医学影像检查结果在京津冀 503 家医疗机构实现互认，有力提升了三地医疗服务同质化水平。

镜头五：区域通关一体化发展

早在 2014 年，京津冀三地海关就率先实施区域通关一体化改革，下好京津冀协同发展国家战略的“先手棋”。如今，进出口通关时间得到大幅压缩，2023年北京地区进出口整体通关时间比2017年分别压缩超70%、90%。2018年至2024年，京津两关对标世界银行营商环境评价体系，连续6年开展贸易便利化专项行动，助力中国跨境贸易全球排名从97名大幅提升至56名。

这是京津冀营商环境协同优化的缩影。三地把优化营商环境作为促进京津冀协同发展、构建统一大市场的重要抓手，京津冀营商环境在重点领域、关键环节取得新突破。

越来越多企业选择在三地协同布局，自然更加关心跨省办事方不方便。为此，三地实行企业涉税信息“一键迁移”，同时可保留纳税信用级别等9项信息和增值税留抵退税3项权益，办理时间由过去20天左右压缩至1小时；为企业提供触手可及的“就近办”服务，推动北京市朝阳区与天津市河东区、北京市通州区与河北省廊坊市北三县实现营业执照异地办理、发放、领取；政务服务事项“同事同标”范围进一步扩大，共推出5批、203项“同事同标”政务服务事项，涵盖涉企经营、交通运输、工程建设、民生保障等重点领域，实现清单内事项无差别受理和同标准办理；京津冀第一批资质资格互认清单涉及人力资源、建筑、测绘等165项从业资质资格，破解跨区域互认难题。

思考讨论

1. 结合案例思考，京津冀协同发展上升为国家战略的10年间，京津冀一体化建设交出了怎样的“成绩单”？

2. 推动京津冀协同发展，是以习近平同志为核心的党中央在新的时代条件下做出的重大决策部署，是区域协调发展战略的核心举措。结合案例谈一谈，你对区域协调发展战略内涵和意义的理解。

3. 在推进中国式现代化新征程上，我们如何才能推动区域协调发展不断迈上新台阶？

教学建议

本案例主要适用于第六章第四节“建设现代化经济体系”部分的辅助教学。案例主要展示的是京津冀协同发展上升为国家战略的10年间，京畿大地形成目标同向、措施一体、优势互补、互利共赢发展格局，在推动区域协调发展方面取得一系列丰硕成果的典型事例。

组织教学建议

第一，教师可通过布置课前作业的形式，让学生对京津冀协同发展战略及其重大意义进行初步了解。课上，教师可组织学生就相关内容开展讨论和分享，并引导学生把握如下内容：京津冀协同发展由“首都经济圈”的概念发展而来，包括北京市、天津市以及河北省的保定、唐山、石家庄、邯郸、邢台、衡水、沧州、秦皇岛、廊坊、张家口和承德，涉及京津和河北省11个地级市的80多个县（市）；京津冀整体定位是“以首都为核心的世界级城市群、区域整体协同发展改革引领区、全国创新驱动经济增长新引擎、生态修复环境改善示范区”；国家把京津冀协同发展列为国家战略，目的是为推动区域协调发展提供重要支撑，为实现经济高质量发展提供重要动力源。

第二，引导学生结合案例分析京津冀协同发展战略实施以来，京畿大地取得的发展成就，进而对案例的叙述逻辑进行整体把握。10 年间，京津冀三地一张蓝图绘到底，牢牢牵住疏解非首都功能“牛鼻子”，“一核”“两翼”展现新形象；协同创新和产业协作持续发力，高质量发展开创新局面；交通一体、蓝天同护、服务共享，民生福祉得到新提升。整体来看，京津冀一体化建设交出了令党和人民满意的优异“成绩单”。

第三，教师要引导学生将对京津冀协同发展战略的分析，同完整、准确、全面贯彻新发展理念、建设现代化经济体系、促进区域协调发展等知识点进行有效链接，力求全面贯通深化教学主题。整体来看，新发展理念是方法，建设现代化经济体系是目标，促进区域协调发展是抓手。具体来说，推动京津冀协同发展是促进区域协调发展的关键举措，是贯彻新发展理念的重要内容，也是建设现代化经济体系的必然要求。新时代新征程，面对不平衡不充分发展的现实问题，唯有以新发展理念为引领，加快推动区域协调发展向更高水平和更高质量迈进，方能为打造新的经济发展支撑带、建设具有强大辐射作用的经济中心、促进我国经济高质量发展奠定坚实基础。

总结提升建议

第一，实施区域协调发展战略是实现经济高质量发展的必然要求，是实现第二个百年奋斗目标的必要举措。我国幅员辽阔、人口众多，区域差异大、发展不平衡是我国的基本国情。立足于实现第二个百年奋斗目标的新征程，深入实施区域发展战略，有助于破解我国长期存在的区域发展不平衡不充分问题，是实现经济高质量发展、实现中华民族伟大复兴的必然要求。作为新时代谋篇落子的第一个区域协调发展的国家战略，京津冀协同发展战略意义不可谓不大，重要性不可谓不强。在习近平总书记亲自谋划、亲自部署、亲自推动下，京畿大地整体实力持续提升，现代化首都都市圈生机勃勃，扎实向世界级城市群迈进。京津冀协同发展实践表明，深入实施区域协调发展战略，构建目标同向、措施一体、优势互补、互利共赢的发展格局，是促进各地区协同推进现代化建设的科学行动方案，是努力实现全体人民共同富裕的必然要求，也是实现第二个百年奋斗目标的必要举措。

第二，新时代推动区域协调发展，必须坚持以新发展理念为引领。发展理念是发展行动的先导，是管全局、管根本、管方向、管长远的东西，是发展思路、发展方向、发展着力点的集中体现。党中央提出创新、协调、绿色、开放、共享的新发展理念，是“以大势为导向”的认识论，是新时代发展目标指向和价值理念的重大变革。立足新发展阶段，新发展理念是构建新发展格局的重要指引，贯穿经济活动全过程，具有很强的战略性、纲领性、引领性。10 年间，京津冀以新发展理念为引领，以区域经济发展实际为依托，不断将新发展理念的认识论转化为推动区域协调发展的方法论，以舍谋得、两翼齐飞、聚链成群、资源共享、携手营商，方能成功构建起目标同向、措施一体、优势互补、互利共赢的发展格局。不忘来时路，方知向何行。在全面建设社会主义现代化国家新征程上，实现更高质量的区域协调发展，必须以科学的发展理念为指引，落实好党中央的重大战略部署，建立更加有效的区域协调发展体制机制，不断健全区域政策体系，以形成更具针对性的区域发展政策，持续提升政策的实施效果。

第三，践行协调发展理念。推动区域协调发展战略，要注意把握“一体化”和“高质量”两个关键词。一体化发展是推动区域协调发展的必由之路，也是重点和难点所在。推动区域协调发展，本质上是高质量发展，不断提升创新力和竞争力，率先实现质量变革、效率变革、动力变革。京津冀协同发展战略的实施，充分重视顶层设计和总体规范，一张蓝图绘到底，不断探索区域协调发展的制度体系和路径模式，致力于打造全方位的“一体化”新格局，协同推动经济社会发展向更高质量迈进；同时，以更高质量的发展赋能一体化建设的新实践，以一体化发展的确定性应对外部环境的不确定性。10年间，京津冀“一核”“两翼”展现新形象，民生福祉共建共享得到新提升，经济社会高质量发展开创新局面。京津冀的发展实践经验表明，推动区域协调发展必须把握好“一体化”和“高质量”的内涵及关系。其中，“一体化”是“高质量”的实现方法和具体举措，“高质量”是“一体化”的根本任务和最终目标，二者辩证统一于区域协调发展的战略实践之中。

■启示意义

推动区域协调发展，要用好因地制宜的辩证法。做好区域协调发展“一盘棋”这篇大文章，不能简单要求各地区在经济发展上达到同一水平，而是应在符合各地区实际的情况下，在突出地区优势的基础上，通过发展谋求各地区之间的协调与动态平衡。在实践中，应根据不同地区的资源禀赋条件，遵循区域经济发展规律，不断调整完善区域规划与政策，既要避免各类要素、资源在各地区间分配的平均主义，也要杜绝产业结构雷同和发展模式照搬的现象。不仅要考虑本地资源禀赋等内部条件，也要兼顾自身在整体发展格局中的定位，优势区域应当进一步提升集聚效率、增强创新发展动力、壮大规模经济效应；非优势地区要加快弥补薄弱环节，增强在保障粮食安全、生态安全、边疆安全等方面的功能。在各地区均按照其实际条件与功能定位形成合理分工的基础上，强化彼此间的协作联系，以要素的合理流动和高效集聚带动区域协调发展，进一步形成主体功能明确、优势互补、高质量发展的区域经济布局。

案例
16

广西三江：基层立法联系点传递侗族村寨里的心声

核心阅读

广西三江侗族自治县是全国5个侗族自治县中成立最早、侗族人口最多的自治县，也是国家级基层立法联系点中唯一的民族自治县。三江侗族自治县着力强化组织领导，健全制度机制，加快推进基层立法联系点规范化运行；依托侗乡特色，通过“鼓楼议事”“多耶普法”“款坪讲款”等独特方式，积极畅通基层群众对国家立法意见、诉求的反映渠道；通过建立区域协同机制，发挥区位优势，促进民族团结进步。广西三江侗族自治县向着建设全国一流的基层立法联系点不断进步，其下辖的登晒村也已被评为全国“民主法治示范村”。

三江侗族自治县位于桂、湘、黔三省（区）交界处，总人口41.8万，户籍人口中侗族人口占58%，是广西唯一的侗族自治县，也是全国5个侗族自治县中侗族人口最多的自治县。2020年，三江侗族自治县人大常委会被确定为全国人大常委会法工委基层立法联系点，是当年全国10家国家级立法联系点中唯一的民族自治县，也是广西唯一的“国字号”基层立法联系点。四年来，三江侗族自治县不断完善立法联系点组织架构和规章制度；依托侗乡特色，创新征集意见模式，通过“鼓楼议事”“多耶普法”“款坪讲款”等独特方式，畅通基层群众对国家立法意见、诉求的反映渠道；建立区域协同机制，辐射桂、湘、黔三省（区）六县。三江侗族自治县人大常委会基层立法联系点展现了“全过程人民民主”的显著优势，位于桂黔交界的登晒村也于2021年被评为全国“民主法治示范村”。

完善组织架构和制度章程

三江侗族自治县着力强化组织领导，健全制度机制，加快推进基层立法联系点规范化运行。在组织架构层面，建立以县委书记、县长为双组长，人大常委会主任为常务副组长的基层立法联系点工作领导小组，为基层立法联系点把方向、管大局、保落实；县委常委会每年听取基层立法联系点工作情况汇报2次，了解发展进程，协调解决困难问题；设立三江侗族自治县立法联系点服务中心，为县人大常委会管理的公益一类全额拨款正科级事业单位，定编定员定岗，加强人才队伍建设；设立县人民法院等13家立法联络点和古宜镇江滨社区等 7 家立法信息采集点，选聘包括各级党员干部、人大代表、政协委员、退休干部、村干、寨佬、民族文化传承人等在内的 120 名联络员和信息员。在制度建设层面，根据《全国人大常委会法制工作委员会基层立法联系点工作规则》，制定《三江侗族自治县基层立法联系点工作职责（试行）》《三江侗族自治县基层立法联系点联络员和信息员选聘和管理办法（试行）》《三江侗族自治县基层立法联系点征求意见建议工作流程（试行）》等制度；同时，广西壮族自治区人大常委会法工委确定三江为基层立法联系点，纳入自治区人大立法基地服务范围；柳州市人大常委会出台《关于支持三江县开展全国人大常委会法工委基层立法联系点建设的工作方案》，从市级层面明确在指导、培训、立法等全方位对三江基层立法联系点支持的措施。

“鼓楼议事”：原汁原味传递村民心声

鼓楼是侗族村寨的标志性建筑，是村民集体议事、举办庆典的主要场所，“鼓楼议事”也是侗族的民族传统。三江侗族自治县以基层立法联系点办公室、联络点、信息采集点为“主干”，联络员和信息员为“骨干”走村进寨，与民族文化传承人、侗族专家、致富带头人、妇女代表等村屯的群众交流、拉家常。以“鼓楼议事”这种村民喜闻乐见的形式，对法律草案进行宣传解读，广泛收集意见建议和社情民意，传递群众心声。2021 年，《中华人民共和国教育法（修正草案）（征求意见稿）》面向社会公开征求意见，三江基层立法联系点提出，“针对第七十七条第三款‘与他人串通，允许他人冒用本人身份，顶替本人取得的入学资格的’责任追究问题，建议增加‘构成犯罪的，依法追究刑事责任’内容”。这一建议反映了广大人民群众维护受教育权利的强烈愿望，得到国家立法机关的认可，基层群众的心声直达全国人大常委会。截至 2023 年 11 月，三江侗族自治县立足自身特点，借助各项特色活动，累计接收各级立法机关交办的法律法规草案意见征询任务 93 部，征集到意见建议 3 926 条，在颁布的 51 部法律法规中有 163 条被吸收采纳。

“多耶普法”：拓展联系点功能发挥

为扎实做好全面依法治国各项工作，不断开创法治中国建设新局面，三江侗族自治县人大常委会定期深入立法联络点和信息采集点，既研究部署立法征询意见建议工作，也开展“察民情、访民意、聚民智、解民困”调研走访活动，摸清找准群众的“急难愁盼”问题，不断创新地方民族治理特色模式。2021 年，全国展开县乡人大换届选举工作，三江侗族自治县人大常委会强化正面宣传和引导，坚持以人大立法联系点为载体，加强选举普法宣传，营造出风清气正的换届选举舆论氛围。在选举工作启动前后，充分发挥民族文化特色，组建宣传小分队深入各村屯，通过“耶歌唱法”“鼓楼讲堂”“知识竞赛”“双语双向”等方式，动员全县选民积极参选，全力营造浓厚的换届选举氛围。借助微信视频号、抖音等新媒体平台，创作选举相关内容的侗族琵琶歌，让宣传深入人心。利用“月也”“百家宴”等少数民族节庆日，发放“十个严禁”纪律宣传资料，使换届纪律进入村村寨寨、家家户户。采取定点登记、入户登记、线上登记等多种登记相结合的方式，重视抓好外出务工人员、人户分离和易地扶贫搬迁安置点选民登记工作。最终，全县共登记选民 287 364 人。通过差额选举产生新一届县人大代表 231 名、乡镇人大代表 952 名，选民参选率达 90.61%。

侗“款”文化：依法保障人民合法权益

“款”是侗族早期的一种群众性社会组织，“款”组织有“款词”“款约”。侗族地区充分发挥“款”的道德规范和村规民约作用，千百年来，一直保留着“路不拾遗、夜不闭户”的良好社会风气和法治氛围。三江侗族自治县充分发挥侗“款”文化作用，依据法律制定“村规民约”。如富禄苗族乡登晒村是典型的桂黔接边民族村寨，由于桂黔两省（区）人民群众共同生活在这样一个边界地区，矛盾日渐突出。过去一段时间，因山林、水土、坟地以及生产生活琐事引发的纠纷时有发生，不同程度影响了接边地区人民群众生产生活和民族团结以及社会稳定。三江通过党支部联建，发挥寨佬作用，促进两地协商制定《黔桂登晒村上寨（登晒）、下寨（黄现）村规自治民约》，彻底解决行政边界地区治理难的问题。现在的登晒村已被评为全国“民主法治示范村”。

发挥区位优势：促进民族团结进步

三江侗族自治县处于三省交界处，为共同反映民族地区群众的呼声，解决民族地区经济社会发展亟待解决的问题和困难，“三江号”立法直通车积极建立区域协同机制，审议通过《桂湘黔三省（区）六县人大常委会基层立法联系点工作区域协同联席会议章程》，并签署《桂湘黔三省（区）六县人大常委会基层立法联系点工作区域协同框架协议》。三江侗族自治县人大常委会与其他五县一起协同合作，共同承接全国人大常委会立法征询意见工作，以三江基层立法联系点为基点，辐射扩展到桂湘黔三省（区）六县不同的民族和区域，比较全面、合理地收集公众的意见和愿望，实现立法工作的全覆盖。桂湘黔三省（区）六县人大常委会基层立法联系点工作区域协同机制，进一步密切了全国人大与民族地区的联系，推动了民族地区民主法治建设和经济社会发展。

“千年侗寨 · 梦萦三江”，这里自然风光秀美，民族风情浓郁。三江侗族自治县人大常委会正以“建设全国一流基层立法联系点”为目标，为建设宜居宜业宜游的和美新三江注入人大力量，也将以高质量发展全过程人民民主保障“绿水青山起歌舞，千年侗寨笑声欢”。

思考讨论

1. 请结合案例谈一谈，三江侗族自治县人大常委会作为基层立法联系点有哪些开展工作的特色方法。

2. 中国特色社会主义政治发展道路的内容和相互关系是什么？

3. 请结合案例回答，我国保障人民当家作主的制度体系有哪些？

教学建议

本案例主要适用于第八章第一节“坚定中国特色社会主义政治制度自信”和第二节“全过程人民民主是社会主义民主政治的本质属性”部分的辅助教学。案例主要展示的是广西三江侗族自治县作为国家级基层立法联系点发展“全过程人民民主”的做法和经验，体现了中国特色社会主义政治发展道路是坚持党的领导、人民当家作主、依法治国有机统一，全过程人民民主实现过程民主和成果民主、程序民主和实质民主、直接民主和间接民主、人民民主和国家意志相统一等内容。

组织教学建议

第一，教师可通过对立法联系点发展历程的介绍，帮助学生正确理解案例，认识“制度保障人民当家作主”这一主题。2014 年，党的十八届四中全会通过《中共中央关于全面推进依法治国若干重大问题的决定》，提出建立基层立法联系点制度。之后，全国人大常委会法工委于 2015 年、2020 年、2021 年、2022 年，分四批共设立了 45 个国家级基层立法联系点，覆盖全国 31 个省区市，带动省、市两级人大设立基层立法联系点 6 500 多个。2023 年新修正的《立法法》提出：“省、自治区、直辖市和设区的市、自治州的人民代表大会常务委员会根据实际需要设立基层立法联系点，深入听取基层群众和有关方面对地方性法规、自治条例和单行条例草案的意见。”党的二十大报告也指出：“健全吸纳民意、汇集民智工作机制，建设好基层立法联系点。”国家法律、党的文件都对人大立法联系点的工作做出了原则规定，为人大立法联系点建设提供了基本遵循。

第二，教师可提前布置任务，让学生搜集广西三江侗族自治县的相关资料，突出这一立法联系点的民族特色。基层立法联系点制度从无到有已历经 10 余年，联系点设置是“有讲究”的。比如，在上海市虹桥街道设点，主要考虑的是上海是国际大都市，外商投资企业云集；在广东江门市江海区设点，主要考虑的是其毗邻粤港澳大湾区且为中国著名侨乡。那么在广西三江侗族自治县设立基层立法联系点是基于怎样的考量呢？一方面，它是当年全国 10 家国家级基层立法联系点中唯一的民族自治县，也是广西唯一的“国字号”基层立法联系点；另一方面，三江侗族自治县位于桂湘黔三省（区）交界处，便于建立区域协同机制，共同反映民族地区群众的呼声。教师可通过视频、图片等对三江侗族自治县的地理环境、风土人情做一简单介绍，以帮助学生深入了解案例，增加课堂生动性和吸引力。

第三，广西三江侗族自治县作为国家级基层立法联系点中唯一的民族自治县，因其身份的特殊性对应“全过程人民民主”的多个知识点，如人民代表大会制度、民族区域自治制度、基层群众自治制度等。教师可以采取头脑风暴的方式，让同学对案例反映主题各抒己见，加深学生对相关知识点的认识和理解。比如：中国特色社会主义民主政治是党的领导、人民当家作主、依法治国的有机统一，人民当家作主是中国特色社会主义民主政治的本质特征，人民当家作主既有完整的制度体系又有生动的实践，等等。

第四，教师可以通过比较，帮助学生认识中国特色社会主义政治制度的优越性，在此可对民族区域自治制度这一基本政治制度的比较优势做一重点说明。世界各国处理民族问题的方法，大体上可分为“民族大熔炉”和“民族大拼盘”两种基本模式。比如美国政府不对族群（种族）进行法律、政治等实体方面的认可和标识，这有利于构建一个统一的美利坚民族和美国人身份认同，但这一政策不顾族群差异强调平等竞争，在表面公正的背后却是对落后族群利益的侵害，因此它并没有从根本上解决民族问题，也为各种社会问题的产生埋下了隐患。苏联是“民族大拼盘”模式的典型，它强化民族标识、突出民族性，把民族意识置于国家公民意识之上，虽然促进了民族地区发展，但由于没有从制度上解决国家认同问题，难以避免国家分裂的悲剧。与之对比，中华人民共和国成立后，探索建立的民族区域自治制度，既以单一制结构维护国家统一，又以民族区域自治促进民族地区发展，通过各民族共同繁荣促进民族团结，为人民当家作主和中华民族伟大复兴提供了制度保障，体现了民族政策的优越性。

总结提升建议

第一，坚持中国特色社会主义政治发展道路必须坚持党的领导、人民当家作主、依法治国有机统一（“三统一”）。党的领导是人民当家作主和依法治国的根本保证，人民当家作主是社会主义民主政治的本质特征，依法治国是党领导人民治理国家的基本方式。发展社会主义民主政治，就是要坚持国家一切权力属于人民，保证人民在党的领导下，依法实行民主选举、民主协商、民主决策、民主管理、民主监督，保证人民依法通过各种途径和形式管理国家事务、经济文化事业和社会事务，巩固和发展生动活泼、安定团结的政治局面。“三统一”是中国特色社会主义民主政治的集中体现，是适合我国国情的社会主义政治制度，我们要积极稳妥推进政治体制改革，不断推进我国社会主义政治制度的完善和发展。比如案例中，三江侗族自治县成立以县委书记、县长为双组长，人大常委会主任为常务副组长的基层立法联系点工作领导小组，以党的领导为基层立法联系点建设提供了根本保障。此外，三江侗族自治县“立法直通车”依托侗乡特色，积极畅通基层群众对国家立法意见、诉求的反映渠道，充分体现和保障了人民当家作主。同时，三江侗族自治县根据《全国人大常委会法制工作委员会基层立法联系点工作规则》，制定《三江侗族自治县基层立法联系点工作职责（试行）》等制度，为立法联系点建设提供了法律法规依据。正是因为坚持“三统一”才促进了三江基层立法联系点的发展，同时三江基层立法联系点的发展也进一步巩固了“三统一”。

第二，全过程人民民主是过程民主和成果民主的统一。任何民主的实现，都必须经历恰当的实现过程，离开了必要的实现过程，民主就成了只存在于想象中的“空中楼阁”。但是，仅仅有过程还不够，还要有结果，这样才能形成完整的民主运行闭环。在过程和流程上，全过程人民民主既重视民主选举，也重视选举后的治理，坚持把民主选举、民主协商、民主决策、民主管理和民主监督等环节贯通起来，把体现和维护人民利益落实到民主的各领域、各环节、全过程。在成果与结果上，全过程人民民主最大限度地寻求全社会意愿并找到最大公约数，进而达成社会共识，促进共同利益的实现。比如案例中，三江基层立法联系点听民声、察民意，让基层意见和声音更多更好地转化为立法建议，体现了决策民主；在村委会选举中宣传选举纪律，监督选举流程，保障了选举民主；依托“鼓楼议事”和“款坪讲款”等传统促进基层法治、德治与自治的融合，体现了协商民主和管理民主；通过建立区域协调机制，使接边各村寨、各领域有机贯通，相互协调和监督，体现了民主监督。三江基层立法联系点在“五大民主”方面的生动实践表现充分表明，全过程人民民主不仅从过程上保证了人民充分行使自己的民主权利，还从成果上维护了最广大人民的根本利益，做到了过程民主和成果民主相统一。

第三，全过程人民民主是程序民主和实质民主的统一。程序民主是指民主的实现形式和制度安排，强调民主的制度架构、运行机制和特定程序，也被称为形式民主。任何民主的实现都离不开相应的程序，程序是实现民主的必经环节，离开了必要的程序步骤，就谈不上是真正的民主。实质民主是指民主始终追求的价值目标。程序民主是实现实质民主的必要前提和基础，但忽视了实质民主，程序民主就会沦为华而不实的“花架子”。因此，判断一种民主的优劣，不仅要看民主设置的制度和程序，还要看这些制度和程序是否符合公平正义、是否起到了应有的民主效果。与西方民主片面强调程序民主不同，全过程人民民主不仅以完备的制度和程序保证人民享有平等、广泛的政治权利，而且还可以通过不断扩大民主参与，保证国家治理的高效、社会的和谐稳定以及人的全面发展。全过程人民民主之所以被视为更为优越的民主，正是做到了程序与实质的统一，即形式与内容的统一。比如，广西三江侗族自治县作为民族自治县基层立法联系点，体现了人民代表大会制度、民族区域自治制度、基层群众自治制度的融合，说明全过程人民民主具有完整且有机衔接的制度体系。而三江侗族自治县在组织、规章方面加强立法联系点建设，以民族形式吸引村民参与民主活动，充分说明人民当家作主不是一句空话，人民参政议政的载体不是摆设，基层群众的声音可以得到充分采纳。广西三江侗族自治县基层立法联系点的设立和建设体现了直接民主与间接民主的统一，也推动了民族地区的善治和发展。

第四，全过程人民民主是直接民主和间接民主的统一。在我国，公民有实现直接民主的各种途径和形式，最为典型的如基层群众自治制度。同时，我国也有各种形式的间接民主来保障人民的广泛权利，人民代表大会制度就是具有中国特色的间接民主形式。全过程人民民主强调根据参与的议题、规模、性质等选择和确定参与的方式是直接的还是间接的。通常在与群众利益直接相关且参与范围适当的议题上鼓励面对面直接交流沟通形成共识、解决问题。而在那些涉及人数较多、范围较广、需要有一定专业背景的议题上，则采取推选代表，由代表经群众授权开展民主参与的形式。人民代表大会制度是我国间接民主的主要形式，也是人民当家作主的重要途径，人民不仅有权选择自己的代表，而且随时可向代表反映自己的意愿和要求。人民代表大会制度作为我国根本政治制度，其设计、运行和实施，都体现了间接民主和直接民主的统一。案例中，三江侗族自治县人民代表大会是人民选举代表间接行使民主权利的方式，而全国人大常委会设立基层立法联系点，基层群众声音可以直达最高层，又是直接民主的体现。广西三江侗族自治县以基层立法联系点为依托，通过“多耶普法”促进换届选举工作进行，通过“款坪讲款”制定村规民约，实现了法治、德治、自治融合，也以直接民主和间接民主相统一促进了基层治理。

第五，全过程人民民主是人民民主和国家意志的统一。实现过程民主和成果民主、程序民主和实质民主、直接民主和间接民主、人民民主和国家意志相统一，是全过程人民民主的必然要求。这四对关系，前三对是讲民主的类别，第四对是讲人民与国家的关系。人民群众有各种各样的利益诉求，这些分散的个性化利益如何整合成公共利益、集体意志呢？一方面，我国民主发展坚持群众路线，将分散的民意从群众中汇集起来，通过民主集中制的工作机制转变为公共利益和国家决策，再将集中整合的决策推广到群众中去，“从群众中来”再“到群众中去”，一来一往，有效实现了民主的利益表达、利益调处。另一方面，我国人大系统、政府系统、政协系统、多党合作系统以及工青妇等群团系统将分散在社会不同阶层、不同领域、不同行业、不同区域的人民诉求进行收集整理，从制度化的渠道转变为公共意志、国家意志。案例中，基层立法联系点就是我国吸纳民意、汇集民智的重要途径。45 个国家级基层立法联系点，带动省、市两级人大设立基层立法联系点 6 500 多个，形成全覆盖的民意收集网络。这些来自基层的意见经过严格的立法程序被整合到法律法规中，真正实现了从“众意”向“公意”的转变，也实现了人民民主和国家意志的统一。

启示意义

系统观念是具有基础性的思想和工作方法，发展全过程人民民主需要坚持系统观念。广西三江县以民族传统推进立法联系点建设，实现了人民代表大会制度与民族区域自治制度的耦合，推进了法治与德治的融合，更在坚持党的领导、人民当家作主、依法治国有机统一的基层实践中推动了治理现代化。事实证明，在民族自治地方设立国家级基层立法联系点，起到了落一子而满盘活的系统效果，这也充分说明，全过程人民民主具有自我完善和自我发展的能力。只要我们坚持系统观念，从普遍联系、全面综合、发展变化的观点持续推进体制机制创新，就一定能促进适合我国国情的新举措不断涌现，推动中国特色社会主义民主政治不断发展成熟，展现我国民主和制度的优越性及实效性。

案例 17

“香山号”人大代表直通车开通了

核心阅读

广东省中山市在标准化建设人大代表联络站的基础上，开通“香山号”人大代表直通车，通过科学化布局、标准化建设、规范化履职、信息化赋能，以线上+线下、固定+流动的方式，打通了各级人大代表联系群众的“最后一公里”，解决了制约地方人大工作的“痛点”问题。“香山号”开创性践行全过程人民民主，其下辖火炬代表联络站获评广东省人大代表联络站示范站；其高质量推动人大工作，激发起中山人民团结奋斗的热情，为中山市和广东省全面深化改革，率先实现中国式现代化注入了澎湃动力。

广东省中山市，古称香山，是一代伟人孙中山先生的故乡，也是粤港澳大湾区重要的节点城市之一。为更好发挥人大积极作用，中山市开通了“香山号”人大代表直通车，通过科学化布局、标准化建设、规范化履职、信息化赋能，以线上+线下、固定+流动的方式，打通了各级人大代表联系群众的“最后一公里”。2023 年，“香山号”人大代表直通车火炬代表联络站获评广东省人大代表联络站示范站，“香山号”也成为创新性践行全过程人民民主的亮丽品牌。

科学化布局：扎根基层解难题

根据广东省《关于进一步推进全省人大代表联络站标准化规范化常态化建设的意见》，中山市稳步推进人大代表联络中心和站点室建设，基本形成以镇级中心联络站为主、村（社区）联络点为辅的代表联络机构网络。中山市横栏镇下辖十村一社区，按照“地域就近、方便召集”的原则，在原有一个镇级人大代表联络中心站的基础上，分别设立了10 个村级人大代表工作联络站，全镇各级人大代表分区域驻站服务群众。“原来我们老百姓有诉求必须往镇里跑。现在直接到村联络站，好多问题很快就能解决，真是太方便了！”在横栏镇贴边村代表联络站，可以看到一大摞人大代表联系群众的登记材料。材料里把代表及群众姓名、群众意见建议、处理方式、交办情况、办理结果、反馈时间、反馈方式、答复人等登记得清清楚楚。村级代表联络站建成之后，全镇进站群众人数大幅增长，反映的问题数量也大大增加。中山市接下来将进一步优化站点布局，尽量将联络站设在群众出入便捷的低楼层，方便残疾人、老年人等群体进站。同时，根据实际需要，将联络站建设延伸到企业、园区、重点项目等，扩大联络覆盖范围。

标准化建设：“固定+流动”联系群众

在固定的时间接待群众，听取意见建议，是每个人大代表联络站的标准工作模式。“香山号”人大代表直通车下辖的各联络站固定每月 15 日为人大代表接待日，每次安排不少于 2 名代表进站开展接待群众活动。驻站的省、市代表每年 100%进站接待群众，平均每位代表接待 4 次。人大代表联络站设在家门口，拉近了村民与联络站的“空间距离”，但“时间限制”仍然存在。一些人因为白天忙工作，不方便抽出专门时间到站反映问题或提出建议，“香山号”人大代表直通车便在夜间也接待群众，让群众反映问题更方便。在中山市有一档由中山人大微信公众号运营的栏目“回应市民”，固定每周六更新，聚焦市民关心的“小事”，可以说是为服务群众 24 小时不打烊的网上代表联络站。群众将自己关心的问题留言到这一栏目，负责栏目运营的市人大常委会有关部门会将群众意见转送到该群众所在镇区的人大跟进，并要求他们将办理情况在栏目中回复群众。为了推动解决群众反映的问题，各镇区人大接到栏目转来的群众意见后，都要组织所属代表联络站的代表就相关问题主动走访，倾听群众呼声。除了固定接待日和网上联系群众之外，“香山号”人大代表直通车还具有“流动”功能，经常组织人大代表进驻机关部门、村（社区）、重点园区、项目等，到工作生活一线听取群众的意见建议，反映群众心声，切实做到了“民有所呼、我有所应”。

规范化履职：保证民主实效

中山市人大常委会要求各联络站，在硬件标准化建设基础上进一步明晰工作流程，健全工作制度，对代表收集的群众意见建议，能够即时答复的，应当场予以答复；对需要转交处理的，应及时送交乡镇人大或转送有关单位研究处理，并将相关单位的办理情况及时反馈给群众；对不宜转交的，及时做好解释说明工作；形成“接待有登记、登记有处理、处理有结果、结果有反馈”的工作闭环。此外，中山市人大常委会要求各代表联络站每季度至少安排 5 次监督相关活动，通过站内“三听”、站外“三看”不断强化活动实效。所谓站内“三听”，一是听专业辅导，每次监督活动开展前，组织驻站代表听取活动的相关专业知识介绍，让代表参与监督有的放矢；二是听顾问意见，针对调研视察过程中发现的问题，聘请法律及行业顾问，为代表释法答疑，给出解决问题的相关建议；三是听部门汇报，组织开展人大代表约见国家机关负责人活动，听取负责人的工作情况汇报，更精准评价工作成效和提出优化的意见建议。站外“三看”，一是看整体情况，组织驻站代表开展专题调研活动，了解相关工作的总体安排、工作进度等情况；二是看建议落实，组织驻站代表开展专项视察活动，跟踪检查代表建议的落实情况，推动相关责任部门快速响应处理；三是看群众评价，组织驻站代表开展走访群众活动，进行满意度调查，听取群众对人大监督效果的评价。

信息化赋能：打造“香山号”创新品牌

为适应数字技术发展新趋势，推动“互联网+”在人大代表工作中的创新实践，中山市人大常委会构建“香山 E 号”人大信息化系统工程，为新时代发展全过程人民民主插上

“数字翅膀”。“香山 E 号”信息化系统涵盖香山 E 号网、香山 E 号发布、香山 E 号展示平台、香山号人大代表直通车、香山号人大讲堂。其中，香山 E 号网整合了中山人大网等六大既有系统，对接广东省统一身份认证平台等四大平台。通过平台统一管理，破解原有信息化系统存在的多头建设、分散管理、互通不畅、作用发挥不够等问题。香山 E 号适时宣传人大动态成果，推动各工作机构更广泛、更及时、更准确地发布履职动态，更好地宣传人大制度，讲好人大故事。香山 E 号展示平台通过数据可视化设计，多维度多层次展现新时代中山人大的新担当新作为。香山号人大讲堂，通过视频会议定期组织网上讲座，促进人大代表和干部学习交流。随着各个子系统的建成并投入使用，中山市人大常委会打造了一系列“香山号”人大工作新品牌，人大工作和人大代表联系群众的效率全面提升。

春风吹南粤，大潮起珠江。2023 年 4 月，习近平在广东考察时强调广东要全面深化改革，在推进中国式现代化建设中走在前列。“香山号”人大代表直通车推进并实现人大工作改革创新，以高速高效、排忧解困激发起中山人民团结奋斗的热情，以创新践行全过程人民民主为粤港澳大湾区发展和广东省率先实现中国式现代化注入澎湃动力。

思考讨论

1. 请结合案例回答，中山市“香山号”人大代表直通车听取人民群众意见建议的方式有哪些？

2. 发展全过程人民民主需要健全人民当家作主的制度体系，我国人民当家作主的制度保障有哪些？

3. 请结合案例阐述，为什么说全过程人民民主是最广泛、最真实、最管用的民主？

教学建议

本案例主要适用于第八章第二节“全过程人民民主是社会主义民主政治的本质属性”和第三节“健全人民当家作主的制度体系”部分的辅助教学。本案例主要展示的是广东省中山市开通“香山号”人大代表直通车，打破空间和时间限制，方便人大代表联系群众，促进民生改善的实践探索，体现了“全过程人民民主”是全链条、全方位、全覆盖的民主，中国发展全过程人民民主，既有完整的制度程序，也有完整的参与实践。

组织教学建议

第一，引导学生明确人大代表联络站建立的法律依据。我国宪法以及《地方各级人民代表大会和地方各级人民政府组织法》赋予了人大代表在闭会期间活动的权利和联系群众的义务。也就是说，人大代表必须密切联系群众，真正了解社情民意，也只有密切联系群众，才会把自己置于群众的监督之下，增强工作的责任感。2021 年，习近平在中央人大工作会议上也指出：“要丰富人大代表联系人民群众的内容和形式，拓宽联系渠道，积极回应社会关切，更好接地气、察民情、聚民智、惠民生。”中山市“香山号”人大代表直通车正是通过人大代表联络站软硬件建设，密切人大代表同人民群众的联系，展现出了新时代人大代表的风采。

第二，帮助学生明晰人大代表直通车和人大代表联络站的关系。案例中提到了人大代表直通车和人大代表联络站，两者间既有联系又有区别，明晰两者间的相互关系，有助于深入理解案例。广东省人大代表联络站建设开展的较早，2022 年全省就已建成 12 836 个联络站，打造了人民有序政治参与的重要载体。在全面铺开和标准化、规范化、常态化建设的基础上，广东省人大要求建设有本省特色的联络站样板站、示范站和标杆站。中山市开设“香山号”人大代表直通车正是体现“全天候联系群众”特色的标杆。也就是说，人大代表联络站是人大代表直通车的载体，人大代表直通车是在联络站基础上的系统构建，既包括线下联络站也包括线上平台，通过线上＋线下、固定＋流动等形式方便代表、群众、机构的相互联系。因此，人大代表直通车是一个品牌，其总体名称是“香山号”，其特色是“直通”的便捷性，其基础是线下数量众多的联络站，其优势在于系统性和整体性。2023 年，“香山号”人大代表直通车火炬代表联络站获评广东省人大代表联络站示范站，这一获奖联络站的名称就直观体现了直通车与联络站之间的“总-分”“特色-支撑”关系。

第三，通过理论比较，帮助学生认识我国民主及人民代表大会制度的优势。我国的人民代表大会制度体现了一种“代表型民主”，“代表型民主”的主体是广大人民群众。“代表型民主”代表的是人民的客观需求，而不是随意表达的要求或转瞬即逝的观点，这就要求各级人大代表不断深入基层，关注百姓变化着的需求。此外，在西方的“代议制民主”中，议员与民众的关系集中发生在竞选期间，一旦当选，具备了行使政治权力的正当性，议员便获得了自由裁量权，可以按照自己的意愿来代替选民做主，由此产生的社会政策往往不能反映民众的心声。与之相反，我国的“代表型民主”坚持群众路线，要求代表吸纳民意、汇集民智，如果代表失去选民或选举单位的信任，则可以罢免代表。从民主主体、客体以及关系等方面综合来看，西方的“代议制民主”是利用民主形式来实现精英统治，而我国的“代表型民主”则真正体现了人民当家作主。

第四，通过政体比较，引导学生树立制度自信。人民代表大会制度作为我国政体，其民主集中制的政权组织原则，与西方的三权分立具有显著区别。从“民主”层面来看，我国的人大代表机关是全世界规模最大的，全国人大代表有近 3 000 人，是世界之最，省级人大代表有 400～1 000 人，比许多国家的议会人数还要多。除了数量之外，在代表构成上，我国《选举法》规定应有适当数量的工人、农民和知识分子等基层代表、妇女代表等，体现了各阶层和群体直接参与政权的理念，这与西方议会被受过训练的特殊阶层所霸占明显不同。从“集中”层面来看，我国宪法明确全国人大是最高国家权力机关，地方各级人大是地方国家权力机关，同级行政、监察、审判、检察机关都由人民代表大会产生，充分体现一切权力属于人民的原则。从制度运行层面来看，一方面，我国在县级以上人大设立人大常委会，保证人大机关的议事能力；另一方面，在镇街及村居片区设立代表联络站，强化人大代表与群众的联系；以上下联动实现民主广泛性与议事充分性之间的平衡。通过政体比较可以帮助学生认识人大代表联络站设立的背景、作用与意义，明晰我国根本政治制度的设计与运行机制，增强青年学生的制度自信和认同感。

总结提升建议

第一，全过程人民民主实现了直接民主与间接民主的统一。直接民主和间接民主是按照参与方式不同而划分的两种民主形式，直接民主是指人民亲自参与治理，间接民主是指人民选举代表代为行使权力。在我国，人民通过选举代表组成各级人民代表大会间接行使国家权力，也通过基层群众自治制度直接管理社会事务。除此之外，我国的人民代表大会既是具有中国特色的间接民主形式，其本质上也包含着直接民主的理念和制度设计。从代表构成上，各级人大都有相当数量的基层代表，特别是工人、农民和知识分子代表，体现了人民群众直接行使国家权力的特点；从制度设计上，人民代表大会兼有常设机关和执行机关，国务院以及各地政府首先是人大的执行机关，然后才是国家的行政机关，体现了人民直接参与和管理政权的特征；从制度运行来看，人民代表大会开展各项工作，都需要广泛听取社会各方面意见，人民随时可以向代表反映自己的意见建议，而且有权对代表实施监督，有权依法撤换或罢免那些不称职的代表。比如案例中，中山市开通人大代表直通车，有效整合资源，为人大代表联系群众提供了便捷通道，使人民可以及时有效地提出问题、发表意见，直接参与管理和决定基层自治事务。中山市人大的探索为人民选举代表行使国家权力和直接参与国家管理提供了有效途径，充分证明了全过程人民民主是直接民主与间接民主的统一。

第二，全过程人民民主是最广泛、最真实、最管用的民主。广泛可理解为全面性，即民主参与的流程和程序不断链，民主参与的主体和形式不缺位，民主实践的领域和范围无盲区；真实体现在我们强调在党和国家大事上汲取人民智慧的参与性，重视群众身边小事、尊重人民创造的实时性，发扬基层协商民主的创新性；管用说明全过程人民民主是适合中国国情的有效民主形式，具有满足人民对美好生活的需求，调节国家政治关系，保证国家政治生活秩序，巩固党全面领导和长期执政等功能。因此，民主不是装饰品，不是用来做摆设的，而是要用来解决人民需要解决的问题的，全过程人民民主是能够解决各种现实问题的有效民主。比如，中山市已建成以镇级中心联络站为主，村（社区）联络点为辅的代表联络机构网络，以机构全覆盖体现了民主的广泛性；代表联络站听取民意不仅“起早”还“贪黑”，不仅可以“站内接待”还可以“网上下单”，体现了民主的真实性；通过“回应市民”栏目，中山市火炬开发区接收群众投诉，区人大办进行回复，推动了基层民生实事的解决，体现了民主的有效性。“香山号”人大代表直通车火炬代表联络站获评广东省人大代表联络站示范站正是对其创新性践行全过程人民民主，有效解决人民群众面临困难和问题的肯定。

第三，人民代表大会制度是实现我国全过程人民民主的重要制度载体。人民代表大会制度是符合中国国情和实际、体现社会主义国家性质、保证人民当家作主、保障实现中华民族伟大复兴的制度设计。在中国实行人民代表大会制度，是中国人民在人类政治制度史上的伟大创造，是深刻总结近代以来中国政治经济社会惨痛教训得出的基本结论。中国共产党从成立之日起，就把人民民主写在自己的旗帜上，人民代表大会制度正是坚持中国共产党领导、适应人民民主专政的国家政权组织形式。自确立人民代表大会制度以来，我国坚持把人民群众满意不满意作为检验人大工作成效的根本标尺，各级人大及其常委会依法履行职权，国家权力机关作用得到充分发挥；各级人大代表密切联系群众，人民有序政治参与不断扩大；我们要不断丰富人民代表大会制度实践，以全过程人民民主理念指导人大改革创新，以高质量人大工作为实现全过程人民民主提供制度保障。比如案例中，广东省高度重视人大工作，在全省设立人大代表联络站，促进了人大代表同人民群众的联系，充分体现了全过程人民民主的广泛性、真实性和管用性。中山市进一步以全过程人民民主理念为指导，将人大联络站升级为人大直通车，拓展人大代表与群众联系的广度和深度，让群众能更加便捷地反映诉求，有效推动了基层民生实事的解决。人民代表大会与全过程人民民主相互成就，充分体现了中国特色社会主义民主理论与制度的显著优势。

第四，全过程人民民主具有强大的生命力。全过程人民民主是近代以来党团结带领人民长期奋斗的历史逻辑、理论逻辑、实践逻辑的必然结果，在文化基础、理论基础、实践基础、制度基础等各方面都深深扎根于中国社会土壤，这是其具有旺盛生命力的外在源泉；全过程人民民主坚持发展为了人民、发展依靠人民、发展成果由人民共享，深深植根于人民之中，这是其具有旺盛生命力的内在根源；在全面建设社会主义现代化国家新征程中，我们要高质量加强民主建设，把人民当家作主具体地、现实地体现到党治国理政的政策措施上来，具体地、现实地体现到党和国家机关各个方面、各个层级工作上来，具体地、现实地体现到实现人民对美好生活向往的工作上来，推动全过程人民民主展现出更加旺盛的生命力。中山市发扬“敢为人先”的改革精神，进一步健全民主制度、丰富民主形式、拓宽民主渠道，既推动了人民代表大会制度不断发展和完善，又为现代化建设提供了精神动力和凝聚力，使人民当家作主更加具体生动，这也是全过程人民民主旺盛生命力的生动体现。

■ 启示意义

只有全面深化改革才能推进中国特色社会主义民主政治不断发展和完善。改革源于问题，改革的目的是解决问题，抓住问题就找到了实践前进的突破点，也就找到了制度创新的生长点。广东省人大在全省设立人大代表联络站，解决了人大代表联系群众不足这一“痛点”问题；中山市人大在联络站基础上建立人大代表直通车，进一步解决了人大代表联系群众的“时间限制”问题；正是把解决实际问题作为打开工作局面的突破口，才实现了广东省和中山市人大工作的创新和高质量发展。新时代新征程，我们要坚持问题导向，不断推进中国特色社会主义民主政治制度化、规范化、程序化，不断把制度优势转化为治理效能，以创新性践行全过程人民民主为中国式现代化建设提供制度保障。

案例 18

人民法庭，把司法温暖送到群众心坎上

核心阅读

法治是治国理政的基本方式。人民法庭是基层人民法院的派出机构，也是我国审判体系的“神经末梢”，更是人民群众在家门口感受司法公平正义、享有社会主义法治成果的宝贵平台。人民法庭如同满天星斗，散落在广袤的乡村和城镇。人民群众需求在哪里，司法服务就跟到哪里，从陕北小镇到长江岸边，从家庭纠纷到邻里关系，从传统的“马背法庭”到新时代的“车载法庭”“指尖法庭”，处于司法为民最前沿、化解矛盾第一线的人民法庭，为保障公平正义、维护社会稳定写下生动注脚，让人民群众第一时间感受到司法的力度与温度。新征程上，人民法庭步履不停，延续传递着温暖人心的法治温度、誓死捍卫的法治信仰，在法治沃土上默默耕耘，将法治理念深埋在百姓心中，让法治中国绽放出满园春光！

党的十八大以来，全国法院着力夯实基层基础。人民法庭立足审判职能，通过案件审理、多元解纷以及服务基层社会治理等方式，用一个个脚印践行着司法为民的初心使命，用一次次苦口婆心的劝解为人民群众排忧解难，用一份份公正严肃的判决让人民群众感受到公平正义。

截至 2021 年底，全国实际运行的人民法庭有 9 654 个，其中乡村法庭有 6 028 个、城区法庭有 1 288 个、城乡结合法庭有 2 338 个。依托“车载法庭”“马背法庭”“背包法庭”……人民法庭广泛开展巡回审判，打通司法服务“最后一公里”，仅在 2021 年就审结案件 510 万件，法官人均办案达 230 件，不少地方超过 300 件……

倾情耕耘为乡亲排忧解难

文安驿，一座陕北千年古镇。当清晨的第一缕阳光，照亮北山上的烽火台，山脚下的这座小镇，在睡梦中逐渐醒来。穿镇而过的小河南岸，文安驿法庭一天忙碌而紧张的工作开始了。

一大早登门的，是年近八旬的王大娘。原来，老人家膝下有 5 个子女，老伴儿去世后，子女们因为家庭矛盾闹掰了，老人的赡养问题也被抛在了一边。案件受理后，办案法官经过一番周折，终于让不相往来的一家人“团聚”了。让他们意外的是，见面的场所并不是庄严的法庭，而是针对家庭纠纷精心设置的家事审判室。在温馨的氛围中，一家人坐在一起，慢慢敞开了心扉。经过法官几小时的调解协商，一家人终于冰释前嫌。王大娘的养老问题有了着落，她紧皱的眉头终于舒展开来。“你们忙前跑后，不知磨了多少腿把子、费了多少嘴皮子！”王大娘激动地握紧了法官的手说。

作为陕西省延川县人民法院的派出法庭，文安驿法庭是 3 万多乡亲们“家门口”的法庭。法庭坚持“深入群众、服务群众”，传承弘扬“马锡五审判方式”和新时代“枫桥经验”，把司法的温暖送到群众的心窝里。

和文安驿法庭一样，从陕南秦岭腹地到陕北黄土高原，从汉江两岸到渭水之滨，陕西全省 400 多家人民法庭扎根基层、厚植乡情，在三秦大地写下对法治的忠诚。

小案件心系大民生

作为派出法庭，婚姻家庭、民间借贷、交通肇事和土地承包租赁等“小案件”占总体办案量的大多数。然而小案件往往距离老百姓更近，也更能直接影响群众的司法获得感。

铜陵市郊区人民法院江北人民法庭坐落在安徽省铜陵市郊区灰河乡，与长江岸边直线距离大约 3 公里，从位于江南的郊区人民法院本部到这里需要 40 分钟车程。法庭主要服务江北的灰河、老洲、陈瑶湖和周潭等 4 个乡镇。

江北人民法庭扎根乡村，所在区域也有大型国有农场，土地流转十分活跃。2023 年中秋前后，涉及 4 家养殖户的系列土地承包经营权纠纷化解工作有序开展。由于该系列案件牵涉历史遗留问题和农户切身利益，为彻底化解矛盾争议，江北人民法庭及时对接基层解纷力量：承办法官实时与养殖户保持沟通以安抚情绪，全程积极协同乡镇政府、村委会和人民调解员工作并给予必要的法律指导，提升当事群众对法庭工作的接受度与信任感。土地租赁合同到期、儿女们如何照顾 80 岁的老母亲、集体经济组织资格认定、亲兄弟分家等纠纷，仅靠一纸判决很难搞定。江北人民法庭与当地基层政府、村（居）民委员会、法律服务所和人民调解委员会衔接联动，妥善化解涉农、婚姻家庭、交通肇事等类型化纠纷，携手在文明乡风的沃土上悉心耕耘。

“你们要是上班不太方便，那就中午抽空在法庭碰个面，把小朋友的爷爷奶奶也带来，一起聊聊。”小张的父母离婚后各自重组家庭，正是上学的阶段，小张的抚养费却落了空。江北人民法庭的法庭干警明确告知小张父母，任何借口都不能成为长期疏离孩子的理由。鉴于小张的父母平时忙于工作，承办法官利用中午时间开展法庭调解，并邀请家中长辈参与，缓解双方对立的紧张情绪，最终促成和解，小张的抚养费即时到账。江北人民法庭的设立初衷之一就是方便群众参与诉讼，开展午间法庭就是要实现与正常作息的“错峰”，让当事群众能在有空有闲的时间段静心应诉。

永不消逝的“马背法庭”

法官骑着马，背着干粮，跋山涉水，来到草原牧区、田间地头，将一个个矛盾纠纷就地化解，这是曾经闪耀在青海高原牧区的“马背法庭”。时代变迁，如今，随着经济、交通和技术发展，“马背法庭”的形式不断丰富、拓展、延伸——从马背到车载，从指尖诉讼到掌上办案……“马背法庭”在传承中创新，在创新中发展，不断创造新形式，注入新内容。

果洛藏族自治州玛多县，平均海拔超 4 500 米，是青海省海拔最高、气候最恶劣的县。牧民长期“逐水草而居”，鲜与外界接触，过去遇到各类纠纷，多寻求中间人解决。就地立案、就地审理……特殊地域环境下，玛多县人民法院建院初期就成立了“马背法庭”，法官骑马下乡入村，把法庭“搬”到牧民的帐篷前，及时受理与群众生产生活相关的赡养、抚养、婚姻、财产纠纷等案件，方便群众诉讼，“马背法庭”由此成为草原上一道亮丽的风景线。

霜降过，值晚秋，三江源腹地已进入冬天，一片冰天雪地。天刚蒙蒙亮，果洛藏族自治州玛多县人民法院院长钱快乾带着法官、书记员一行 7 人开上巡回审判车出发了。临行前，钱快乾又一次嘱咐大家把打好包的办公用品及帐篷、睡袋、防潮垫、衣物、锅碗瓢盆等物品检查一番，这是他们每次去巡回办案都要做的准备。今天巡回审判法庭要去的是距玛多县县城 200 公里的扎陵湖乡勒那村，办理一起邻里矛盾纠纷案件，并借机开展普法宣传。

这起邻里矛盾起因是 10 多年前牧民叶某私自将邻居华某冬窝草山处的铁丝网围栏取走并围在自家牛圈，华某发现后与叶某交涉，叶某承认并承诺恢复原状，可多年过去后叶某一直不依约履行，虽经村调委会和乡政府、司法所调解，叶某也仅恢复了部分围栏，眼看今年冬季到来，华某无奈下一纸诉状将叶某告上法庭。考虑两人居住偏远，前往县城打官司不方便，玛多县人民法院组成巡回办案小组开始了巡回办案之旅。经过 4 个多小时的颠簸，才到达目的地。起初听说法官要到村上办案，叶某还有些不敢相信，当看到审判车开到了家门口，叶某感受到了“压力”。在法官实地丈量、主持调解下，叶某认识到自己的错误，表态于 2023 年 12 月 31 日前恢复其拆除及因拆除而损坏的华某冬季草场铁丝网围栏约 720 米。双方达成调解协议，握手言和，至此，困扰华某多年的“麻烦事”有了实质性进展。

截至 2023 年 11 月，青海 6 个涉藏自治州都有了巡回审判车。曾经，“马背法庭”的马蹄踏破牧区法治冻土，如今，滚滚车轮驶入草原法治春天。新时代的“马背法庭”把无声的承诺和坚守，司法为民的初心和使命绘成茫茫草原上又一道亮丽的风景线。

小案件里不仅有大民生，也有老百姓对公平、公正的强烈期待。为了回应这份期待，人民法庭的法官们风雨无阻奔走在乡村、田间、草原，把法庭送到老百姓的家门口，他们常怀“如我在诉”的情怀，传递中国司法的温度，满足人民群众的多元司法需求，用忠诚坚守谱写了“司法为民、公正司法”的时代赞歌。

思考讨论

1. 人民法庭是司法系统的“神经末梢”，也是依法治国的前沿阵地。结合案例，你认为人民法庭在中国特色社会主义法治建设中发挥了怎样的重要作用？

2. 2020 年 11 月，习近平在中央全面依法治国工作会议上对司法为民提出了新要求：“深化司法责任制综合配套改革，加强司法制约监督，……健全社会公平正义法治保障制度，努力让人民群众在每一个司法案件中感受到公平正义。”结合实际谈谈为什么在中国特色社会主义法治建设中必须坚持以人民为中心。

3. 新中国成立以来第一个关于法治中国建设的专门规划——中共中央印发的《法治中国建设规划（2020—2025 年）》，提出要“积极引导人民群众依法维权和化解矛盾纠纷，坚持和发展新时代‘枫桥经验’”。如何理解新时代“枫桥经验”在法治建设中的积极意义？

教学建议

本案例主要适用于第九章第一节“坚持中国特色社会主义法治道路”部分的辅助教学。案例介绍了人民法庭充分发挥自身的特色优势有效开展司法实践，坚持公平公正调处纠纷，把矛盾化解在基层，解决在萌芽状态，为保障公平正义、维护社会稳定写下生动注脚，让人民群众第一时间感受到司法的力度与温度。人民法庭的司法实践是对习近平法治思想的生动诠释，彰显了中国特色社会主义法治道路的人民立场，也是建设社会主义法治国家的重要推动力。

组织教学建议

第一，本案例适用于总结提升环节。教师在对“坚持中国特色社会主义法治道路”这一教学内容进行系统讲解后，可以引入本案例开展案例教学。“坚持中国特色社会主义法治道路”这一节的教学内容主要围绕全面依法治国的本质内涵、道路选择和需要统筹处理的几组重大关系等问题展开，其中，一个教学重难点就是“中国特色社会主义法治道路，是全面依法治国的唯一正确道路”。要理解中国特色社会主义法治道路的科学性和先进性，就要从富有中国特色的法治实践入手，案例介绍的人民法庭及其开展的司法实践就是中国法治建设的成功探索，是立足于中国法治建设的现实需求，尤其是以满足人民群众对法治的需求而确立实施的一项制度安排。通过案例分析，可以让学生将对中国特色社会主义法治理论的学习与法治中国建设的成功实践有机结合，从而强化走中国特色社会主义法治道路、坚持全面依法治国的法治意识。

第二，教师应对案例内容进行适当补充和拓展。案例介绍了人民法庭秉持“司法为民”理念开展司法实践的情况，想让学生以人民法庭为切入点来了解中国特色社会主义法治建设的道路选择、指导思想和特色优势，这就有必要对人民法庭建设发展情况做出补充介绍。最高人民法院历来重视人民法庭建设，1999 年发布了《关于人民法庭若干问题的规定》，2005 年印发了《关于全面加强人民法庭工作的决定》，2014 年印发了《关于进一步加强新形势下人民法庭工作的若干意见》，2021 年印发了《关于推动新时代人民法庭工作高质量发展的意见》。根据新形势新任务，最高人民法院结合人民法院审判工作实际，不断对人民法庭制度进行改革和完善，在司法实践中发挥了不可替代的重要作用。处于为民解纷的第一线，人民法庭妥善处理了大量征收征用、劳动争议、婚姻家庭、民间借贷等领域的矛盾纠纷。2016 年至 2021 年，全国人民法庭审结案件 2 537.7 万件，约占基层法院结案总数的 25%。通过这些补充介绍，可以帮助学生深化对案例内容和教学主题的认识。

第三，教师应组织学生围绕案例进行课上讨论交流。人民法庭制度由来已久，也形成了很多成功经验和典型案例，教师可以请学生结合实际和自身情况来介绍其所了解的关于人民法庭的情况。案例中提到的新时代“枫桥经验”就是中国法治建设的一个重要创新，是推动提升矛盾纠纷预防化解法治化水平，促进诉源治理、社会治理、国家治理的重要实践。2022年中央一号文件《中共中央 国务院关于做好2022年全面推进乡村振兴重点工作的意见》，提出要“推进更高水平的平安法治乡村建设。创建一批‘枫桥式公安派出所’、‘枫桥式人民法庭’”。据此，最高人民法院推动建设了一批“枫桥式人民法庭”，课上可以组织学生围绕案例内容进行充分的交流讨论。

第四，教学中可以运用相关的影视资料来辅助开展教学。为了让学生更直观生动地了解人民法庭的工作方式、工作内容和显著优势，教师可以组织学生在课下观看由中央广播电视总台社教节目中心《法治深壹度》栏目联合最高人民法院新闻局在2022年11月推出的6集基层法院全景式纪实节目《人民法庭》，6集的片名分别为《茶馆调解・船头审判》《老庭长上门・新机制发力》《利长远・解近忧》《专业法庭・特色服务》《调解护亲情・审判保环境》《服务乡村振兴・守护公平正义》，全面展现了人民法庭在新时代法治建设中的重要作用。通过观看上述影视材料，有助于学生深化对人民法庭的了解，进而深化对中国特色社会主义法治道路的理解。

总结提升建议

第一，人民法庭是维护基层稳定、保障公平正义的桥头堡，也是推进社会治理、服务乡村振兴的最前沿。党的十八大以来，以习近平同志为核心的党中央高度重视法治建设。习近平总书记围绕全面依法治国发表了一系列重要论述，为建设中国特色社会主义法治体系、建设社会主义法治国家指明了方向。以此为指导，人民法庭建设不断提质增效。作为基层法院的延伸，人民法庭在基层政权建设和基层社会治理中具有得天独厚的优势，在助力基层法治社会建设实践中具有显而易见的优越性。近年来，人民法庭进乡村、进社区、进网格，主动融入城乡基层社会治理体系，多元化纠纷解决机制蓬勃发展，极大提升了基层社会治理法治化水平。因此，全面加强人民法庭建设，对于维护社会大局稳定，促进社会公平正义，保障人民安居乐业，都具有十分重要的意义。案例介绍的位于陕西、安徽和青海等地的人民法庭，及时受理与群众生产生活相关的赡养、抚养、婚姻、财产纠纷等案件，以最快的速度、最便捷的方式化解矛盾纠纷，为巩固基层政权、维护社会和谐稳定做出了重要贡献，为提升国家治理尤其是基层治理体系的现代化水平注入新鲜活力。因此，必须推动人民法庭继续发挥其特色优势，在法治轨道上全面建设社会主义现代化国家。

第二，全面推进依法治国，必须坚持走中国特色社会主义法治道路。方向决定前途，道路决定命运。习近平曾指出：“全面推进依法治国，必须走对路。如果路走错了，南辕北辙了，那再提什么要求和举措也都没有意义了。”在长期的社会主义法治探索基础上，我们党领导人民走上中国特色社会主义法治道路，这是全面依法治国的唯一正确道路，其本质是中国特色社会主义道路在法治领域的具体体现。这条道路的核心是要坚持党的领导，坚持中国特色社会主义制度，贯彻中国特色社会主义法治理论，这三个方面规定和确保了中国特色社会主义法治体系的制度属性和前进方向。案例中介绍的人民法庭建设，既彰显了党对法治建设的领导核心作用，通过开展能动司法为推进全面依法治国、依法保障人民权益提供助力；也诠释了中国特色社会主义法治理论的深刻内涵，为继续坚定不移走中国特色社会主义法治道路提供了强大动力。

第三，以人民为中心是中国法治现代化的根本立场。中国法治现代化，是中国共产党领导人民在伟大社会革命进程中创造出来的植根中华大地、推进法治变革的自主型现代化法治新路，蕴含独特的内在逻辑与法权要求。习近平强调："全面依法治国最广泛、最深厚的基础是人民，必须坚持为了人民、依靠人民。"坚持以人民为中心，是中国法治现代化区别于西方法治现代化的根本所在，是坚定不移走中国法治现代化道路的根本立场。案例中介绍的玛多县人民法院通过巡回法庭的形式，就地受理、就地调解、就地开庭、就地宣判、就地回访、就地接访，创新"巡回审判车载法庭""网上法庭""科技法庭"等模式，在虫草、枸杞出产季节建立"特产品买卖巡回审判（调解）工作点"，因地、因时制宜解决纠纷，将"马背法庭""车载法庭""网上法庭"变成老百姓家门口的法庭，这就是对以人民为中心法治立场的最好诠释，就是对为了人民、依靠人民、造福人民、保护人民法治理念的最好践行。

第四，新时代"枫桥经验"，是习近平法治思想在基层治理领域的生动运用和实践。1963 年，浙江诸暨枫桥镇的干部群众在社会主义教育运动中，创造了"枫桥经验"。毛泽东同志批示"要各地仿效，经过试点，推广去做"，此后"枫桥经验"逐步在全国推开。党的十八大以来，在以习近平同志为核心的党中央的坚强领导下，通过理论和实践上的全面创新发展，形成了新时代"枫桥经验"，这是马克思主义理论与中国基层治理实践相结合的璀璨结晶，也是习近平新时代中国特色社会主义思想的重要组成部分。具体到新时代"枫桥经验"在法治领域的实践，强调用法治思维和法治方式化解矛盾，推动基层纠纷源头化解，把发动群众化解矛盾和依靠群众实现自治的"前哨阵地"扎在基层。加强新时代人民法庭工作是加强基层政权治理能力建设的重要环节，因为人民法庭作为基层法院的派出机构，是人民法院的最基层单位，既处在践行司法为民的最前沿，也处在化解矛盾纠纷的第一线，在创新社会治理中承担着重要职责。以案例介绍的各种类型的人民法庭为代表，全国近万家人民法庭坚持和发展新时代"枫桥经验"，前移工作支点，整合解纷资源，深入调查研究，实现"小力"化纠纷、"巧力"解难题，推动形成调解工作新格局，诉源治理成效显著。"枫桥式人民法庭"的创建便是人民法院贯彻强基导向、推动人民法庭高质量发展的一项重要举措。

■ 启示意义

"法者，治之端也。"进入新时代以后，围绕全面推进依法治国、努力建设法治中国，习近平总书记提出了一系列新思想新观点新论断新要求，丰富和发展了中国特色社会主义法治理论，也为推进国家治理体系和治理能力现代化指明了根本路径和努力方向。以此为指导，作为法治中国的宏伟蓝图中连接司法与民众桥梁的人民法庭，深入践行新时代"枫桥经验"，不断探索司法为民的新路径新方法，助力基层治理现代化呈现新面貌、新风采，也让人民群众在每一个司法案件中都感受到公平正义。在以中国式现代化全面推进中华民族伟大复兴的新征程上，必须坚持以习近平法治思想为指导，继续全面推进依法治国，坚定不移走中国特色社会主义法治道路，紧紧围绕建设中国特色社会主义法治体系、建设社会主义法治国家这个总目标，为中国式现代化提供更高水平的法治保障。

案例 19

守住三苏文化的千年根脉

核心阅读

神韵，增添了中国人民和中华民族内心深处的自信和自豪。三苏文化是中华优秀传统文化中耀眼的明珠，其所蕴含的文明底蕴，所承载的家国情怀，所表达的哲思文意，所呈现的智慧神韵，光芒穿透历史，思想跨越时空，历久弥新。作为三苏故里，四川省眉山市始终把保护传承三苏遗址遗迹、相关文物以及非遗项目作为重点工作，并以此为载体，推进三苏文化的保护与发展，在传承与创新中让三苏文化遗产"活起来"，为创造中国式现代化的文化形态提供丰富的文化资源、历史资源和精神资源。新时代新征程，我们要充分认识、深入挖掘、大力弘扬中华优秀传统文化的磅礴力量和时代价值，坚定中国特色社会主义文化自信，让中华文脉绵延赓续，让文明薪火代代相传。

5 000 多年的中华文明，积淀着中华民族最深层的精神追求，凝聚着华夏儿女的勤劳与智慧。2022 年 6 月 8 日，习近平在四川省眉山市考察时指出，一滴水可以见太阳，一个三苏祠可以看出我们中华文化的博大精深。我们说要坚定文化自信，中国有"三苏"，这就是一个重要例证。总书记以高瞻远瞩的战略眼光、清醒勇毅的历史自觉、深沉坚定的文化自信为我们深刻揭示了三苏文化在中华文化史上的重要地位，科学阐释了三苏文化与坚定文化自信的辩证关系，为我们打开了传承弘扬三苏文化的全新思路。

保护好三苏文化的古迹遗址

位于四川省眉山市中心城区的三苏祠，是北宋著名文学家苏洵、苏轼、苏辙的故居。祠堂建在三面环水的一座半岛上，坐北朝南，在一中轴线上组成三进四合院。元代改宅为祠，明末毁于兵火，清康熙年间在原址上模拟重建。经过历年添修，三苏祠历岁月沧桑而风采依旧，现占地百余亩，红墙环绕，绿树葱郁，是蜀中久负盛名的名人祠堂和古典园林。

由前厅、飨殿、启贤堂、来凤轩、东西厢房及长廊构成的院落环水而居，完美呈现出一座"三分水、两分竹"的岛居园林。千年古井、黄荆古树、苏宅丹荔等宝贵遗存，无声地诉说着三苏的生活点滴和淳厚的家风家教。

从三苏祠正门进入，穿过银杏树下的甬道，步入前厅。“一门父子三词客，千古文章四大家。”前厅门枋上的这副对联高度评价三苏在文学史上的地位及卓越的文学成就，也书写着传颂千年的文化传奇。三苏祠的青砖黛瓦、文物文献无不镌刻着悠悠历史。历经千载，三苏祠所孕育的三苏文化早已成为眉山的文化标识和宝贵财富，大诗人陆游曾在此写下“孕奇蓄秀当此地，郁然千载诗书城”的名句。

截至2023年10月25日，三苏祠年内接待游客133.56万人次，较2022年同期增长539.66%。三苏的生平、成就和家训家风，越来越深刻、越来越广泛地影响着生活在这里的人们和来自天南海北的游客。前厅、飨殿、启贤堂、来凤轩……游客们沿着总书记考察时的足迹，漫步在三面环水的悠悠古祠中，驻足在意味深长的匾额楹联前，探寻着三苏文化的千年根脉。

传承好三苏文化的精神内核

作为中华优秀传统文化的瑰宝，三苏文化不仅有千年文脉的赓续、良好家风家教的涵养，更有治国理政的智慧。

三苏祠飨殿正中檐柱上有清代云南的丽江市拔贡杨庆远任眉州州判时于光绪十九年（1893年）撰写的长联：宦迹渺难寻，只博得三杰一门，前无古，后无今，器识文章，浩若江河行大地；天心原有属，任凭他千磨百炼，扬不清，沉不浊，父子兄弟，依然风雨共名山。这副斑驳的对联，默默讲述着三苏浓墨重彩的人生经历，高度赞扬了三人的人品和文品。

三苏文化的基调是满溢的家国情怀。三苏祠的大殿正中有一块巨大的匾额，上书“养气”两个大字，取义“养吾浩然之气”，彰显了三苏深厚的家国情怀。三苏不仅在文学史上成就卓著，而且也曾是为政一方的地方官。苏辙在《新论下》中提出了“君子为国，正其纲纪，治其法度”的为政理念。

苏轼一生经历了北宋五朝，最高官至三品，先后担任过30多个官职。从政期间，辗转奔波于各地，足迹踏遍大半个中国。他执着地坚守着儒家自我实现的理想。杭州治理西湖，勇战疫情；密州迎战蝗灾，收养弃儿；徐州抗洪守城，寻煤找炭；惠州引泉入城，筹资建桥；儋州改进民风，教化百姓……这些脚踏实地的从政实践生动诠释了其自小立下的“奋厉有当世志”“致君尧舜”的雄心大志。正如他在潮州韩文公庙碑中所说：“浩然之气，不依形而立，不恃力而行，不待生而存，不随死亡矣。”这种根植于心的浩然之气，正是苏家人自小涵养的家国情怀。

苏轼一生对中华优秀传统文化开放包容、兼收并蓄，并通过自己丰富的实践在各个领域开拓创新。他不仅在诗词、书法、绘画方面出类拔萃，而且在医药、烹饪、水利等方面也成就卓著。千百年来，历朝历代的人都能从他的诗词文章、书法作品乃至处世之道中汲取力量。

漫步在三苏祠内，不仅能感受悠悠古祠的历史韵味，还能聆听三苏故事，感受读书正业、孝慈仁爱、非义不取、为政清廉的苏氏家风。三苏文化是中华民族优秀家风、家教、家训的代表，苏门“读书正业、孝慈仁爱、非义不取、为政清廉”的好家风代代传习，苏轼母亲程夫人“不发宿藏”“不残鸟雀”的家教典故口口相传，滋养了一代又一代眉山儿女。

讲述好三苏文化的时代故事

多年来，眉山始终坚持以文塑城、以文化人、以文兴业，着力打造三苏文化传承发展中心，建设全球苏学研究高地、优秀传统文化教育基地、知名人文旅游胜地，让三苏文化被更多人了解和认可。

“雨洗东坡月色清，市人行尽野人行。莫嫌荦确坡头路，自爱铿然曳杖声。”课间，眉山东坡小学的运动场上传出琅琅的诵读声，同学们一边朗诵东坡诗词，一边做着广播体操。抬手、扭胯、脚步交叉……“小东坡”们有节奏地舞动着身体，一会儿双手举在胸前，化身手捧“诗书”的古典小诗人，一会儿又旋转跳跃，成了舞动拉丁、爵士的时尚小达人。这是东坡小学自创的“东坡诗词操”，诵读录音由学生完成，体操动作是在专家指导下编创的，既有古典的韵味，又符合体育运动规律，有力推进了东坡文化在青少年中的传播。

眉山乃至四川各地，都十分重视从三苏文化中汲取养分，先后制作了《三苏家风蕴清廉》《功废于贪　行成于廉》等专题片，编印了《三苏家风家教》《清廉东坡》等教育读本，依托公园、绿道等建设户外家风家教基地，引导广大干部群众传承三苏家风，以优良家风涵养清朗党风政风社风。

眉山还常态化地开展“诵东坡 爱眉山”“跟着东坡去研学”“苏娃快乐成长营”等东坡文化进校园、进机关、进社区、进农村、进家庭、进企业活动，持续深入打造三苏文化传承活动品牌，不断扩大三苏文化的传播力和影响力。借助多样化平台，眉山积极打造三苏文化“超级 IP”，如音乐剧《苏东坡》、话剧《苏东坡》开展全国巡演，纪录片《千古风范苏东坡》、动画片《少年苏东坡传奇》在多个平台展播，电影《苏东坡》、舞剧《东坡》、话剧《苏母传》等项目正在加快推进。这些文化产品让三苏文化“活起来”“火起来”，更加生动地走入人们的生活。

2023 年 6 月，眉山发布了《三苏文化（东坡文化）保护传承弘扬规划》，对保护传承弘扬三苏文化、东坡文化做出系统谋划。根据该规划，眉山将坚持保护第一、合理利用的原则，点线结合，打造整体保护体系；实虚结合，高质量推进三苏文化遗产和非物质文化遗产深度融合的保护传承体系，创建省级文化生态保护实验区，构建全空间的“三苏文化资源库”，让三苏文化遗产“活起来”。

三苏文化所蕴含的开放包容、兼收并蓄的文化精神穿古越今，其所诠释的家国情怀、家风家教温暖厚重。以三苏文化为代表的中华优秀传统文化是中华民族的根和魂，是我们在世界文化激荡中站稳脚跟的根基，是我们坚定文化自信的不竭源泉。

思考讨论

1. 2023 年 6 月 2 日，习近平在文化传承发展座谈会上指出：“中华文明历经数千年而绵延不绝、迭遭忧患而经久不衰，这是人类文明的奇迹，也是我们自信的底气。”请结合案例谈谈，为什么说以三苏文化为代表的中华优秀传统文化是我们坚定文化自信的深厚基础。

2. 客流满满的三苏祠，折射的是民族文化自信的熠熠光芒。结合现实，你认为在新时代应如何坚定中国特色社会主义文化自信？

3. 习近平曾指出：“我们不是历史虚无主义者，也不是文化虚无主义者，不能数典忘祖、妄自菲薄。”在推进文化自信自强的新征程上，我们应如何认识历史虚无主义和文化虚无主义思潮的本质和危害？

教学建议

本案例主要适用于第十章第一节“文化是民族生存和发展的重要力量”部分的辅助教学。案例介绍了三苏文化作为中华优秀传统文化的代表，其所蕴含的思想意蕴和文化品格，其所彰显的家国情怀和良好家风，并展示了新时代三苏文化的保护传承工作，尤其是通过修复三苏祠、举办主题文化活动、设计特色文创产品等方式深入挖掘和展示三苏文化的时代魅力，为坚定中国特色社会主义文化自信提供了宝贵资源，为创造中国式现代化的文化形态注入强劲动力。

组织教学建议

第一，本案例适用于教学总结环节。教师在对“文化是民族生存和发展的重要力量”这一内容进行系统讲解后，可以运用本案例来进行教学总结提升。本部分的教学重点是把文化和坚定文化自信的重要作用以及发展中国特色社会主义文化、建设社会主义文化强国的重要意义讲清楚。围绕这一教学重点来设计和讲解本案例时，也应着重阐释三苏文化作为中华优秀传统文化的代表所具有的文化意涵及其在新时代的保护传承和创新发展，从而引导学生正确认识中华优秀传统文化的重要作用，尤其是准确理解中华优秀传统文化对坚定文化自信的重要基础性作用，进而强化传承弘扬中华优秀传统文化、坚定文化自信、推动社会主义文化繁荣昌盛的决心和意志。

第二，教学时应组织学生围绕案例主题进行充分交流讨论。中华优秀传统文化的内涵十分丰富，除了案例介绍的三苏文化外，还有很多中华优秀传统文化的结晶，教师在课上可以组织学生介绍其所了解的中华优秀传统文化精华，并引导其思考这些优秀文化对坚定文化自信的重要意义。鉴于三苏文化的丰富内涵和广泛影响力，教学时也可以请同学介绍和交流其对三苏文化的了解，并结合三苏文化的保护传承来介绍他们所了解的文化传承创新的情况。上述交流讨论既可以提升学生参与案例教学的积极性，也可以深化学生对案例内容和教学主题的理解认识。

第三，运用本案例开展教学，应注意引导学生批判性地认识中华优秀传统文化及其时代价值。一是要引导学生自觉坚持马克思主义的立场观点方法，坚持古为今用、推陈出新，有鉴别地加以对待，有扬弃地予以继承，尤其要结合当前中国特色社会主义新时代的特点和要求，对那些具有借鉴价值的内涵和陈旧的表现形式加以改造，把具有当代价值的文化精神弘扬起来，真正推动中华优秀传统文化的创造性转化和创新性发展。二是要引导学生正确认识各种对待中华优秀传统文化的错误观点和行径，尤其是要深刻认识历史虚无主义和文化虚无主义等错误思潮的本质和危害，树立正确的历史观、文化观，这是坚定文化自信的重要基础。

第四，教师可以运用相关的影视资料来辅助案例教学。三苏文化的“热度”由来已久，因此有很多以三苏文化为主题的影视作品得以制作传播，如在 2024 年 5 月 18 日国际博物馆日这一天，眉山三苏祠博物馆出品了题为《中国有三苏》的 8 集微纪录片，采取旁白解说和古装情景再现的方式，现场录制与沉浸式导入，以国际视角向世界讲述了三苏故事。2022 年 5 月，动画片《少年苏东坡传奇》首映，以历史文献为创作参考基础，从成长、艺术、美食、情感、地域等角度，展现千古文豪苏东坡的成长故事，趣味化的形式表达和知识输出丰富了东坡文化内涵，让中华优秀传统文化在寓教于乐中得到传播与传承。组织学生在课下观看上述资料，有助于学生更直接、生动地了解三苏文化，由此强化其文化自豪感、坚定文化自信。

总结提升建议

第一，中华优秀传统文化具有丰富内涵，是我们坚定文化自信的深厚基础。中华文明历经数千年而绵延不绝，迭遭忧患而经久不衰，有着独特的历史脉络、浓厚的文化底蕴，为我们坚定文化自信提供了深层而持久的驱动力。习近平曾指出："在历史长河中，中华民族形成了伟大民族精神和优秀传统文化，这是中华民族生生不息、长盛不衰的文化基因，也是实现中华民族伟大复兴的精神力量，要结合新的实际发扬光大。"案例介绍的三苏文化就是中华优秀传统文化的瑰宝，既彰显了中华优秀传统文化的思想精华和道德精髓，也展现了跨越时空的永恒魅力和光彩夺目的时代价值，助力塑造了中国人看待世界、看待社会、看待人生的独特价值体系、文化内涵和精神品质，这是我们区别于其他国家和民族的根本特征，成为增强文化自信，提升群众获得感、幸福感的不竭源泉。

第二，坚定文化自信，必须坚持"两个结合"，巩固文化主体性。任何文化要立得住、行得远，要有引领力、凝聚力、塑造力、辐射力，就必须有自己的主体性。有了文化主体性，就有了文化意义上坚定的自我，文化自信就有了根本依托，中国共产党就有了引领时代的强大文化力量，中华民族和中国人民就有了国家认同的坚实文化基础，中华文明就有了和世界其他文明交流互鉴的鲜明文化特性。要达到这一目标，就必须坚持把马克思主义基本原理同中国具体实际相结合、同中华优秀传统文化相结合，坚守中华文化立场，深入挖掘和阐发中华优秀传统文化崇仁爱、重民本、守诚信、讲辩证、尚和合、求大同的时代价值，把跨越时空、超越国界、富有永恒魅力、具有当代价值的文化精神弘扬起来，不断赋予其新的时代内涵和内容表达，努力实现对传统文化的创造性转化、创新性发展。眉山在保护传承和创新三苏文化的实践中，不仅注重保护三苏祠等宝贵遗址遗迹，更深入挖掘三苏文化的精神实质，并设计推出如动漫、食品、服装、玩具摆件等系列主题文创产品，相关主题酒店、理发店、餐饮店等也将陆续落地。通过这些全新的形式，三苏文化将传遍千万家，让更多的人从三苏文化中汲取养分，传承三苏家风、涵育家国情怀、获取奋进的力量，也推动着中华优秀传统文化走向世界，助力我们在深入学习贯彻习近平文化思想中把握文化自信自强之责，在追根溯源中夯实传承三苏文化之基，在活化利用中践行中华优秀传统文化传承发展之路。

第三，全面建设社会主义现代化国家，必须坚持中国特色社会主义文化发展道路。一个国家、一个民族的强盛，总是以文化兴盛为支撑的，中华民族伟大复兴需要以中华文化发展繁荣为条件。党的十八大以来，以习近平同志为核心的党中央把文化建设提升到一个新的历史高度，以更大力度、更实措施加快建设社会主义文化强国，为新时代开创党和国家事业新局面提供坚强思想保证和强大精神力量。党的二十大报告强调，“全面建设社会主义现代化国家，必须坚持中国特色社会主义文化发展道路，增强文化自信”“激发全民族文化创新创造活力，增强实现中华民族伟大复兴的精神力量”。为此，必须坚持中国特色社会主义文化发展道路，围绕举旗帜、聚民心、育新人、兴文化、展形象建设社会主义文化强国，发展面向现代化、面向世界、面向未来的，民族的科学的大众的社会主义文化，激发全民族文化创新创造活力。在弘扬三苏文化的过程中，眉山始终牢牢坚持马克思主义在意识形态领域的指导地位，坚持以社会主义核心价值观为价值引领，针对不同受众群体，以文物展、纪录片、音乐剧、动画片、电影、文创产品等多种创新形式，多管齐下将三苏文化与当今时代有机结合，推动中华优秀传统文化同当代社会相适应、同现代化进程相协调，为中国式现代化的深入推进提供强大精神动力。

第四，坚定文化自信，必须旗帜鲜明地反对历史虚无主义和文化虚无主义。一个民族的文化传统事关国家的认同感与民族自尊心和自信心，同时也是一个民族和国家发展及走向世界的重要软实力。习近平曾指出：“历史和现实都表明，一个抛弃了或者背叛了自己历史文化的民族，不仅不可能发展起来，而且很可能上演一场历史悲剧。”中华民族的优秀历史与文化，是我们文化自信的重要来源，但却有一些别有用心的人试图歪曲、贬低中国的历史和文化，借此动摇我们的文化自信、扭曲历史记忆、割裂精神纽带，削弱民族文化的独立性和主体性，突出表现为历史虚无主义和文化虚无主义等错误思潮的散布和传播。这些错误思潮在思想认识、社会舆论以及网络舆情方面都会产生负面影响，不仅削减中华民族自信心和凝聚力，还阻碍了中国人民文化自信的建立与发展，导致严重的消极后果。面对这些错误思潮，我们应该坚持马克思主义唯物史观，本着实事求是的原则，具体问题具体分析，自觉捍卫中华民族的光荣历史和灿烂文化传统，为坚定文化自信、建设社会主义文化强国贡献力量。

启示意义

“国家之魂，文以化之，文以铸之。”没有高度的文化自信，没有文化的繁荣兴盛，就没有中华民族伟大复兴。习近平曾在多个场合明确坚定文化自信的重要性，强调“有文化自信的民族，才能立得住、站得稳、行得远”，为推动文化繁荣、建设社会主义文化强国指明了方向。以三苏文化为代表的中华优秀传统文化是我们坚定文化自信的深厚基础，我们之所以有坚定的道路自信、理论自信、制度自信，其本质是建立在 5 000 多年文明传承基础上的文化自信。中华优秀传统文化延续着我们国家和民族的精神血脉，既需要薪火相传、代代守护，也需要与时俱进、推陈出新。在以中国式现代化全面推进中华民族伟大复兴的历史征程上，我们应坚持“两个结合”，传承中华优秀传统文化，创造中国式现代化的文化形态。

案例
20

从藤梯、钢梯到楼梯："悬崖村"的幸福之变

核心阅读

2015 年 11 月，中共中央、国务院发布《关于打赢脱贫攻坚战的决定》，庄严承诺：决不让一个地区、一个民族掉队，举全党全社会之力，坚决打赢脱贫攻坚战。这承诺产生的磅礴力量和巨大变化，浓缩在"悬崖村"脱贫攻坚的道路上。四川大凉山，是全国 14 个集中连片特困地区之一，也是全国最大的彝族聚居区，是贫中之贫、困中之困、坚中之坚，脱贫攻坚战的任务异常艰巨。"看着村民们的出行状态感到很揪心。"2017 年全国两会上习近平谈到有关大凉山地区"悬崖村"的新闻报道时，关切之情溢于言表。从陡峭悬崖上摇摇欲坠的藤梯到手提肩扛架起脱贫路的钢梯，再到搬出大山后住进新家的楼梯，阿土列尔村的"变形记"是一个小村庄的大跨越，更是巩固脱贫攻坚成果，扎实推进乡村振兴的时代印记。"悬崖村"的乔迁之喜，注定成为一个经典案例，在中国乃至世界扶贫史上写下动人的一页。

四川省凉山彝族自治州昭觉县支尔莫乡阿土列尔村是闻名中外的"悬崖村"，也是习近平总书记牵挂的一个特殊村寨。曾经，这里的村民要进村必须攀爬藤梯。2016 年，藤梯升级为钢梯。随着脱贫攻坚的浩荡春风吹拂巴蜀大地，"悬崖村"很快变了模样。2020 年 5 月，村里建档立卡贫困户陆续搬迁至位于昭觉县城集中安置点的新家。从藤梯到钢梯再到楼梯，"悬崖村"带着总书记的牵挂，带着村民们对美好生活的向往，开启了一场日新月异的"山乡巨变"。

藤梯时代：摇摇欲坠的生活

阿土列尔村坐落于海拔约 1 600 米的山坳中，从山底到山顶村庄海拔高差近 1 000 米，村民往返村子都需要借助悬崖峭壁间的天梯，从而被称为"悬崖村"。村民的祖先因躲避匪患和战乱，才选择了这个虽然与世隔绝但土地肥沃的地方定居。地势险峻成为阿土列尔村发展之路上的巨大阻碍。村里通向外界，除了藤梯，只有两条路可行：第一条是沿着古里拉达河走，但在夏季和雨季，河水会涨得很高。即使在枯水期，也是危险重重，经常会有滚石滑落；第二条是借道康复村，至少需要步行 6 小时，才能到达村外的小学。而村民

往往不会选择这两条路。如此一来，攀附在峭壁上的 17 条藤梯便成了阿土列尔村通向外界最便捷的路。藤梯旁边就是深沟险壑，对于村民而言，每每踏上这条路，便是一场生死博弈。

“悬崖村”的村民大多只有小学文化水平，外出打工的村民对没文化的影响深有体会。也正因如此，即使走藤梯很危险，他们也不能让孩子失学。政府一直在想办法尽可能降低孩子们上学的风险，安排他们在学校住宿，每月月中和月底的周末才能回家，由村里家长轮流接送。走崖壁，爬藤梯，每一次回家需要花费两个小时。

出行困难，一直是“悬崖村”的“死穴”。2016 年，县政府在村里落实精准扶贫政策，花了 100 万元给家家户户买羊，然而羊群无法转换成商品，并未给村子带来太大的变化。村民生病是个麻烦事，年纪大的基本上都靠村里有医术的老人用土方解决。全村 1/3 住户的收入还未达到脱贫线。县里早已有修路计划，但具体实施却困难重重，遥遥无期。

2016 年 5 月 24 日，《新京报》以《悬崖上的村庄》为题，报道了阿土列尔村，央视新闻也进行了同步报道，这立即引起了国内外普遍关注。人们惊讶于中国竟还有如此贫穷落后的地方，更为生活在此地的孩子们感到揪心，“悬崖村”自此打破与世隔绝的状态，走进世人的眼中。

钢梯时代：康庄大道的开端

为了“悬崖村”村民的出行安全，凉山州、县两级决定搭建一条钢梯。修路是全村人的愿望，村民准备跟随支尔莫乡乡长、阿土列尔村第一书记帕查有格大干一场，尽快把路修好。

2016 年 5 月，凉山州和昭觉县共拨款 100 万元，将藤梯升级为钢梯。全村人花了 7 个月时间，把总重量 120 吨的 6 000 多根钢管背上山，最终建成了这段宽 1.5 米、总长度 2.8 公里、共 2 556 级的钢铁“天梯”。为了修建钢梯，村民每天背着钢管上上下下，疲惫与炎热榨干了他们的精力，激情逐渐消退，仅仅两周多村民们便不再去上工了。帕查有格把村民召集起来，开动员大会，并与村支书一起，挨家挨户做思想工作，让村民明白修路是为自己而修，是为了要下山读书的孩子而修。村民逐渐理解了书记的良苦用心，都回到了自己的岗位上，继续修建钢梯。钢梯不仅比藤梯好走、安全，还缩短了路程，节约了时间。喷了防锈油漆后，钢梯的使用寿命可达 10 年至 20 年。

钢梯修好之后，村里建起了第一个幼教点。吉伍尔洛作为第一个嫁进村里的大学生，通过了昭觉县教育局的幼教教师招聘考试，当了幼教点里的教师。2017 年 9 月，在社会各界的帮助下，幼教点换上了蓝色的桌椅、木质的床铺，崭新的黑板旁边还多出了一台电视机。

2017 年 6 月 23 日，通信铁塔在阿土列尔村建成。随着网络宽带的进入，“悬崖村”逐渐打破了往日的闭塞。某色拉博在快手上发布关于“悬崖村”的视频，被冠以“悬崖村飞人”的称号。几代生活在封闭大山中的人，通过手机与这个社会紧密地联系在一起。

2017 年 11 月 5 日，村里的进山货运索道进入调试运行阶段。这条索道单次运载量为 5 吨，砖头、水泥等建筑材料都可以运上山。这一年年底，由京东集团和中华思源工程扶贫基金会共同合作的全国首创无人机流动诊所，正式投入使用，实现无人机运送药品的常态化运营。

四川能投集团投资 1 800 万元用于阿土列尔村电网改造升级工程。2017 年 12 月 28 日，"悬崖村"正式合闸通电。

昭觉县为"悬崖村"投入了 50 余万元修建蓄水池、安装饮水管道，彻底解决了"悬崖村"饮水难的问题。

2017 年 3 月 8 日，习近平在参加十二届全国人大五次会议四川代表团审议时，特别提到了"悬崖村"。他说，曾经在电视上看到有关"悬崖村"的报道，特别是看到村民们的出行状况，感到很揪心。"悬崖村"修建了钢梯，让总书记放心了。"悬崖村"越来越受外界关注。几乎每天都有游客前来，爬钢梯，赏村景，吃农家饭。2018 年1 月，川投集团、成都天友旅游产业股份有限公司共同出资成立四川川投天友悬崖村文化旅游开发有限责任公司，投资 6.3 亿元打造山地度假旅游目的地。2019 年游客接近 10 万人次，为村庄创造了近 100 万元的收入。

楼梯时代：通向新的未来

"悬崖村"虽然修筑了钢梯，仍属畏途巉岩难攀。为解决一方水土养不好一方人的现实问题，易地扶贫搬迁成了此地打赢脱贫攻坚战的重要方法。

2020 年 5 月 12 日至 14 日，"悬崖村"的 84 户建档立卡贫困户共 344 人搬离了世代居住的村庄，搬迁到昭觉县周边的"易地扶贫搬迁集中安置点"的新家。村民根据抽签的结果被分流到 4 个异地安置点，新房面积从 25 平方米到 100 平方米不等，配有现代化的厨房和卫生间设施，以及配套的水、电和煤气。不仅屋内有统一的简装修，政府还为每套房捐赠了价值 5 000 元左右的家具"四件套"。每户居民最多自筹 1 万元，就可以住进新家。居民入住的社区还有配套建设的活动中心、幼儿园、医院、篮球场等服务设施。"悬崖村"村民的乔迁之旅，不仅牵动着国内民众的目光，同样也引发了外媒的关注。美国有线电视新闻网（CNN）发表文章称，对村民们来说，"云雾中的生活已经结束了"。一年后，当地启动"悬崖村文旅搬迁项目"，村里符合条件的非贫困户也陆续搬迁下山。

从山头到城头，从土坯房到楼房，从"天梯"到通途，白天在县城做工，傍晚坐在阳台上喝茶，孩子们过个马路就能上学，老人们下个楼就能锻炼身体，看病也非常便利。对于"悬崖村"的村民们来说，梦想的日子已经实现。

村民搬下了山，但"悬崖村"并不会就此消失，打造"悬崖村・古里大峡谷景区"成为昭觉县的重要战略规划。有的村民把地租了出去，有的村民则选择留在山上搞种植和养殖。"悬崖村"从 2017 年就开始试种油橄榄。村民搬迁之后，基地进一步扩种，到 2022 年已有 205 亩、6 000 余株油橄榄。彝族小伙莫色苏不惹等人负责上山管理油橄榄基地。"悬崖村"成为"网红"打卡地。村里几个年轻人利用村庄旧居，开办农家乐，合伙打造民宿，吃上了"旅游饭"。吉克木果是"悬崖村"的直播带货达人。拥有几十万粉丝的他常年奔波在大山深处，直播卖花椒、苹果、核桃等农特产品，妻子则在家经营超市生意。一年十几万元的收入让一家人的生活富足无忧。

为了彻底解决搬迁之后村民的生活问题，昭觉县政府投资建设了占地面积 5 000 多亩的涪昭现代农业产业园。村民来此工作，一个月可以有大约 2 000 元的收入。政府还投资建成了九如生态草莓种植园。在当地社区，政府成立了绣工坊，并积极与北京服装学院合作，设计具有彝族特色的围巾、衣服、袜子。大部分绣娘一个月可以有五六千元的收入。政府组织开办了一批专业技能培训班，村民们掌握了电焊、厨艺等技能，拓宽了就业门路。

从藤梯到钢梯再到楼梯，“悬崖村”的村民们一步步丈量着岁月的变迁。“悬崖村”的变化既见证了村民生活的蝶变，也见证了精准脱贫的奇迹。

思考讨论

1. 下“天梯”，上“楼梯”，“悬崖村”千百年来多少代人的梦想终于成真。“悬崖村”为什么会在短时间内实现巨变？

2. “悬崖村”的易地扶贫搬迁，是脱贫攻坚工作的一个动人缩影。你如何评价易地扶贫搬迁政策？

3. 脱贫攻坚精神是中国共产党人精神谱系的重要组成部分。你如何理解脱贫攻坚精神的内涵？作为新时代大学生，应该如何弘扬脱贫攻坚精神？

教学建议

本案例主要适用于第十一章第一节“让人民生活幸福是‘国之大者’”部分的辅助教学。案例通过四川省凉山彝族自治州昭觉县支尔莫乡阿土列尔村由“痛心”“悬崖村”蜕变成“舒心”幸福村的历程，展示出一个易地扶贫搬迁、精准扶贫的生动样本，展现了“上下同心、尽锐出战、精准务实、开拓创新、攻坚克难、不负人民”的脱贫攻坚精神。

组织教学建议

第一，在使用本案例之前，可以组织学生观看视频《“悬崖村”扶贫纪事》。《“悬崖村”扶贫纪事》是中央电视台《朝闻天下》栏目 2016 年 5 月 25—27 日连续推出的报道，聚焦阿土列尔村“出行难”、“扶贫款使用”和如何精准“拔穷根”三个方面。该片获得了第二十七届中国新闻奖电视系列二等奖。通过观看视频，学生可加深对“悬崖村”的了解。教师也可以组织学生观看由香港广播电视有限公司于 2021 年制作出品的扶贫纪实纪录片《无穷之路》。节目组来到四川凉山的“悬崖村”，主持人陈贝儿在当地向导的带领下爬“天梯”，直接感受“天梯”的险峻。该片播出后收获了好口碑。《无穷之路》还制作了英语版本，得到很多国外观众的好评。通过观看这部纪录片，学生能了解从香港媒体人视角看到的中国内地扶贫成果，加深对“悬崖村”搬迁前后生活状况的认识，为案例讨论打下良好基础。

第二，引导学生结合案例分析深入开展精准扶贫、脱贫攻坚的重要性，结合“悬崖村”的实际分析易地扶贫搬迁对于打赢脱贫攻坚战的重要意义。部分学生在案例讨论过程中可能会有一些疑问，如既然当地居住环境这么差，当初为什么要在那里定居？为什么不早早搬迁出去？搬迁是否出于自愿？搬迁是否加重了村民的经济负担？村民搬迁后会不会因失地失业而陷入更大的困境？在案例分析过程中，教师应结合当地的历史以及党和政府关于易地扶贫搬迁的政策精神引导学生解开这些疑问。2018 年 3 月，国家发展改革委同有关部门发布《中国的易地扶贫搬迁政策》（白皮书）。教师可以概括性地讲解其中体现的易地扶贫搬迁政策基本精神。

第三，要向学生揭示由"悬崖村"变"幸福村"所彰显的脱贫攻坚精神的内涵及其重要意义，引导学生弘扬脱贫攻坚精神。2021 年 9 月，脱贫攻坚精神被纳入第一批中国共产党人精神谱系之中。恶劣的自然环境造成了"悬崖村"，也造就了村民坚毅、朴实、团结的性格和改变命运的强烈愿望。"悬崖村"的搬迁，是脱贫攻坚"决不能落下一个贫困地区、一个贫困群众"庄严承诺的兑现，也是脱贫攻坚的真实样本，体现了脱贫攻坚精神的深刻内涵。当代大学生要发扬"上下同心、尽锐出战、精准务实、开拓创新、攻坚克难、不负人民"的脱贫攻坚精神，为全面推进乡村振兴，把我国建设成为富强民主文明和谐美丽的社会主义现代化强国奉献青春和力量。

总结提升建议

第一，打赢脱贫攻坚战，消除绝对贫困，是全面建成小康社会的底线任务，是必须抓紧抓好的第一民生工程。党的十八大以来，党和政府把扶贫开发摆在治国理政的重要位置，以坚定的决心、精准的思路、有力的措施，组织实施人类历史上规模最大、力度最强的脱贫攻坚战，实施精准扶贫、精准脱贫基本方略。党中央把精准脱贫作为三大攻坚战的重要内容。2015 年 11 月，中央扶贫开发工作会议把易地扶贫搬迁作为"五个一批"精准扶贫的重要组成部分，国家发展改革委、国务院扶贫办等部门启动实施新时代易地扶贫搬迁工程。2018 年 2 月，习近平在四川考察调研期间，明确指出易地扶贫搬迁是实现精准脱贫的有效途径，搬迁安置要同发展产业、安排就业紧密结合，让搬迁群众能住下、可就业、可发展。国家发展改革委同有关部门制定并发布《中国的易地扶贫搬迁政策》（白皮书），形成了"中央统筹、省负总责、市县抓落实"的易地扶贫搬迁工作机制。习近平指出，"小康不小康，关键看老乡，关键在贫困的老乡能不能脱贫"。四川省大凉山地区的阿土列尔村的孩子爬藤梯求学的镜头曾经刷爆网络，那条几乎直上直下的藤梯，刷新了无数人对于"贫困"二字的认知，吸引了更多人关注贫困问题，参与扶贫事业。阿土列尔村由"痛心""悬崖村"蜕变成"舒心"幸福村的历程告诉我们，贫困的原因是复杂的，但只要牢记精准和攻坚，就一定能找到脱贫的办法。

第二，"悬崖村"搬迁是一次具有标本意义的搬迁，堪称中国易地扶贫搬迁、决战脱贫攻坚的缩影。位于"三区三州"深度贫困地区的"悬崖村"被外界关注，缘于 2016 年媒体报道该村孩子爬藤梯求学的故事。人们惊讶于进入 21 世纪的中国竟还有如此贫穷落后的地方，更为生活在此地的孩子们感到揪心，"悬崖村"自此打破与世隔绝的状态，走进世人的眼中，甚至引起习近平总书记的高度关注。随着脱贫攻坚战的打响，"悬崖村"很快变了模样。在建成通往山上的 2 556 级钢梯后，"悬崖村"又实现了通网、通电、通自来水，生产生活条件大为改善。近年来，"悬崖村"通过易地扶贫搬迁和发展农文旅相结合的产业模式脱贫致富，村民们走下悬崖边的“天梯”，搬入县城周边的新家园，开启新生活。“悬崖村”的易地搬迁，无疑是云端上的巨变，不仅牵动着国内民众的目光，还引发了外媒的关注。“悬崖村”的村民告别了悬崖上的“天梯”和祖祖辈辈习惯的生活方式，尽管对于曾经的岁月多有不舍，但新生活更让村民对未来充满信心。作为全国最大的彝族聚居区、典型的深度贫困地区，凉山州无疑是四川省脱贫攻坚最难啃的“硬骨头”。历经 4 年的脱贫攻坚战，“悬崖村”实现了“一步跨千年”的转变，成为中国易地扶贫搬迁、攻克深度贫困堡垒的一个缩影。

第三，易地扶贫搬迁是涉及领域十分广泛的系统工程和社会工程，是世界减贫史上的一项伟大壮举，是新时代脱贫攻坚“中国方案”的重要组成部分。易地扶贫搬迁是指将生活在缺乏生存条件地区的贫困人口搬迁安置到其他地区，并通过改善安置区的生产生活条件、调整经济结构和拓展增收渠道，帮助搬迁人口逐步脱贫致富。易地扶贫搬迁是一项涉及人口分布、资源环境、经济社会重新调整与完善的复杂系统工程，是铲除深度贫困根源、阻断贫困代际传递、破解深度贫困地区区域性整体贫困难题最彻底、最有效的手段，是直接关系到脱贫攻坚成效和千万贫困群众的幸福感和获得感的百年大计。对“悬崖村”来说，“一方水土养不好一方人”是其典型特点，资源环境承载能力不足、自然灾害频发，交通不便、信息不畅、人才短缺，形成了“贫困—经济社会发展落后—贫困程度加深”的恶性循环。虽经过多轮扶贫开发，仍不能彻底解决贫困问题。政府有计划、有组织地实施易地搬迁对当地不是“可有可无”的选择，而是“必选项”，为村民提供了享受现代文明生活的新出路。在易地扶贫搬迁过程中，系统推进安全适用住房建设、配套基础设施和公共服务设施建设、拓展搬迁群众就业空间、修复迁出区生态，促进了人口、资源、生态的协调发展。易地扶贫搬迁是打赢脱贫攻坚战的关键举措，被视为脱贫攻坚“头号工程”和标志性工程。经过不懈努力，到 2020 年，“十三五”易地扶贫搬迁建设任务全面完成，960 多万贫困搬迁群众乔迁新居。实施如此规模、如此艰巨的伟大工程，在中国扶贫史上是前所未有的，在世界历史上也是前所未有的，堪称人类迁徙史和世界减贫史上的伟大壮举，为其他国家类似地区的减贫和移民事业提供了重要借鉴。

第四，“易地搬迁”不易，而搬迁之后的生活更充满挑战，搬得出、稳得住、能致富才是“悬崖村”易地搬迁成功的关键。新时代易地扶贫搬迁是一场关系改变上千万绝对贫困、深度贫困人口世代命运的历史性决战，也是贫困地区发展所需、百姓所盼。对“悬崖村”来讲，易地搬迁工作要顺利进行，就必须统筹解决人往哪里搬、钱从哪里筹、地在哪里划、房屋如何建、收入如何增、生态如何护、新村区如何管等具体问题。这需要地方政府下决心投入，也离不开扶贫干部耐心细致的工作，更有赖于村民的积极配合。回望“悬崖村”的脱贫史和搬迁历程，除了顶层设计、领导关怀、政策支持外，还有社会的大力帮扶，汇聚起了助力脱贫攻坚的磅礴力量。易地搬迁是“悬崖村”发展的一个里程碑，是旧生活的结束，更是新生活、新奋斗的起点。易地搬迁让“悬崖村”的老年人更加幸福，让年轻人更有希望，让小朋友更加阳光。但搬迁只是手段，脱贫致富才是目的。易地扶贫搬迁后续扶持工作具有系统性、长期性。坚持强化后续扶持，全面做好产业、就业、教育、医疗等帮扶措施，提供综合支撑，形成叠加效应，增强搬迁群众发展能力是实现搬迁群众稳定脱贫和持久发展的根本之策。通过强机制、壮产业、促就业，写好易地扶贫搬迁"后半篇文章"，统筹处理好搬迁安置与后续发展、稳定脱贫致富的关系，"悬崖村"必将迎来更加美好的未来。

■ 启示意义

第一，只要坚定地坚持中国共产党的领导、发挥社会主义制度优势，就没有中国人克服不了的困难。"悬崖村"通过集体搬迁，实现了从山头到城头、从土坯房到楼房、从"天梯"到通途、从"悬崖村"到"幸福村"的美丽蝶变。实践证明，只有在中国共产党的坚强领导下，才能有决心有信心有魄力向"一方水土养不好一方人"地方深度贫困问题发起总攻。只有发挥社会主义制度集中力量办大事的优越性，才能在如此短的时间内，建起一栋栋新房、一个个新社区，使世世代代生活在深山沟里的贫困群众，搬迁到生产生活条件较好的地区，从根本上解决脱贫致富和长远发展问题，从根本上阻断贫困代际传递，取得良好的经济、社会、生态效益。坚持党的正确领导、发挥制度的显著优势，是"悬崖村"如期完成易地扶贫搬迁目标任务的根本保障。

第二，在工作中要坚持因地制宜、务求实效、不搞"一刀切"。"坚持在发展中保障和改善民生"是新时代坚持和发展中国特色社会主义的基本方略之一，增进民生福祉被摆在了突出的位置。保障和改善民生没有终点站。民生建设需要砥砺前行、持续推进、因地制宜。导致贫困的原因多种多样，没有什么可以包治百病的良方，不要指望一个举措解决所有问题。"悬崖村"搬迁引人注目的并非"一刀切"式的强制搬迁，而是充分尊重当地人的意愿。整体搬迁后，经过双向选择，青壮年可自愿留在旧村参与旅游项目的开发。这体现了因地制宜、实事求是、遵循规律的工作方式，做任何工作都应该采取这样的工作方式。

案例
21

象山“村民说事”，谱写乡村治理协奏曲

核心阅读

村民敞开说村事、热心议村务、协力办村事……浙江省宁波市象山县开启了享誉全国的乡村治理实践。象山大力推广“村民说事”制度，通过“说、议、办、评”四个环节，携手打造共建共治共享的社会治理新格局。象山县地区生产总值从2003年的100.9亿元，跃升到2023年的720亿元，20年增长约6.1倍。乡村建设持续走在全国前列，获评中国社会治理百强县荣誉称号。象山“村民说事”入选“全国乡村治理典型案例”，“村民说事”制度被写入中央一号文件，创成国家标准化试点，并于2023年入选全国纪念坚持发展“枫桥经验”60周年白皮书。象山以“村民说事”谱写出“民事民议、民事民管、民事民办”的乡村基层治理协奏曲。

万象山海，千年渔乡，百里银滩，十分海鲜，一曲渔光。这就是象山。海洋是象山最大的资源，也造就了象山人敢闯敢拼的时代精神。

在“八八战略”的指引下，廿年踔厉千帆竞，百业腾飞万象新：象山港大桥及接线工程、甬台温沿海高速复线建成通车，象山蝉联全国综合竞争力百强县，跻身中国创新百强县、全国营商环境百强县、全国县域旅游综合实力百强县……

象山地区的蓬勃发展主要归功于两种力量的共同努力：一种是锐意进取、创新实干的乡村干部，一种是敞开说事、合力谋发展的广大村民。促使两方面力量充分结合的，正是象山多年来对“村民说事”制度的不懈探索。

共治，“村民说事”增互信

“村民说事”是集民意收集、科学决策、合力干事、反馈评估于一体的办事系统，村民对关乎自身利益和村庄长远发展的事情，具有知情权、参与权、表达权和监督权，村民成为乡村治理的主体力量。在象山村民心中，“村民说事”制度简而言之就是一句话——想说都能说，遇事要商议，有事马上办，好坏大家评。

作为乡村治理的重要法宝，“村民说事”源于乡镇解决农村矛盾的应急之策。2009年初，象山县西周镇迎来发展的关键时期，工业集聚区建设、白溪水库引水等重点项目面临

重重困难，村民因征地补偿、集中安置、施工影响等问题纷纷上访，村镇两级干部疲于应付。项目关乎全镇发展，不能因此停顿，那该怎么办？最终西周镇党委决定要建一个给村民争理说事的平台，让镇村干部走到群众中间，直接和群众对话，疏通人心。

2009 年 4 月至 5 月，西周镇在试点村成功开展“说事会”14 次，收到村民议题 56 个并全部给予解决或答复。通过开展组织说事会，会后及时落实办理，乡村治理取得了显著成效，乡村两级干部的作风和能力也得到明显提高。在随后的 1 年时间里，西周镇继续扩大试点，全镇信访量下降 53%，信访案件同比下降 21%，小小“说事会”初显大威力。

2010 年 3 月，象山在系统总结西周镇治理经验的基础上，正式将“说事”制度命名为“村民说事”，并在全县推广。“说事会”平台的搭建，不仅重建了干群信任，也使得村民开始以主人翁身份讨论身边事，带动乡村治理从过去的干部主导迈向干群合力的新方向。

2014 年，“村民说事”被全新打造为“说、议、办、评”四个环节，逐步建立起了“说、议、办、评”相结合的闭环说事体系。“说”是起点，以“村民说事会”为主要形式，让群众充分表达意见和诉求；然后是“议”，召开村务联席会议或乡贤、村民代表议事会，发挥集体的智慧，商议对策；再次是“办”，有事马上办，落实民事村代办、村事大家办、大事联合办，确保事事有回音、件件有着落；最后是“评”，好坏大家评，所有办事结果要接受村民评议和评估，由村民对办理结果进行满意度评价，组建“民间评价团”对村重大事项办理结果进行专项评价。

共建，齐心协力办村事

在象山，新农村建设已从过去政府带着村民干，发展到党员干部和村民一起出谋划策、共同参与。也正因为如此，成就了象山农村的巨变。

村子怎么发展，村民拿主意；建什么项目，百姓说了算。过去基层干部绞尽脑汁想办法发展乡村，却常常不合村民心意，于是百姓不支持、不参与，甚至还有抵触情绪。“村民说事”制度实行以来，百姓群策群力，“金点子”一个接一个——从开发体验式游玩项目，到承接举办马拉松、亲子游、文艺晚会等不同类型的文体活动……村民出的主意不仅符合村里实际，而且村民们也很支持，参与积极性很高。

百姓参与村务多了，主人翁意识也更强了，把群众的知情权、参与权、管理权落到实处。墙头镇方家岙村，2021 年接待游客 35 万余人次，实现旅游经营收入 5 600 万元，带动村集体经济收入 250 万元；西沪港畔的黄避岙乡高泥村，创新推行“鱼排说事”，在黄鱼产业的带动下，2021 年村集体经济收入达到 120 万元；石浦镇沙塘湾村，81 户村民集中流转闲置房屋，引来多家知名旅游企业投资，2022 年首期房屋租金达 170 余万元……这些大大小小的农村发展项目，无一不是由村民参与共建的。从政府“替民做主”，到百姓自己做主，便是象山推广“村民说事”制度多年发生的转变。

2022 年至 2023 年，象山县实施“村民说事”迭代升级版，推行以“村民说事”引领的“村嫂说情”“村舅说理”“村干部说法”为主的乡村善治“说系列”体系，并在 30%村社先行实施。2023 年，象山县累计召开说事会 6 900 余次，收集议题 10 352 项、解决率达 95.6%。

共享，释放红利齐获益

为了带领全村奔小康，白岩下村党支部建议由全体村民筹资金，修建玻璃栈道，发展乡村旅游。村民们就这个议题一连开了五六次“村民说事会”，通过党员干部包片联户上门做思想工作，让已经入股的村民动员其他村民共同参与。

2018年玻璃栈道开放后，短短6个月就接待游客18万人次，实现门票收入460万元。每户入股的村民获得2 000元分红，并返还8 000元股金。尝到了甜头以后，当玻璃栈道二期滑道项目的众筹启动时，全村350户村民都入了股，共享发展红利。

象山以改革盘活农村闲置资源，在中央一号文件首次提出探索宅基地“三权分置”后，象山率先进行改革尝试，完成了确权、赋权、活权等一系列措施。2018年4月，在偏远海岛村小百丈村，村集体收储15幢储藏橘子的石头屋和周边6 300平方米闲置土地，与旅游公司签订流转协议，并颁发了全省首本宅基地“三权分置”不动产证。企业由于获得20年土地使用经营权，放心投资2 000余万元精心打造“橘香石屋”海岛民宿群，无人问津的“老宅”变成了“香饽饽”。小百丈村改建的民宿群每年给出租农户带来租金收入11.28万元，新增村集体年收益12万元。

治理有效，乡村振兴。象山县地区生产总值从2003年的100.9亿元，跃升到2023年的720亿元，20年增长约6.1倍。乡村建设持续走在全国前列，获评中国社会治理百强县荣誉称号。象山“村民说事”先后入选“全国首批乡村治理典型案例”“中国基层领导力优秀案例”，被写入中办、国办印发的《关于加强和改进乡村治理的指导意见》，面向全国推广。2019年，全国加强乡村治理体系现场会在象山县召开，象山首创的“村民说事”制度，被写入中央一号文件，创成国家标准化试点。2023年，“村民说事”制度入选全国纪念坚持发展“枫桥经验”60周年白皮书。

思考讨论

1. 象山首创的“村民说事”制度，被写入中央一号文件，创成国家标准化试点。“村民说事”制度具有什么特点，它是如何兴起并逐步推广发展起来的？

2. 乡村基层治理对推进国家治理体系和治理能力现代化有何重要作用？

3. 党的二十大报告提出“健全共建共治共享的社会治理制度，提升社会治理效能”。请结合案例谈谈你的理解。

教学建议

本案例主要适用于第十一章第三节“在共建共治共享中推进社会治理现代化”部分的辅助教学。案例展示了浙江省宁波市象山县以“村民说事”制度推动乡村基层治理现代化，为实现共治共建共享的治理目标所进行的创新实践。

组织教学建议

第一，要引导学生把握乡村治理现代化的内涵及其对国家治理体系和治理能力现代化的重要意义。乡村治理在基层社会治理中占主体地位，是国家治理的基石。作为国家治理现代化的重要一环，乡村治理现代化的核心是推进治理体系与治理能力现代化。乡村治理体系现代化意在制度机制建设，即创新党领导人民有效治理乡村的一系列规则制度及相互作用机制建设，重在提升治理主体的能力，谋求提升各乡村治理主体的治理能力。在运用本案例教学之前，可拓展使用乡村治理的相关视频与图片素材来增强学生对乡村基层治理的直观认识，如央视新闻联播特别报道《浙江乡村治理新思路：“三治融合”》和视频《以“村民说事”标准化 打造新时代乡村治理样板》。引导学生了解“村民说事”制度是象山县基层治理的有效探索，在乡村治理现代化过程中具有重要推动作用。

第二，要引导学生通过案例认识和把握象山“村民说事”制度的特点及发展历程。结合案例及资料梳理“村民说事”源起，“说议办评”相结合的闭环说事体系的形成建设过程，探索“党组织领导”“以村民为主体”的制度特点。在互动环节，可以组织学生模拟“村民说事会”现场展开议题讨论，要引导学生把握“村民说事”的实质是搭建基层协商议事平台，让村民讨论身边事，表达不同的诉求，提高村民的参与意识。

第三，要引导学生把握“共建共治共享”的社会治理制度及其对提升乡村治理现代化水平的作用。党的二十大报告提出“健全共建共治共享的社会治理制度，提升社会治理效能”。能否将我国社会治理制度优势更好转化为治理效能，需要回答好“共建”何以达成、“共治”怎样有效、“共享”如何实现三个方面的问题。“共建”回答社会治理依靠谁的问题，即社会治理不只是党委和政府的责任，也是社会各方的责任；“共治”回答社会治理怎么开展的问题，即通过党委领导、政府负责、民主协商、社会协同、公众参与、法治保障、科技支撑实现社会治理的社会化、法治化、智能化、专业化；“共享”回答社会治理为了谁的问题，即通过社会治理确保人民安居乐业、社会安定有序，实现社会治理成果共同享有，不断提升人民群众的获得感、幸福感、安全感。提升乡村治理现代化水平，需要通过吸纳广大群众、社会组织和社会力量积极投身农村公共管理和服务的方式，实现政府治理、社会调节、乡村居民自治的良性互动，推动构建共建共治共享的乡村治理格局。

第四，可组织学生讨论“村民说事”制度为象山县发展与乡村治理现代化带来的实质性成效。“村民说事”制度不仅能够维护社会稳定、化解群众矛盾、增强干群互信，而且能够盘活乡村闲置资源带动乡村百姓增收致富。引导学生理解“村民说事”制度真正打通了乡村治理的“最后一公里”，为乡村治理现代化奠定坚实经济基础，提供坚强政治保障，营造和谐稳定的社会环境，让乡村基层治理真正成为乡村治理现代化、乡村振兴、社会建设和谐发展的助推器。

第五，通过案例情节引导学生对乡村治理现代化建设中如何发挥基层党建的引领作用，怎样调动村民参与乡村治理的积极性等问题进行深入思考。推进乡村治理现代化，要重视党建的引领作用，把基层党组织建成坚强战斗堡垒，以党建共建为引领把各类治理主体有效嵌入乡村治理过程，创新治理内容，积极构建基层良性互动的治理体系。乡村治理现代化的根本目标是让人民获得幸福感，以人民为中心，让发展成果由人民共享，让人民群众共同享受到乡村治理带来的成果与红利。

总结提升建议

第一，构建民事民议、民事民办、民事民管的多层次基层协商格局，是推进乡村治理现代化转型的内在要求。乡村基层治理是国家治理的重要维度，推进乡村治理现代化是实现国家治理现代化的重要保障。乡村治理现代化既需要发挥多元主体的协同共治作用来提高治理效能，也需要激发广大村民的参与积极性，让村民成为乡村社会治理现代化的强大助力者，实现民事民议、民事民办、民事民管。由于家庭背景、价值观念的不同，村民的利益诉求也会因人而异。面对不同的利益诉求，置之不理或敷衍了事不仅得不到群众的认可，反而只会激化矛盾。因此，必须健全基层群众利益表达和协调机制。象山运用“村民说事”制度打造了一个程序规范、民主开放的基层协商议事平台，让村民以主人翁身份讨论身边事，表达不同的诉求，有效解决了村民“有理说不出，说了无人帮”的难题，提高了村民的参与意识。不仅重建了乡村干部和群众之间的信任，也推动了乡村治理从过去的“干部主导”迈向“干群合力”的新方向。“说、议、办、评”四个环节更是不断深化与完善协调机制，说事制度有效化解了乡村矛盾，形成了“有事要商量、村民能当家、干部善干事”的乡村治理新模式，也使广大村民有了更多的参与感、获得感和幸福感。

第二，健全共建共治共享的社会治理制度，建设人人有责、人人尽责、人人享有的社会治理共同体，是实现乡村治理体系和治理能力现代化的题中应有之义。共建，即共同参与社会建设，是乡村治理的基础；共治，即共同参与治理，是乡村治理的关键；共享，即共同享有社会治理成果，是乡村治理的目标。提升乡村治理水平，需要通过吸纳广大群众、社会组织和社会力量积极投身农村公共管理和服务，实现政府治理、社会调节、乡村居民自治的良性互动，推动构建共建共治共享的乡村治理格局。党的二十大报告提出，完善正确处理新形势下人民内部矛盾机制，加强和改进人民信访工作，畅通和规范群众诉求表达、利益协调、权益保障通道，建设人人有责、人人尽责、人人享有的社会治理共同体。象山以“村民说事”制度体系为基础，通过村民直接参与的方式实现村务村事公开、公正，先行在人心层面展开村民间的合作，从聚心开始，一步步重新凝聚分化和涣散的乡村共同体。象山通过聚民心形成乡村治理的多元主体，从“说事”到“办事”，整合乡村内外资源，重建干群信任、加强民主协商，及时把矛盾纠纷化解在基层、化解在萌芽状态，整合多方力量实现了共治良善乡村。

第三，充分发挥好基层党组织的引领作用，健全多元共建机制，是形成乡村基层社会治理合力的重要前提。乡村基层党组织是坚强的战斗堡垒，实现乡村社会共建必须加强党组织的领导，引导各方治理主体共同参与乡村社会建设与治理。由于村民的思想观念和价值取向呈现多元化发展趋势，所以在乡村社会治理中，要在党组织的领导下，充分发挥村民、乡村社会组织这些主体在治理中的优势，吸纳多元主体参与，听取各方意见，照顾各方利益，通过优势互补，形成最大公约数。象山全县三星级以上党组织达91.6%，各个基层党组织不断拓宽治理能力提升的渠道，将“干部领导”转变为“干群合力”，增强干群互信，提高了干部服务群众的能力。象山也通过“村民说事”在制度上维护了村民的主体地位，保障广大村民的基本权利。党员干部积极引领村民共同开发乡村新项目，有效增强村民的话语权，激发群众参与共建的内在动力，凝聚了共建乡村的合力。

第四，坚持以人民为中心的发展思想，是乡村治理现代化的出发点和落脚点。乡村治理现代化的目标是确保村民安居乐业，提升村民的获得感、幸福感、安全感。共建的力量来自人民，共治的智慧出自人民，共享的成果为了人民。一切为了人民、一切依靠人民，把乡村治理变成广大人民群众参与的生动实践，真正让人民群众成为乡村治理的最广参与者、最大受益者、最终评判者，乡村治理才能获得取之不尽、用之不竭的源源动能。乡村治理现代化的根本目的是实现社会治理成果的共享，这就需要把村民的诉求作为乡村治理工作的风向标，发挥村民首创精神，维护全体村民根本利益、促进共同富裕。象山基层党组织有效配置乡村社会资源，号召众筹资金，发展乡村旅游，满足群众多样化的需求，带动村民增收致富，让人民共享发展的红利。同时，象山不断深入改革，大力发展乡村经济，激活闲置资源，通过建立收益共享机制，妥善安置村民，引导村民融入乡村现代化进程，既让村民共享改革发展带来的红利，同时也提升了村民进一步共治共建乡村的积极性，实现乡村治理现代化良性循环。

■ 启示意义

激发广大人民群众的历史主动精神，是推进中国式现代化最可靠、最深厚、最持久的力量源泉。充分发挥人民的历史主动精神，就是要依靠人民的奋斗拼搏，去战胜前进道路上的各种风险挑战。掌握历史主动，意味着历史主体既要立足现实，又要着眼未来。人民是历史的创造者，是价值创造的主体，通过发挥出自身的主动性、积极性和创造性，能够以更加昂扬奋发的姿态把历史推向前进，创造出更加厚重多彩的文明。象山“村民说事”，正是看到了人民对历史的推动作用，村民有事敞开说，把事亮出来；党组织牵头议，把计想出来；党员干部带头，把活干出来；结果大家评，把谱定出来——这是象山“村民说事”制度的完整链条。人民群众参与事务多了，主人翁意识也就更强了。唯有把握新特征、适应新形势、顺应新需求，走好新时代群众路线，才能不断提高群众工作的实效，才能写好新时代、新征程群众工作的新篇章。

案例 22

“两山”理念诞生地的乡村治理蝶变记

核心阅读

安吉余村，是习近平总书记“绿水青山就是金山银山”重要发展理念的发源地。2020 年 3 月，习近平时隔 15 年再次来到余村，高度赞扬了美丽乡村建设在余村变成了现实，指出要把绿色发展的路子走下去。在“两山”理念的指导下，余村实现了由绿到美、由美到富的发展蝶变。在乡村自治、法治、德治基础上，余村创新树立以“支部带村、发展强村、民主管村、依法治村、道德润村、生态美村、平安护村、清廉正村”（简称“八个村”）为核心内涵的治理理念。余村集体经济收入由 2005 年的 91 万元增加到 2023 年的 2 247 万元，村民人均纯收入从 8 732 元增加到 7.1 万元。余村先后获评全国民主法治示范村、全国人民调解工作先进集体、全国乡村治理示范村等荣誉，为推进新时代乡村治理提供了示范样本。

安吉，得名于《诗经》“安且吉兮”。余村，因地处天目山余脉的余岭而得名。2005 年 8 月，习近平到安吉余村考察时，高度评价了余村关闭矿区、走绿色发展之路的做法，首次提出“绿水青山就是金山银山”的科学论断。有诗云：

楼宇掩映彩云间，大道蜿蜒竹林边。
满目葱茏绕古村，层峦叠嶂碧连天。
殷殷嘱托守绿水，久久为功护青山。
高瞻引领拓新路，胸襟博大谋长远。

在余村，曾流传着这样的说法：矿山经济鼓的是腰包，毁的是山林，村民过的是尘土飞扬的日子。在“两山”理念的指引下，绿色发展之路让矿山变成了花园，既美了乡村，又富了百姓，村民幸福感倍增。全村上下始终牢记习近平总书记的谆谆嘱托，坚持党建引领、自治为基、法治为本、德治为先，推动现代治理手段与传统治理资源相结合，探索出了以“支部带村、发展强村、民主管村、依法治村、道德润村、生态美村、平安护村、清廉正村”为主要特点的乡村治理经验。

支部带村、民主管村

农村要进步，关键是要有一个好支部，乡村治理离不开党的坚强领导。余村 280 户人家有 106 个姓，为了把“百家姓”聚成“一条心”，余村党支部确定了“支部领着干、遇事商量办”的原则。

余村始终坚持“红色引领、绿色发展”，切实发挥党支部的火车头作用。2003 年，余村党支部决定封山护林，发展生态旅游，开展轰轰烈烈的整治行动。在村党支部的带领下，余村依托竹海资源优势，相继办起了村级合作社、旅游公司。面对村民的观望和犹豫心态，余村党支部亮出了“杀手锏”：要求党员带头闯一闯。不到一年，党员带头经营的 10 余家农家乐陆续开业，一批创业者如雨后春笋般涌现。贫困户看到旅游带来的巨大收益，也想参与进来，但苦于没有资金。于是，村党支部借力“农家乐党群互助会”，扶持帮带周边农户，形成了独具特色、优势互补的民宿、农家乐集群。随着环境、生态越来越好，绿水青山为余村村民带来了实实在在的真金白银。2023 年，余村接待游客超过 115 万人次。

余村注重动员广大村民一起参与村庄管理。余村成立“两山议事会”村民说事平台，下设村民议事会、道德评议会、健康生活会、红白理事会 4 个组织，充分发挥了老干部、老党员、村民代表的作用，大家的事大家参与、众人的事众人商量，保障农民群众依法享有知情权、参与权、表达权、监督权，使他们真正成为村庄的主人。

生态美村、发展强村

过去的余村，靠山吃山，开山采矿、烧石灰、做水泥，空中到处飞沙走石，整个村子都是“灰头土脸”的。虽然一度成了安吉的首富村，但环境却一塌糊涂，常年灰尘漫天、溪流浑浊。附近的青山秃了、绿水干涸了，村里那几棵数百年的银杏树都不结果了。2002 年起，余村痛定思痛，下定决心关停矿山、水泥厂，率先开展美丽乡村建设，逐步恢复了生态，美化了村庄。在“两山”理念指引下，余村科学规划建设，形成了可游可赏、亦耕亦采、有趣有乐的新型乡村生态经济，推动村民转型发展绿色产业。

依托“美丽乡村”建设，余村大力引导村民发展休闲产业，走上发展绿色经济转型之路，一大批企业主转型发展休闲产业，已逐步形成河道漂流、户外拓展、休闲会务、登山垂钓、果蔬采摘、农事体验的休闲旅游产业链。此外，余村不断拓宽“两山”转化通道，以创建国家 5A 级旅游景区为载体，不断创新旅游＋品质农业、文化创意、生态影视等新业态、新元素、新产品。在新兴产业的带动下，前来余村的游客络绎不绝，村民的生意红红火火。

余村还打造矿山遗址公园，展示“两山”变化。余村投资建设了“两山”展示馆群、“两山”讲习所等项目，为讲好“两山”故事提供丰富的资源。不仅如此，余村还依托土地、矿山、竹林等集体资产，成立“两山”旅游公司，实现了集体经济不断发展壮大。

余村集体经济收入由 2005 年的 91 万元增加到 2023 年的 2 247 万元，村民人均纯收入从 8 732 元增加到 7.1 万元。2023 年初，余村召开年终股金分红大会向村民发放 206 万元，人均领取分红近 2 000 元。

依法治村、平安护村

维护农村社会稳定和安全是乡村治理的底线。早在 1996 年，余村就聘请律师李芳担任法律顾问，平均每年为村里提供法律服务 40 多次，从最开始的调解婚姻关系、邻里纠纷，拓展到调解旅游纠纷、保护知识产权等各类法律服务。2001 年，村法律顾问主动融入村级事务管理，列席村“两委”会议，为村集体重大决策、合同签订、纠纷调处等“诊脉把关”。同时，余村创新性采取“调解员联村、法官驻村、家园卫士护村”模式，深入开展上门调解、送法下乡、巡逻守护等工作，确保“小事不出村、大事不出镇”，余村逐渐实现了法治队伍专业化。截至 2023 年底，余村有 1 名驻村法律顾问、5 名专职调解员、7 名调解志愿者、6 名“两山”巡回法庭驻村法官、3 名公安干警担任“家园卫士”，还有 15 名具有法律知识背景的党员、村民代表以及居住在村的法官、检察官、警官、律师等“法律明白人”，他们组成的队伍努力让群众办事、矛盾调解、法律服务、信息咨询、致富求助“五不出村”。

余村引导村民树立法治意识，运用法治思维和法治手段解决村庄发展和治理中遇到的问题。2017 年至 2022 年，余村开展“讲两山故事，传宪法精神”专题讲座 6 次，发放普法单页 5 000 余份，不少村民成了“普法能手”，常给游客讲述余村的“民主法治故事”。在这一氛围影响下，村民办事依法、遇事找法、解决问题用法、化解矛盾靠法已成为常态，一批老百姓成了“法律明白人”。不仅如此，余村还成立矛盾调解委员会，矛盾纠纷调解率和调解成功率均达 100%。

为了维护余村老百姓的安全，余村率先开启数字化治理模式。2021 年 4 月，余村已建成防控人网、数据智网、全科地网、监控天网的“四网”立体化社会治安防控体系。7 月，安吉县“数字乡村一张图（标准版）”启动建设，覆盖 168 个行政村，为乡村治理提供了数字化、智慧化支撑。余村建立了全县首个社会治理数字乡村管理平台，融合智慧旅游、安全管控、环境监测等多种功能于一体，实时监控、随时调度，全面推进数字化村庄建设，做到了“小事不出村、天天都平安”。

道德润村、清廉正村

持续开展乡风文明建设，乡村治理方能走深走实。针对以往婚丧嫁娶中互相攀比、讲排场等陋习，余村组建“四会组织”——村民议事会、道德评议会、健康生活会和红白理事会。“四会组织”不仅规定了喜事白事彩礼礼金的限额，还在全市率先开展了垃圾不落地、文明餐桌行动、严禁燃放烟花爆竹、禁止放养家禽家畜、生活污水全部集中纳管等移风易俗行动，并将其融入村规民约 20 条，不断完善村规民约。“四会组织”积极开展健康文化活动，组建了银龙队等 9 支群众性文艺队伍，旨在繁荣乡土文化，净化村风民风。

余村还大力推进清廉乡村建设，把规范村级小微权力运行作为核心内容，率先提出了清廉正村建设目标，探索制定了“清廉正村”八项要求，对“三资”管理、“三务”公开等 8 个方面的内容做出具体规范。余村重点发展“阳光村务”，建立村务监督委员会、“村务”公开栏、“村村通”电视平台，村里的每一张票据、每一张报表都公开透明，这让干部心里更有底、百姓心里更踏实。2021 年，余村村党支部获评全国先进基层党组织，余村入选联合国世界旅游组织首批“最佳旅游乡村”名单。

“余村经验”已从地方走向全国。2017 年以来，安吉县和湖州市以余村民主法治村建设实践为蓝本，编制发布了全国首个《美丽乡村民主法治建设规范》县级地方标准和市级地方标准。2018 年，安吉发布《乡村治理地方规范》，形成了“余村经验”的地方标准，并大力推广。2019 年湖州市委一号文件发布了《关于全面推广“余村经验”大力提升乡村治理现代化水平的实施意见》，全面推广“余村经验”。余村先后获评全国民主法治示范村、全国人民调解工作先进集体、全国乡村治理示范村等荣誉。“余村经验”为健全自治、法治、德治“三治融合”的乡村治理体系提供了生动范例。

思考讨论

1. 在乡村治理过程中，安吉余村总结提炼出“八个村”的建设经验，其具体内容是什么？

2. 安吉余村作为习近平总书记“绿水青山就是金山银山”重要发展理念的发源地，将生态文明建设和乡村治理相结合。生态文明建设给乡村治理现代化带来了哪些影响？

3. “余村经验”已从地方走向全国，请结合本案例谈一谈“余村经验”给新时代乡村治理发展带来哪些启示。

教学建议

本案例主要适用于第十一章第三节“在共建共治共享中推进社会治理现代化”部分的辅助教学。案例展示的是安吉余村如何在“两山”理念的基础上进行乡村治理转型，形成以“支部带村、发展强村、民主管村、依法治村、道德润村、生态美村、平安护村、清廉正村”为核心的“余村经验”，进而推进乡村治理现代化的过程。

组织教学建议

第一，引导学生了解乡村治理现代化的内涵，把握乡村治理现代化与国家治理现代化的关系。乡村治理现代化是在由传统乡村社会向现代乡村社会的转变中，建成现代乡村治理的制度体系，以及提高制度执行能力。乡村治理现代化是国家治理体系和治理能力现代化的重要组成部分。乡村作为国家基层政权的“神经末梢”和最基本的治理单元，治理是否有效事关国家治理现代化的整体水平与质量，是国家有效治理的基石。在运用本案例教学之前，可拓展使用乡村治理的相关纪录片或视频资料，强化学生对乡村治理的直观认识，如央视网视频《浙江余村：乡村旅游成“世界名牌”》、腾讯网视频《美丽中国新颜值：浙江余村的前世今生》等，引导学生了解乡村治理现代化的内涵，体会乡村治理对国家治理的重要意义。

第二，可结合国家政策，引导学生认识和把握乡村治理现代化的目标。2019 年，中共中央办公厅、国务院办公厅印发《关于加强和改进乡村治理的指导意见》，指出我国乡村治理体系和治理能力现代化的总体目标：到 2020 年，现代乡村治理的制度框架和政策体系基本形成，农村基层党组织更好发挥战斗堡垒作用，以党组织为领导的农村基层组织建设明显加强，村民自治实践进一步深化，村级议事协商制度进一步健全，乡村治理体系进一步完善；到2035年，乡村公共服务、公共管理、公共安全保障水平显著提高，党组织领导的自治、法治、德治相结合的乡村治理体系更加完善，乡村社会治理有效、充满活力、和谐有序，乡村治理体系和治理能力基本实现现代化。在“余村经验”中，当地以“两山”理念为指引，采取自治、法治、德治相结合的方式，以重构乡村社会生态为使命，加强农村基层党员及党组织建设，创新乡村治理方式，推动形成文明乡风、良好家风、淳朴民风，成为乡村善治的典型。

第三，引导学生把握“三治融合”是实现乡村治理现代化的重要路径。在“三治融合”的乡村治理体系中，自治是核心，法治是保障，德治是基础，以自治增活力、以法治强保障、以德治扬正气。正如习近平所说：“健全自治、法治、德治相结合的乡村治理体系，是实现乡村善治的有效途径。”结合余村建立“三治融合”的乡村治理体系进程，分别关注其在自治、法治、德治建设中的做法，如余村如何发挥群众的主体力量、激发群众参与乡村治理的活力，如何进一步增强群众对家和村庄的责任感、认同感和归属感等。

第四，引导学生把握乡村治理现代化的重要意义。乡村治理是国家治理的基石。乡村治理现代化关系到国家治理现代化的目标实现。加强和改进乡村治理，是实现乡村全面振兴、推进国家治理体系和治理能力现代化的重要保障，也是巩固党在农村执政基础、满足人民对美好生活的需要的内在要求。余村的巨大变化是乡村治理成效的生动写照，余村的乡村治理经验给全国的乡村治理提供了范本。要引导学生理解新时代乡村治理对于党和国家经济社会发展的重要意义。乡村治理是国家治理的基石，是乡村振兴的重要内容，不仅关系到农村改革发展，更关乎党在农村的执政基础，影响农村社会大局的稳定。

总结提升建议

第一，加强基层党组织的核心引领作用，是推动新时代乡村治理现代化的前提。新时代乡村治理是党在农村工作的基础，必须确保其沿着正确的政治方向进行。夯实农村基层党组织的领导核心地位，提升农村基层党组织的政治领导力、思想引领力、群众动员力和社会号召力是提升乡村治理效能的关键。党的二十大报告指出，“坚持大抓基层的鲜明导向，抓党建促乡村振兴，加强城市社区党建工作，推进以党建引领基层治理，持续整顿软弱涣散基层党组织，把基层党组织建设成为有效实现党的领导的坚强战斗堡垒”。“余村经验”得以形成，其核心力量在于坚持党的领导。在上级党组织的引领下，余村党支部在全村发展的十字路口上坚定了发展生态经济的信念，重新规划余村发展，一任接着一任干，一张蓝图绘到底。村党支部高度重视工作方法，各项事务都采取民主决策的方式。在党支部的带领下，余村走出了一条经济发展、生态环境和谐共生的新路子。余村的蝶变，充分印证了村党支部的战斗堡垒作用，同时说明了党的领导的重要性。

第二，坚持以人民为中心的根本立场，是实现乡村治理现代化的根本出发点和落脚点。人民群众是社会历史的主体和创造者，乡村治理现代化坚持发展为了人民、发展依靠人民、发展成果由人民共享的衡量标准，展现了以人民为中心的实践逻辑。习近平指出，以人民为中心是我们党的根本执政理念，让人民生活幸福是“国之大者”。“两山”理念作为余村发展的指导思想和坚守原则，充分体现了以人民为中心的内涵，满足了人民的多重需求：一是实现了人民基本生存和生态安全的双重需求。良好的生态环境是最公平的公共产品，是最普惠的民生福祉。余村人民不能再以牺牲环境为代价谋取短期发展，把生态环境保护放在首位。二是实现了人民绿色发展与成果共享的双重需求。余村把发展成果转化为百姓实惠，真正实现了以发展成果由人民共享来提升人民群众的生产、生活、生态获得感。三是实现了人民物质生活和精神生活需求的双重满足。“绿水青山”是金钱不能代替的，它已经超越了传统的物质追求，成为余村人幸福生活的重要内容。

第三，健全自治、德治、法治“三治融合”的乡村治理体系，是实现乡村治理现代化的重要保障。自治、法治、德治“三治融合”将发挥乡村治理的最大能量，营造出人人共建共治共享的局面，最大限度地激发农村发展活力，更好更快推进农业农村现代化。余村蓬勃发展，治理有序有效，关键在于大家的事大家参与、众人的事众人商量，形成和发展了一整套村民自治、民主参与的制度，村民的主体地位越来越突出。余村还重视法治宣传的作用，在全村形成浓厚的法治氛围，帮助村民形成共识，学法、知法、用法、守法成为村民的思想自觉和行动自觉。余村充分借助乡贤群体的力量，带动村民树立良好家风，积极发挥民间团体的作用，采用道德教化、情理结合的方法不断推动乡风文明进步。

第四，生态建设与乡村治理相辅相成、齐头并进，共同推进乡村治理现代化。乡村治理现代化是全面的、多角度的、深层次的治理，不仅只是推动经济快速发展，还应该包括政治、生态、文化等各个方面的巨大改变。农村生态环境治理取得明显效果，也会推动乡村产业、干部作风、群众自治、乡风文明等各项治理工作朝着良好趋势发展。在生态文明的背景下，余村把生态优势转化成了治理优势，诞生了“余村经验”。从余村具体实践看，主要表现在：一方面把生态文明理念贯穿于民主法治建设各环节，安吉县和湖州市以余村民主法治村建设实践为蓝本，编制发布了全国首个《美丽乡村民主法治建设规范》县级地方标准和市级地方标准；另一方面把生态文明理念贯穿村民自主管理全过程，注重发挥村规民约自治功能，将垃圾不落地、文明餐桌行动、严禁燃放烟花爆竹、禁止放养家禽家畜、生活污水全部集中纳管等要求融入村规民约。

启示意义

拓展“两山”理念的综合治理观，必须克服大包大揽的习惯思维，形成共建共治共享的社会治理格局。社会治理是一场全民行动，要坚持全民共治，动员组织各种社会力量有序参与到社会治理中来，不让群众成为消极的观望者。要建立健全由党政部门、市场主体、社会组织、自治组织和广大群众等组成的开放性多元主体协同治理系统，构建群众自治圈、社会共治圈、网格服务圈、平安共享圈的社会治理格局，让专业的人干专业的事，让志愿者干志愿事，让老百姓干百姓事。余村正是依靠健全共建共治共享的社会治理制度，提升了社会治理的效能，向建设人人有责、人人尽责、人人享有的社会治理共同体迈出了一大步。

案例 23

居安思危 知危图安

——坚定不移贯彻总体国家安全观

核心阅读

国家安全是安邦定国的重要基石，维护国家安全是全国各族人民根本利益所在。进入新时代，我国面临更为严峻的国家安全形势：极少数“台独”顽固分子大肆进行“台独”分裂活动，严重危害国家主权、统一和领土完整；境外间谍情报机关设置重重陷阱对走出国门的中国公民进行“诱捕”；利用网络技术伪装身份，以“交友”“咨询”“兼职”等名义搜集情报，或以博人眼球的方式造谣生事甚至危害国家安全；加大对粮食等核心安全领域的渗透，非法搜集和窃取我国杂交水稻亲本种子……面对这些层出不穷、形式多样的危害国家安全、损害国家利益的非法行为，青年学生应深刻认识其危害性，积极与危害国家安全的行为作斗争，以实际行动贯彻落实总体国家安全观，为保障国家安全、维护社会稳定做出更多贡献。

国家安全是民族复兴的根基，社会稳定是国家强盛的前提。2023 年 5 月 30 日，习近平主持召开二十届中央国家安全委员会第一次会议并发表重要讲话，强调要全面贯彻党的二十大精神，深刻认识国家安全面临的复杂严峻形势，正确把握重大国家安全问题，加快推进国家安全体系和能力现代化，以新安全格局保障新发展格局努力开创国家安全工作新局面。但在实践中，还有大量危害国家安全的事件和行为在不断发生，大学生应以此为鉴，自觉增强国家安全意识和素养，坚持以总体国家安全观为指导，共同筑牢维护国家安全的坚固屏障。

国家安全机关依法对涉嫌危害国家安全犯罪的“台独”分子采取措施

实现祖国完全统一，是全体中华儿女的共同愿望，是中华民族根本利益所在。但个别“台独”分子却执意逆历史潮流而动，执意从事破坏国家安全的分裂活动。

杨某就是一位长期从事“台独”分裂活动、涉嫌危害国家安全的“台独”分子。他长期鼓吹“台独”理念，伙同他人成立“台独”非法组织“台湾民族党”，以“推动台湾成为主权独立国家并加入联合国”为目标，大肆鼓噪“公投建国”，高调推行“急独”路线，策划实施“台独”分裂活动。2019 年，杨某出任“台湾民族党”副主席代理主席党务，并应陈水扁邀请，代表“一边一国行动党”参选新北市永和区“立法委员”，并在选举中大肆宣扬“谋独拒统”，极力煽动两岸对立。香港“修例风波”期间，杨某还高调串联分裂势力为“港独”站台，鼓动“多独合流”，公然挑衅国家主权和领土完整。

2022 年 8 月 3 日，浙江省温州市国家安全局依法对涉嫌分裂国家犯罪、煽动分裂国家犯罪的台湾地区犯罪嫌疑人杨某实施刑事拘传审查。次日，温州市国家安全局依法对其变更刑事强制措施，由拘传转为指定居所监视居住，并在侦查终结后移送温州市检察院审查起诉，温州市检察院则于 2023 年 4 月正式以涉嫌分裂国家罪对杨某批准逮捕。

与杨某一样因涉嫌从事煽动分裂国家犯罪而被国家安全机关和司法机关追责的还有李某。出生和成长于大陆的李某，在赴台后创设台湾“八旗文化”出版社并担任总编辑。在台湾绿营势力的资助下，他频频在文化出版领域策动历史虚无主义宣传，诋毁中华民族和中华历史文化，着力消解民族认同、文化认同和国家认同。2023 年 3 月 21 日，上海市国家安全局依法对李某采取刑事强制措施。

警惕“国门”之外的圈套和陷阱

在经济全球化进程深入发展的过程中，我们与世界的联系更加紧密，中国公民出国学习、工作、旅游也越来越方便。然而，“国门”之外不仅有异域风情、美景美食，境外间谍情报机关也趁着一些人出国后放松心理戒备的时机，设置圈套和陷阱，这就不可避免地对我国公民人身安全造成威胁，同时也给我国家安全和利益带来了风险隐患。

赵某是一名航天领域的科研人员，在赴国外大学做访问学者期间，被境外间谍情报机关人员一步步拉拢策反，出卖科研进展情况，严重危害我国国家安全。起初，对方只是约他吃饭出游、赠送礼物。随着双方关系不断拉近，对方不时向他询问一些敏感问题，并支付不菲的咨询费用。赵某临近回国前，对方向他亮明了间谍情报机关人员的身份，将赵某策反。随后，该国间谍情报机关为赵某配备了专用 U 盘和网站，用于下达任务指令和回传情报信息。赵某访学结束回国后，在国内多地继续与该国间谍情报机关人员见面，通过当面交谈及专用网站传递等方式向对方提供了大量涉密资料，并以现金形式收受间谍经费。不久后，赵某的间谍行为引起了国家安全机关的注意。2019 年 6 月，北京市国家安全机关依法对赵某采取强制措施。2022 年 8 月，人民法院以间谍罪判处赵某有期徒刑 7 年，剥夺政治权利 3 年，并处没收个人财产人民币 20 万元。

认清网络伪装背后的违法犯罪

“用社交网络来生活，用生活来维系社交网络”，这日益成为当下人们生活的真实写照。全世界的人通过互联网联系起来，社交网络正强烈影响着人们的现实生活，也给国家安全带来新的威胁和挑战。

韩某是新疆某地的一名普通基层公务员。2016 年 12 月，韩某赴外地旅游期间，通过手机交友软件与当地一网友结识，两人相谈甚欢。回到家中后，韩某经常在网上向对方分享自己的生活，并不时抱怨自己的工资太低。对方随即向韩某介绍，称自己的堂哥“陈逸”能够提供兼职，帮助其赚取外快。随后，“陈逸”添加韩某为微信好友，并要求韩某提供当地的一些敏感信息，并承诺支付报酬。韩某应允后，“陈逸”进一步以金钱为诱饵，指挥韩某搜集党政机关涉密文件。对方对韩某提供的文件资料极为重视，为确保安全，专门对韩某进行了间谍培训，教授其沟通联络、传递情报的具体手法，并派专人向韩某提供经费以及手机、SIM卡等通联工具。此时，韩某在已经明知对方系境外间谍情报机关人员的情况下，为获取高额报酬，仍继续搜集提供涉密文件。案发后，人民法院审理查明，韩某先后向对方提供文件资料19份，其中机密级文件6份，秘密级文件8份，被鉴定为情报的资料5份，累计收取间谍经费12万余元。2019年3月，韩某因犯间谍罪被判处有期徒刑11年6个月，剥夺政治权利4年，并处没收个人财产5万元。

间谍窃取我国杂交水稻亲本种子

近年来，境外间谍情报机关持续加大对我国粮食领域的渗透力度，大肆窃取相关核心科研情报，给我国水稻种业核心竞争力与粮食安全造成显著危害。针对这一情况，国家安全机关主动出击，2022年至2023年集中破获系列间谍窃密案件，依法调查审查涉案人员近百名，查处重点涉案企业11家，依法追究相关人员刑事责任。

经国家安全机关调查发现，某境外间谍情报机关在我国成立了一家公司，主要业务就是非法搜集我国亲本种子资源，并与担任国内某农业科技公司总经理的朱某建立起“合作”关系。朱某在明知向境外出售种子是违法行为的情况下，对境外间谍情报机关的要求“来者不拒”，以“合作制种”的名义，先后向对方违规出售5种亲本稻种，获得了超出正常售价的回报。为进一步拓展“业务范围”，朱某又创办了一家农业科技公司，开始向境外大量出卖我国优质亲本稻种。不同于普通的种子，亲本种子能产生种子的父本和母本，是最核心的育种材料。经国家相关保密部门鉴定，朱某向境外非法提供的种子为情报。据此，国家安全机关依法对朱某采取了刑事强制措施。2024年1月，安徽省合肥市中级人民法院以“为境外非法提供情报罪”判处朱某有期徒刑1年6个月。

当前，我国面临着复杂多变的安全和发展环境，各种可以预见和难以预见的风险因素明显增多，境内外威胁国家安全的事件行为层出不穷，维护国家安全和社会稳定任务繁重艰巨。为此，青年学生应积极承担起维护国家安全的责任使命，全面学习和践行总体国家安全观，秉持国家安全人人有责、人人可为的理念，自觉提升维护国家安全的意识和能力，为以中国式现代化全面推进中华民族伟大复兴筑牢安全屏障。

思考讨论

1. 习近平曾深刻指出，“当前我国国家安全内涵和外延比历史上任何时候都要丰富，时空领域比历史上任何时候都要宽广，内外因素比历史上任何时候都要复杂，必须坚持总体国家安全观”。结合案例内容谈谈你对当前我国国家安全形势的理解和认识。

2. 大学生是维护国家安全和社会稳定的重要力量。结合案例中的相关情境，你认为青年学生应该如何以实际行动践行总体国家安全观、有效维护国家安全？

3. 2025年4月15日是我国第十个全民国家安全教育日，主题为“全民国家安全教育走深走实十周年”。你认为在新发展阶段为什么必须坚持总体国家安全观？

教学建议

本案例适用于第十三章第一节“坚持总体国家安全观”部分的辅助教学。案例主要介绍了四个危害国家安全的典型事件，既直接反映了当前我国国家安全形势的复杂严峻性，也深刻体现了在新发展阶段坚定不移贯彻总体国家安全观的重要性和必要性。

组织教学建议

第一，本案例主要适用于教学导入环节。教学中可以通过本案例的讲解分析来引入“坚持总体国家安全观”这一教学主题。组织开展案例教学，可以引导学生关注并思考当前我国国家安全所面临的严峻形势，进而深化学生对总体国家安全观的理论学习和行为实践，促使学生自觉提升安全意识和素养。

第二，应用本案例开展教学应充分结合并准确把握我国国家安全形势的新变化新特点新趋势。百年未有之大变局与中华民族伟大复兴战略全局的相互交织，使得我国当前面临的国内外安全形势十分复杂，各种可以预见和难以预见的风险因素明显增多，这是案例中典型事件发生的时代背景和现实基础。只有把安全形势的变化特点及其带来的风险挑战讲清楚，学生才能理解为什么会出现案例中呈现的危害国家安全的事件和行为，才能深刻意识到这些事件和行为给国家安全带来的严重危害，才能真正认识到学习践行总体国家安全观的重要意义。

第三，应用本案例开展教学时应对案例内容进行适当的拓展。案例只是展示了国家安全部门处理或通报的 4 起典型危害国家安全事件，但鉴于当前安全形势的复杂性，实践中发生的危害国家安全行为层出不穷，形式手段也非常多样。为了强化学生对维护国家安全的情感共鸣和责任担当，教师可以在介绍案例内容后再组织学生进行讨论，引导其从自己的生活实际出发，结合自己的专业领域或者是近期的热点安全问题来补充介绍他们所了解的危害国家安全的具体事例。这样可以拉近案例与学生之间的距离，让学生相信案例的真实性、认可案例的典型性，进而主动思考案例所蕴含的理论意蕴和实践价值，最终有效实现案例教学的目标。

第四，为了广泛深入开展总体国家安全观宣传教育，全社会开展了形式多样的安全宣传教育活动，可以辅助案例教学的开展。2021 年 1 月上线的“国安宣工作室”，制作发布了多部维护国家安全的宣传片，如为庆祝国家安全部成立 40 周年而制作的国家安全机关形象宣传片《有我》就在 2023 年 7 月发布，片中回顾了多个隐蔽战线为巩固和捍卫党的执政地位，维护国家主权、安全、发展利益，坚持和发展中国特色社会主义所参与的事件，包括 1997 年香港回归、2008 年北京奥运会、2019 年香港“修例风波”以及 2021 年“孟晚舟归航”等。这些素材的应用，可以进一步增强案例教学的吸引力，提升学生对国家安全问题的关注度。

总结提升建议

第一，总体国家安全观根植于中国特色社会主义新时代，具有坚实的现实基础和重大时代意义。进入新时代，我国的国家安全形势发生重大变化，各种传统安全和非传统安全问题交织互动，各种安全风险和挑战前所未有，这对国家安全提出了更高更多更新的要求。正是基于对时代发展大势的科学把握和判断，习近平在 2014 年举行的中央国家安全委员会第一次会议上创造性提出总体国家安全观，为新时代的国家安全工作提供了强大的思想武器。案例中介绍的很多情况都体现了新时代特有的安全风险挑战，尤其是新一轮科技革命和产业变革加速演进，导致国家安全的斗争手段、方式都发生了革命性变化，来自网络或者应用网络手段危害国家安全和利益的事件、行为在不断发生，这也直接加剧了新征程维护国家安全的难度。正如习近平所指出的那样，“没有网络安全就没有国家安全；过不了互联网这一关，就过不了长期执政这一关”。对此，必须坚持以总体国家安全观为指导，坚持走中国特色国家安全道路不动摇，坚持系统思维和方法，把握住重点安全领域和新型安全风险挑战，加强科学统筹，强调国家安全要贯穿党和国家工作全局各方面、各环节，打好维护国家安全的总体战。

第二，总体国家安全观是一个系统完整、逻辑严密、相互贯通的科学理论体系，要全面学习和了解总体国家安全观的丰富内涵和核心要义。总体国家安全观的关键是“总体”，揭示了国家安全是全面、系统的安全，是共同、整体的安全，强调的是大安全的理念，只有这样才能涵盖当前复杂严峻安全形势及其带来的风险挑战。正如案例内容所显示的那样，国家安全既包括传统的国土安全、政权安全、经济安全、社会安全等内容，也包括网络、生态、生物、人工智能、数据等新兴领域安全，这就要求在思考国家安全问题时不能只关注某一领域、某一类型的安全问题，而应着眼于国家安全工作的全局，把握好总体国家安全观的核心要义，做到“十个坚持”①，推动新时代新征程国家安全工作的深入发展。

第三，总体国家安全观推动中国特色国家安全理论和实践实现历史性飞跃，是新发展阶段推进国家安全工作的重要遵循。进入新时代，以习近平同志为核心的党中央把马克思主义国家安全理论和当代中国安全实践、中华优秀传统战略文化结合起来，顺应时代发展的潮流，创造性地提出了总体国家安全观。作为马克思主义国家安全理论中国化的最新成果，作为中华优秀传统文化精髓时代化发展的集中呈现，总体国家安全观是对以往国家安全理念的突破和超越，是在我们党的历史上第一次形成的系统完整的国家安全理论，标志着我们党对国家安全基本规律的认识达到了新高度。总体国家安全观运用总体战略思维和宽广世界眼光把握国家安全，深刻揭示了中国特色国家安全的本质特征，深入阐发了一系列具有原创性、时代性的重要观点，指导新时代国家安全工作取得历史性成就。要妥善应对案例中介绍的危害国家安全的新危害新挑战，就必须坚持总体国家安全观，推动国家安全工作实现从分散到集中、从迟缓到高效、从被动到主动的历史性变革，深刻把握人民安全、政治安全和国家利益至上的关系，为推进党和国家事业发展、满足人民对美好生活的

① 2020 年 12 月 11 日，习近平在主持十九届中央政治局第二十六次集体学习时，就贯彻总体国家安全观提出“十个坚持”的重要要求：一是坚持党对国家安全工作的绝对领导；二是坚持中国特色国家安全道路；三是坚持以人民安全为宗旨；四是坚持统筹发展和安全；五是坚持把政治安全放在首要位置；六是坚持统筹推进各领域安全；七是坚持把防范化解国家安全风险摆在突出位置；八是坚持推进国际共同安全；九是坚持推进国家安全体系和能力现代化；十是坚持加强国家安全干部队伍建设。

需要筑起牢固的安全屏障。

第四，大学生应认真学习践行总体国家安全观，为筑牢国家安全人民防线、建设更高水平的平安中国做出更大贡献。案例介绍的危害国家安全的事件虽然都是个案，但仍然值得我们高度重视并认真反思。在当前复杂的国内外安全形势下，很多反动势力都将入世不深的大学生作为重点对象，通过哄骗、利诱、威胁、恐吓等手段试图将大学生拉入危害国家安全的陷阱，案例中的杨某是长期从事“台独”分裂活动、涉嫌危害国家安全的“台独”分子，公然挑衅国家安全和领土完整；赵某被境外间谍情报机关人员一步步拉拢策反直至出卖科研情报，严重危害了国家安全；韩某则是被别有用心之人利用网络技术伪装身份欺骗拉拢，多次泄露国家秘密。尤其需要注意的是，一些组织和人员还打着境外非政府组织、调查咨询公司、高科技公司等旗号，从经济、生物、科技等领域入手，妄图在我国人权、产业链、供应链等领域“做文章”，给我国国家安全造成了极大危害。面对这些情况，大学生应引以为戒，自觉学习国家安全知识，提升维护国家安全的意识和能力，既要从理论上深刻学习和掌握总体国家安全观的丰富内涵、核心要义和立场观点方法，也要在实践中积极践行总体国家安全观，自觉遵守宪法、法律法规关于国家安全的有关规定，如发现危害国家安全的活动线索应及时报告，积极支持和协助国家安全专门机关开展工作，积极履行公民维护国家安全的责任和义务。

启示意义

实现中华民族伟大复兴中国梦，保证人民安居乐业、国家安全是头等大事。进入新时代，我国发展的战略机遇和风险挑战并存，国家安全在党和国家工作全局中的重要性日益凸显。为此，应坚持以总体国家安全观为指导，坚定不移走中国特色国家安全道路，不断开创新时代国家安全工作新局面，不断增强维护和塑造国家安全的能力，把保障国家安全的战略主动权牢牢掌握在自己手中。

国家利益高于一切，国家安全人人有责。树立国家安全意识，自觉关心、维护国家安全，是我国宪法规定的公民的基本义务。大学生作为社会主义事业的建设者和接班人，应自觉学习总体国家安全观，树立国家安全利益高于一切的观念和维护国家安全的忧患意识，提高警惕、坚守底线，着力提升自己的安全风险辨识能力、防范能力和化解能力，不断强化维护国家安全的使命感和责任感，为维护国家安全、社会稳定贡献青春力量，为夺取全面建设社会主义现代化国家新胜利、实现中华民族伟大复兴中国梦不懈奋斗。

案例 24

以大学生之名筑牢国家安全防线

核心阅读

国家安全是民族复兴的根基，社会稳定是国家强盛的前提。要实现中华民族伟大复兴的中国梦，保证人民安居乐业、有效维护国家安全，必须坚持总体国家安全观。国家安全与每个公民密切相关，维护国家安全人人有责。面对复杂的安全形势，有些安全意识薄弱的大学生受到境外敌对势力的诱骗，做出了泄露国家机密、煽动颠覆国家政权、受教唆开办境外反动网站等违法犯罪行为，严重损害了国家安全。在为他们感到惋惜的同时，我们也应该引以为戒，自觉提升国家安全意识和素养，认真履行维护国家安全责任，坚持总体国家安全观，为构建中国特色社会主义事业的安全屏障贡献青春力量。

国家安全是安邦定国的重要基石，维护国家安全是全国各族人民根本利益所在。2014 年 4 月 15 日，习近平主持召开中央国家安全委员会第一次会议并发表重要讲话，强调要准确把握国家安全形势变化新特点新趋势，坚持总体国家安全观，走出一条中国特色国家安全道路。此后，“坚持总体国家安全观”被写进党的十九大报告、写入修改后的《中国共产党章程》，是习近平新时代中国特色社会主义思想的重要内容，也是坚持和发展中国特色社会主义的基本方略。近年来发生的多起青年学生危害国家安全案件，既给我们敲响了警钟，也让我们更加深刻地认识到：确立总体国家安全观、有效维护国家安全，人人有责，更须人人尽责。

台湾间谍情报机关瞄准大陆赴台青年学生

2018 年 9 月 15 日，央视新闻客户端发布一则重磅消息，引发社会公众广泛关注：国家安全机关组织开展“2018-雷霆”专项行动，先后破获百余起台湾间谍案件，有力打击了台湾间谍情报机关嚣张气焰，有效维护了国家安全利益。2018 年 9 月 15 日、16 日，中央电视台综合频道《焦点访谈》节目播出了专题节目《危情谍影》，对国家安全部门“2018-雷霆”专项行动中破获的百余起台湾间谍案件的部分细节进行披露。

在国家安全机关破获的多起台湾间谍案中，都出现了大陆高校赴台访学交流青年学生的身影。2009 年至 2013 年，台湾多名间谍人员通过问卷调查、提供兼职等方式接触大陆学生，采取金钱收买、感情腐蚀、色情引诱以及网络勾连等多种方式哄骗利诱，之后向大陆学生有偿索取政治、经济、军事等相关政策和涉密信息，严重危害了国家安全。

一位在重点大学机械专业学习并赴台交流的学生小哲，就被台湾的间谍人员欺骗威胁，多次向其泄露国防科工的保密信息，并收取了折合人民币 45 000 元的报酬。案件被警方破获后，小哲因为不再适合相关专业的学习而退学，并被追究相关法律责任。

2015 年，大陆学生小朱到台湾一所大学交流学习，其间面临因采访不到当地的高层人士而影响撰写论文的情况。后经同学引荐，小朱认识了徐某某，在她的帮助下，小朱顺利完成了采访。此后徐某某曾询问小朱可否帮忙了解大陆国安工作，小朱对此产生了怀疑，但依旧与其保持来往。2016 年，徐某某帮小朱拿到了台湾一个两岸学生夏令营的邀请函，作为回报，小朱邀请了一个在国家某重要机关工作的熟人小丁一同赴台，并引介小丁与徐某某相识。在与小丁不断深入交往的过程中，徐某某用在大陆开化妆品公司请小丁入股为诱饵，哄骗小丁频繁发送其所在单位带着密级的红头文件。短短 3 个月的时间，小丁先后向徐某某提供了多份内部文件资料，其中秘密级 1 份，机密级 4 份。由于他们的交易被安全部门发现，小丁没有等到徐某某给他回报，就已经沦为阶下囚。

内地赴港学生被利用成为反中乱港“棋子”

2020 年，国家安全机关侦破了多起境外敌对势力渗透拉拢内地赴港学生从事颠覆我国国家政权及反中乱港活动的案件。

1996 年出生的陈某某自 2014 年起先后在香港大学、香港中文大学攻读学士、硕士学位。面对香港复杂的社会政治环境，陈某某逐渐迷失了自我，落入反华敌对势力精心布下的“圈套”之中，在错误的道路上越走越远：从公开声称要“光复香港”，到为“反修例”鼓劲打气，在香港“修例风波”期间，陈某某在社交媒体上发表大量支持“反修例”、攻击政府的言论。2020 年 5 月，国家安全机关依法对陈某某进行审查。陈某某如实交代了自己加入反华非政府组织等违法行径。经办案单位的耐心教育引导，陈某某对其违法犯罪行为供认不讳，同时写下 10 万余字的悔过材料，表示要痛改前非，不再参与任何危害国家安全的活动。

1995 年出生的杨某某，毕业于江苏某大学新闻与传播学院，2017 年赴香港某大学攻读电影专业硕士学位。上学期间，杨某某受到境外反华势力言论的影响，对我国家政权产生了敌对情绪。2018 年 10 月，杨某某参与某境外敌对组织活动，散布谬论并参与非法游行。敌对组织将杨某某视为“人才”，让其在互联网上负责处理引导话题讨论、转发视频图片，进行煽动蛊惑。作为群组管理员，杨某某加入了该敌对组织核心群组“小沙龙”并表现活跃，提出利用 Wi-Fi 热点和 Airdrop 传播“敌对理论”等扩大组织影响力的“兴风作浪”方案。特别是在香港“修例风波”期间，其大肆转发支持香港暴徒的推文，诱导群内成员讨论、抹黑香港警方，并企图向境内倒灌所谓的香港“斗争经验”。2020 年 6 月，国家安全机关依法将杨某某抓获归案。经过国家安全机关的教育感化，杨某某对其违法犯罪行为供认不讳，主动交代揭发境外敌对势力的丑陋行径，承诺不再从事危害国家安全的活动。

青年受教唆办反动网站

国家安全机关破获的田某煽动颠覆国家政权案也令人触目惊心。1999 年出生的田某，是河北某高校新闻系学生，长期收听境外反华媒体广播节目，经常浏览境外大量有害政治信息，并同境外敌对势力人员进行接触，甘于充当境外敌对势力的“棋子”。进入大学后，田某经境外反华媒体记者引荐，成为西方某知名媒体北京分社的实习记者，并接受多个境外反华敌对媒体邀请担任驻京记者。在此期间，田某接收大量活动经费，介入炒作多起热点敏感事件，累计向境外提供反宣素材 3 000 余份，刊发署名文章 500 余篇。在境外势力的蛊惑教唆下，2018 年田某创办了一个境外反动网站，大肆传播各类反动宣传信息和政治谣言。2019 年 4 月，田某受境外反华媒体人邀请秘密赴西方某国，同境外 20 余个敌对组织接触，同时接受该国 10 余名官员的直接问询和具体指令，秘密搜集提供污蔑抹黑我国的所谓“证据”。2019 年 6 月，国家安全机关经过缜密侦查依法将田某抓捕归案。

这些正值烂漫花季的青年人，本应在学校接受良好教育，学成后为国家建设贡献力量，却误入歧途走上危害国家安全的违法犯罪道路。维护国家安全人人有责、人人可为，只有时刻保持清醒头脑，认真履行维护国家安全的法律义务，才能筑牢国家安全“堤坝”，形成维护国家安全的强大合力。在全面建设社会主义现代化国家的新征程中，我们要时刻保持“船到中流浪更急、人到半山路更陡”的清醒认识，不断增强忧患意识，坚持总体国家安全观，为实现中华民族伟大复兴构建起牢固的安全屏障。

思考讨论

1. 案例中的主人公是正值花季的大学生，但却在复杂的安全形势中迷失了自我。结合案例内容，你认为导致这些大学生做出危害国家安全行为，甚至走上违法犯罪道路的原因是什么？

2. 2025 年 4 月 15 日是第十个全民国家安全教育日，它的活动主题是“全民国家安全教育 走深走实十周年”。结合案例内容，谈谈大学生应该如何树立和践行总体国家安全观，以及有效履行维护国家安全的责任义务。

3. 习近平在党的二十大报告中深刻指出，新时代新征程要“推进国家安全体系和能力现代化，坚决维护国家安全和社会稳定”。结合现实，谈谈应如何推进国家安全体系和能力现代化。

教学建议

本案例主要适用于第十三章第三节“开创新时代国家安全工作新局面”部分的辅助教学。本案例主要介绍了个别大学生因缺乏国家安全意识而从事危害国家安全的违法活动，生动体现了维护国家安全、坚持总体国家安全观的重要性和必要性。

组织教学建议

第一，本案例主要适用于教学导入环节。在讲解“开创新时代国家安全工作新局面”这一知识点时，可以通过提问引出案例。教师可以从我国当前面临的复杂安全形势入手，了解学生对当前我国国家安全形势和总体国家安全观的认识情况，进而引出案例并组织学生围绕案例进行讨论学习，并让学生懂得：国家安全问题事关国家安危和民族存亡，在国家安全形势越来越复杂的今天，必须坚持总体国家安全观，坚决维护国家主权、安全、发展利益。大学生作为社会发展的生力军，更要增强国家安全意识，认识到人人都有维护国家安全的责任，并自觉遵守国家安全法律，积极履行维护国家安全的义务。

第二，运用本案例开展教学时，要从案例内容出发引导学生全面认识我国当前面临的复杂安全形势，在此基础上深刻认识总体国家安全观的丰富内涵。案例中的大学生的国家安全意识薄弱，具有价值观念尚未成形、政治鉴别力不强、急需融入新环境、追求个人利益等特点，面对敌对势力采用政治洗脑、利益诱导等手段极力拉拢渗透时未能做出正确判断，进而走上了危害国家安全的歧路。以此为鉴，教学中应着力引导学生了解认识当前复杂的国内和国际安全形势，激发其维护国家安全的忧患意识，强化学习践行总体国家安全观的使命感和责任感，推进总体国家安全观真正入脑入心。

第三，教学中应该将案例内容与生活实际相结合，组织学生从自身生活出发来理解认识国家安全问题。案例内容主要聚焦于大学生危害国家安全的个案，但案例中主人公的思想状况具有一定的代表性，对案例内容的分析讨论能够更加直观地引导学生对境外反华敌对势力的渗透拉拢、危害我国家政治安全的图谋保持警惕，谨防落入这些势力的陷阱，强化维护国家安全的责任感和使命感，进而自觉提升维护国家安全的能力和素养，积极参与维护国家安全实践。

第四，分析解读案例时可以与相关国家安全热点问题相结合，引导学生更加深刻地理解新时代国家安全的丰富内涵以及坚持总体国家安全观的重要性和必要性。如在 2022 年的俄乌冲突中，传统军事冲突与新冠疫情叠加，经济制裁与信息封锁并用，能源安全、粮食安全与地缘安全交织，直接体现了当前国际安全的严峻形势和国家安全内涵的丰富拓展。再如 2020 年颁布实施的《中华人民共和国香港特别行政区维护国家安全法》对维护国家安全具有重大意义，既是能够堵住香港国家安全法律漏洞、切实捍卫国家主权安全的必要之举，也有利于维护香港长期繁荣稳定，确保“一国两制”行稳致远。将上述热点安全问题与案例内容联系起来进行分析解读，能够引导学生深化对总体国家安全观的认识。

总结提升建议

第一，要全面贯彻落实总体国家安全观，就必须深刻认识总体国家安全观的丰富内涵。案例内容涉及政治安全、政权安全、经济安全、信息安全、军事安全和科技安全等多个领域，这要求我们全面把握国家安全的内涵，并着力从以下五个方面来深刻认识总体国家安全观的精髓要义：一是坚持走中国特色的国家安全道路；二是建立完善国家安全领导体制和各级党委国家安全工作责任制；三是立足国际秩序大变局、防范风险大前提和我国发展重要战略机遇期大背景来统筹谋划；四是统筹“五大要素”和“五对关系”①，筑牢底线思维，把维护国家安全的战略主动权牢牢掌握在自己手里；五是要增强重点领域的国家安全能力，建设更高水平的平安中国。案例体现了当前青年学生有可能面对的具有代表性的“安全陷阱”，以及诱导、哄骗青年学生做出危害国家安全行为的惯用手段，这给我们敲响了安全警钟。为此，应围绕上述五个方面的重点内容来理解学习总体国家安全观的丰富内涵，并将这些安全理念和方法与自己的生活实际相结合，通过切实行动来保障国家安全。

第二，要有效维护国家安全，就必须推进国家安全体系和能力现代化。国内外安全形势的发展变化对国家安全体系和能力提出了新的要求，案例中反映的复杂安全形势和多元安全威胁直接体现了完善国家安全体系、提升国家安全能力的现实必要性和紧迫性。为此，在国家安全体系建构方面，要牢牢坚持党中央对国家安全工作的集中统一领导，完善高效权威的国家安全领导体制，完善国家安全力量布局，构建全域联动、立体高效的国家安全防护体系。在维护国家安全能力建设方面，应坚定维护国家政权安全、制度安全、意识形态安全，加强国家重点领域安全能力建设，全面加强国家安全教育，增强全民国家安全意识和素养，筑牢国家安全人民防线。在提高公共安全治理水平方面，坚持安全第一、预防为主，完善公共安全体系，加强重点行业、重点领域的安全监管，加强国家区域应急力量建设，强化对个人信息的保护。在社会治理体系方面，应健全共建共治共享的社会治理制度，提升社会治理效能，建设人人有责、人人尽责、人人享有的社会治理共同体。把握住上述维护国家安全的重要方面和重点领域，既有助于贯彻落实总体国家安全观，也能推动构筑起新时代维护国家安全的有力防线。只有构建起健全的国家安全体系，不断提升国家安全能力的现代化水平，才能构筑起强大的安全防线，案例中出现的危害国家安全的行为才能被有效预防和制止。

第三，坚持统筹发展和安全，是落实总体国家安全观的必然要求。近代以来，中华民族内忧外患不断，生死存亡的安全问题紧迫严峻，因而无论是在清朝末年、民国时期，还是在新中国成立初期，客观情况一直是安全重于发展，政府在做决策时通常也会优先从安全的角度加以考量。改革开放后，邓小平同志关于以经济建设为中心、发展才是硬道理的理论，强调发展优先，是统筹发展与安全关系的一种时代选择。进入中国特色社会主义新时代，随着国际关系和国际安全形势的深刻变化，党中央开始实行安全与发展并重的国家大战略，总体国家安全观的提出反映的正是发展与安全同样突出的新形势，体现的是把发

① 2014 年 4 月 15 日，习近平在中央国家安全委员会第一次会议上明确指出：“当前我国国家安全内涵和外延比历史上任何时候都要丰富，时空领域比历史上任何时候都要宽广，内外因素比历史上任何时候都要复杂，必须坚持总体国家安全观，以人民安全为宗旨，以政治安全为根本，以经济安全为基础，以军事、文化、社会安全为保障，以促进国际安全为依托，走出一条中国特色国家安全道路。”这一重要论述中的宗旨、根本、基础、保障和依托构成了总体国家安全观的“五大要素”。

同时，习近平还强调必须处理好“五对关系”，即“坚持既重视外部安全又重视内部安全、既重视国土安全又重视国民安全、既重视传统安全又重视非传统安全、既重视发展问题又重视安全问题、既重视自身安全又重视共同安全”，揭示了践行总体国家安全观的科学方法。

展与安全置于同等重要地位的新战略，这也是对案例所反映的严峻复杂安全形势的有力回应。在当前复杂的国际环境下，境外反华敌对势力不仅将青年学生作为破坏我国国家安全的重要棋子，还将目标瞄准了更广泛的社会公众层面，如 1985 年出生于浙江温州、曾任某科技有限公司研发部经理的马某某，长期以来在网上接受境外反华敌对势力的“洗脑”，将境外活跃敌对分子视为“人生导师”。马某某利用互联网专业特长，匿名创建网络群组，肆意歪曲捏造事实，极力传播各类谣言信息，煽动分裂国家、煽动颠覆国家政权，充当境外敌对势力在我国境内的代理人，对我国国家安全和社会稳定造成严重危害。如此严峻的安全形势要求我们必须统筹发展和安全，增强忧患意识，做到居安思危，这也是我们党治国理政的一个重大原则。

第四，大学生应强化国家安全意识，坚定不移贯彻总体国家安全观，积极维护国家安全和社会稳定。当前我国国家安全内涵和外延比历史上任何时候都要丰富，时空领域比历史上任何时候都要宽广，内外因素比历史上任何时候都要复杂，面临对外维护国家主权、安全、发展利益，对内维护政治安全和社会稳定的双重压力，各种可以预见和难以预见的风险因素明显增多。案例内容直接反映了上述安全形势的复杂性，这要求我们必须坚持总体国家安全观、有效维护国家安全。整体来看，导致案例中个别大学生做出危害国家安全行为的原因主要包括两方面：一是这些大学生缺乏国家安全意识，对国家安全的内涵和表现形式缺少清晰认知，也不具备对破坏国家安全行为和活动的鉴别能力；二是复杂的安全形势导致安全领域的斗争日益激烈，敌对势力为了破坏我国的国家安全将青年学生作为重点对象，并针对青年学生安全素养不足的特点有针对性地进行诱骗。这就要求我们牢牢树立总体国家安全观，着力强化安全意识，从案例主人公身上汲取教训，要谨记安全红线和法律底线，避免因为安全意识薄弱而做出危害国家安全的行为。与此同时，大学生还应不断提升维护国家安全的能力和素养，自觉遵守宪法、法律法规关于维护国家安全的有关规定，如有发现应及时报告危害国家安全的活动线索，积极支持和协助国家安全专门机关开展工作，如实提供情况和证据，做到不推、不拒，更不得以暴力、威胁等方式妨碍执行公务。

启示意义

“安而不忘危，存而不忘亡，治而不忘乱。”国家安全是国家发展的最重要基石、人民福祉的最根本保障。坚持总体国家安全观，推进国家安全体系和能力现代化，坚决维护国家安全和社会稳定，这是全面建设社会主义现代化国家、实现第二个百年奋斗目标，以中国式现代化全面推进中华民族伟大复兴的必然要求，也是有效应对各种安全威胁和挑战的强大武器。案例中的青年学生因为维护国家安全意识薄弱、维护国家安全能力不足，做出了危害国家安全的行为，对此我们要引以为戒，不断提升自身的安全素养，强化维护国家安全的意识和能力。面对日益复杂的国内外安全形势和风险挑战，肩负民族复兴大任的新时代中国青年要积极学习和贯彻总体国家安全观，勇于承担维护国家安全和社会稳定的责任和使命，自觉与危害国家安全的势力和行为作斗争，以自己的实际行动筑牢国家安全防线。

案例 25

南昌舰：奋进深蓝写忠诚 踏浪蹈海向战行

核心阅读

海军南昌舰2020年1月入列服役，舷号101，是我国自主研制的055型导弹驱逐舰首舰，是海军新质作战力量的典型代表。以英雄城名字命名，彰显着一艘军舰的光荣和使命。入列以来，南昌舰党委深入学习贯彻习近平强军思想，聚焦党在新时代的强军目标，团结带领全舰官兵传承英雄薪火、厚植先锋底色，加速备战转型、锻造一流标杆，参与执行航母编队战备训练10余项重大任务，开创人民海军史上多个第一，努力锻造铁心向党的“忠诚舰”、能打胜仗的“拳头舰”、甘于奉献的“种子舰”、争当一流的“标杆舰”。2024年1月，中共中央宣传部授予海军南昌舰党委“时代楷模”称号。在人民海军驶向未来的征途中，南昌舰正如同一柄克敌制胜的利剑，驰骋在挺进深蓝的航道上，向着“努力把人民海军全面建成世界一流海军”的目标破浪前行、踏浪高歌！

我国第一艘“万吨大驱”、以人民解放军诞生地命名、舷号101……集这些闪亮的字眼于一身的南昌舰，是人民海军现役主战舰艇的代表，装备有新型防空、反导、反舰、反潜武器，具有较强的信息感知、防空反导和对海打击能力，被称为航母的“带刀护卫”！南昌舰党委深知，肩上承载着向海图强、强军兴军的如山使命，带领全舰官兵在勇闯大洋、奋进深蓝的航道上破浪前行，犁出一道道壮美航迹。

镜头一：扛起首舰首责使命

2017年6月的一天，造船厂的接舰大楼会议室内悬挂起一面鲜红的党旗。党旗下，海军南昌舰临时党委召开第一次会议。这一天，我国首艘万吨级驱逐舰南昌舰接舰部队正式组建。

接舰之初，有舰艇接装经验的官兵不足1/3，此前大家对这型全新的驱逐舰所知甚少。在暂时无法登舰、无教材资料、无训练大纲、无战斗部署表的情况下，舰党委带领官兵在板房地面上画出了南昌舰平面图，硬是依靠这艘画出来的“055型导弹驱逐舰”，厘清了战斗部署。

作为首舰，南昌舰作战系统高度集成、动力系统升级换代，吨位体量几乎翻倍，新装备新设备密集，这让官兵倍感压力。从上舰那一刻起，几乎所有人都是“从零出发”。

“人民海军不会只有一艘万吨大驱。南昌舰是什么？是首舰！我们是要给别人打样的。首舰担首责，要当先锋，打头阵，开先河。”南昌舰党委带领着这支来自四面八方的接舰队伍，统一思想、明确目标，开启了一场史无前例的“拓荒之旅”。

为了尽快掌握装备原理，官兵们白天同工人一起下舱室、摸管路，晚上加班加点学专业、画图纸，在接装几个月内，摸遍全舰每个舱室，理清数百公里长线缆，绘制数千套系统原理图，提出各类优化意见近千条。一艘舰艇从接舰到形成战斗力入列，一般需要花费一年半至两年甚至更长时间。但南昌舰最终只用 10 个月就完成了全训考核，实现入列当年即形成战斗力，整理形成单兵训练手册等百余套成果，编制作战指导手册等几十项建设规范，填补了 055 型导弹驱逐舰训练大纲空白，为同型舰接装组训确立教范。

镜头二：首次亮相即是高光

2019 年 4 月 23 日，人民海军迎来成立 70 周年华诞。山东青岛外海，舰阵如虹。庆祝人民海军成立 70 周年海上阅兵活动现场，中国的航母辽宁舰和包括最新型核潜艇在内的 32 艘舰艇，接受了检阅。俄罗斯等 10 多个国家的近 20 艘舰艇，也在阅兵式中亮相，共同受阅。在这些受阅舰艇中，最引人注目的就是舷号为 101 的中国海军 055 型导弹驱逐舰。尚未正式入列的南昌舰作为水面舰艇编队首舰，第一个接受习近平主席检阅。南昌舰以最佳状态接受检阅，首次亮相即是高光，成为世界瞩目的“明星舰”。那一瞬间，首舰首责的骄傲与自豪、荣誉与使命、无畏与担当，深深烙刻在南昌舰官兵的心里！

“南昌城是英雄城，以英雄城命名，就要承载英雄舰的历史和责任。”南昌舰党委班子从命名城市“南昌”深厚的红色底蕴中寻觅战舰文化的根与魂，提出“英雄城、英雄舰、英雄兵，第一枪、第一舰、第一人”的 18 字舰训，镶嵌在南昌舰的主通道里。

走进南昌舰荣誉室，映入眼帘的是三代南昌舰的模型，四周的舱壁上摆满了熠熠生辉的奖章证书。从仅千余吨重的第一代南昌舰，到服役 34 年完成 80 多项重大任务的第二代南昌舰，再到如今的万吨大驱，三代南昌舰见证了中国海军从无到有，从小到大，从近海防御到远海防卫的历史跨越。了解南昌舰的光辉历史，这是每名官兵上舰的第一课。舰党委还组织官兵赴南昌八一起义纪念馆等地学习。每到一片重要海域，每到一个关键节点，南昌舰党委都会开展誓师大会、纪念仪式、讨论交流活动，还在全舰广泛开展“砺战斗血性、担胜战使命”教育实践活动，邀请海战英雄讲述战斗故事。入列以来，南昌舰每一次突破跃升的背后，都是官兵赓续英雄基因、传承英雄精神的奉献担当。

镜头三：战训一致向战而行

2020 年 1 月 12 日，南昌舰正式入列，以驱逐舰序列之首 101 为舷号。南昌舰官兵从党委班子成员到普通舰员，对“第一”有着深深的渴望与执着，用追求卓越的态度完成每一项任务。

南昌舰党委关注最多的就是如何提升战斗力问题。南昌舰舰员只有两种状态：战斗和准备战斗。舰党委树立起向战而行的鲜明导向，出航即出征、训练即战斗，实战实训、联战联训，增强抓训练的科学性和实效性，着眼练强指挥能力、练好战斗本领、练硬战斗作风，团结和带领官兵人人思打仗之责、干打仗之事、强打仗之能，确保全时待战、随时能战，努力把南昌舰锻造成铁心向党的“忠诚舰”、能打胜仗的“拳头舰”、甘于奉献的“种子舰”、争当一流的“标杆舰”。

2021年，在南昌舰入列后首次实射导弹、首次参加带实战背景的演习任务时，舰上对空作战部门的老兵们刚刚退伍，接棒的是一群新兵。他们面对的是对空领域的“头号难题”，需要在极短时间内完成发射流程操作、应急情况处置等一系列动作，发射防空导弹，拦截来自多个方向的移动高速靶机。南昌舰党委专程来到了导弹控制班，打气鼓劲：“南昌舰没有完成不了的任务。你们就放心大胆干。”一番话瞬间点燃了年轻战士们内心深处打胜仗的火苗，年轻的舰员们围绕导弹作战原理、发控流程及口令协同、战位配合反复模拟演练，练到连睡觉做梦都是“发射”的指令。一个多月后，考核如期而至，这群年轻的战士们，用全部命中的好成绩，交出了有战必胜的优异答卷。

2021年10月，南昌舰首次跨出国门参加中俄“海上联合-2021”演习。南昌舰作为中方编队指挥舰，率先出战。在主炮光电瞄准系统中，远方的靶船只有鸡蛋大小，且随着海浪不断摇晃。战位长史晓军紧盯屏幕，不断校正射击偏差。随着指挥员一声令下，史晓军按下发射按钮。“首发命中!”“两发命中!”俄方官兵连说“了不起”。那一天，南昌舰成为彼得大帝湾上最令人瞩目的“明星舰”。

贴近实战的训练检验，是南昌舰官兵砥砺战斗精神的“磨刀石”。某次南昌舰航经某重要海峡，因地理位置特殊，官兵加强警戒，应对随时可能出现的水下威胁。晚上7时许，官兵们从声呐的众多回波点中发现了异常。他们及时确定噪声方向，迅速分析判断，发现了疑似外军潜艇并立即上报编队指挥所，为指挥所及时做出研判和应对提供了关键情报，为整个编队的安全行进防范和化解了重大风险。

镜头四：直面外军对手挑衅

2021年的一天深夜，西太平洋某海域，海天如墨，大浪滔滔，星光伴航。

中国海军航母编队正组织夜间训练，首次加入航母编队的国产万吨055型导弹驱逐舰南昌舰担负伴随警戒任务。

凌晨6时，两艘外舰趁我编队调整阵位间隙，突然先后大角度转向，向编队冲了过来。面对外舰赤裸裸的挑衅，南昌舰党委班子在驾驶室紧急碰头，当机立断，命令值更官向外舰喊话：“我是中国海军101舰，请与我保持安全距离，并告知你方意图。”但对于我方的警告，外舰并没有回应，而是继续试图穿越中国海军舰艇编队。“两进八。”南昌舰舰长下令加速。很快，战舰从12节加速至20多节，不断缩小与外舰的距离，甚至可以看清对方舰艇甲板上人员活动的情况。对手不时紧急变速变向，做出一系列动作进行试探。南昌舰采取战术机动，牢牢卡住阵位，及时阻止外舰的穿越意图。正在驾驶舱内掌舵的徐文茜感受到了紧张氛围，她耳朵里只能听到指挥员一个人的声音。当时船舱内声音很嘈杂，但是她要作为操舵手，她的眼睛不仅要看着航向，还要看着指挥员的嘴，以保证不错过舵令。后来，徐文茜在接受记者采访时说：“我当时能听到、能感受到的是不停的舵令，指挥员不停地下舵令。我要频繁地转向，转变我们本舰的航向，去阻止它穿越我们编队，我不可能让你有什么可乘之机从我编队穿过去。”当记者问她是否想过如果外舰硬闯，这样堵截的话会发生碰撞的问题时，徐文茜平静地回答：“没有，我觉得这不是我应该思考的问题，干就完了。祖国利益高于一切，包括生命。”那一天，这个只有26岁的姑娘听从指挥频繁转舵，以最快的速度达到目标航向，阻止了对方的行动。外舰见无机可乘，最终只得悻悻转向离去。那天晚上，徐文茜在日记本上写下：“无底线的挑衅，只会让中国越来越强！也会让中国军人越来越强！”

2022年，正在西太平洋伴随辽宁舰航母编队执行远海训练任务的南昌舰接到指令，作为编队哨舰，独自前出近百海里，直面外军的航母编队，承担态势侦搜任务。外国航母编队派出多架舰载机对南昌舰进行抵近滋扰，甚至做出了低空俯冲这种极具危险性和挑衅意味的动作。面对复杂的海上形势，面对外军舰机长时间、高强度的抵近滋扰，南昌舰党委动员全舰官兵：作为中国海军，我们在远海大洋上，不惹事但绝不怕事。南昌舰抓住难得契机，开展拿“敌”练兵行动。在持续对抗缠斗中，全舰官兵连续20多天时刻保持战斗状态，与对手斗智斗勇，先后侦获多型外军战机情况，拓展了防御纵深，保证了机动空间，有效履行了航母编队“带刀护卫”的神圣职责。经此一“役”，南昌舰具备了与强敌对手掰手腕的信心和底气。“战友，也许明天凯旋的队伍里缺少了我，但我死而无憾。”舰员王琨琪的手抄本上，写着这样感人的话。急难险重的任务淬炼、磨砺了南昌舰官兵的战斗精神。

南昌舰自入列以来，开创人民海军史上多个第一，被评为“全军践行强军目标标兵单位”“海军转型精英先进单位”，舰党委被海军党委表彰为“奋进新时代先进基层党组织”，荣立集体二等功1次。2024年1月，中共中央宣传部向全社会宣传发布海军南昌舰党委先进事迹，授予他们“时代楷模”称号。

思考讨论

1. 强国必须强军，军强才能国安。如何理解党在新时代的强军目标？

2. 南昌舰是如何锻造能打胜仗的班子、锻造海上坚强战斗集体的？

3. 海军南昌舰党委为什么会被授予“时代楷模”称号？大学生应如何以“时代楷模”为榜样，深入学习贯彻习近平新时代中国特色社会主义思想？

教学建议

本案例主要适用于第十四章第二节“实现党在新时代的强军目标”和第三节“加快推进国防和军队现代化”部分的辅助教学。本案例通过介绍人民海军现役主战舰艇的代表、我国第一艘万吨大驱南昌舰，自入列以来，在南昌舰党委带领下，全舰官兵勇闯大洋、奋进深蓝、全面加强练兵备战的事迹，展现了人民军队为实现党在新时代的强军目标奋力拼搏的良好风貌。

组织教学建议

第一，在使用本案例之前，可以组织学生课外观看中央电视台新闻频道《面对面》栏目于2024年1月14日播出的《南昌舰·挺进深蓝》。该视频通过海军南昌舰官兵讲述南昌舰的故事，特别是披露南昌舰与外军航母编队的近距离接触以及南昌舰的优异表现，展现了中国海军贯彻习近平强军思想，勇闯大洋、奋进深蓝的壮美航迹。通过观看视频，学生逐步认识到南昌舰党委是聚焦新域新质作战能力生成、持续增强党组织领导备战打仗质效的优秀代表，是奋进深蓝写忠诚的坚强战斗集体，为案例讨论打下良好基础。

第二，在案例讨论过程中，教师应注意引导学生结合案例内容分析其中体现的习近平强军思想。党的十八大以来，以习近平同志为核心的党中央深刻把握强国对强军的战略需求，围绕新时代建设一支什么样的强大人民军队、怎样建设强大人民军队，深入进行理论探索和实践创造，形成了习近平强军思想。南昌舰党委深刻领悟习近平总书记对人民海军的重托，引导官兵把习近平强军思想蕴含的道理学懂、把理论对接实践的路打通，聚焦党在新时代的强军目标，牢记党对人民军队的绝对领导是人民军队建军之本、强军之魂，深刻认识强国必须强军，全面加强练兵备战，传承红色基因、赓续红色血脉，把坚决听党指挥的灵魂传承好，发扬革命传统和优良作风，努力锻造铁心向党的“忠诚舰”、能打胜仗的“拳头舰”、甘于奉献的“种子舰”、争当一流的“标杆舰”，以实际行动认真贯彻落实习近平强军思想。

第三，在案例讨论过程中，教师应引导学生结合我国海防面临的安全威胁，分析建设强大海军的必要性，从而加深对南昌舰加强练兵备战重要意义的理解和认识。可以设置一些问题引发学生思考：中国是一个海洋大国吗？鸦片战争的耻辱、甲午中日战争的悲歌带给后人什么启示？如何评价中国近代历史上的海防建设？建设一支强大的人民海军对今天的中国有何重要意义？你对今天中国海军的实力有何评价？如何才能全面建成世界一流海军？南昌舰官兵为了实现新时代强军目标做出了哪些努力？激发学生的问题意识，使学生对相关问题产生兴趣并深入思考，进而提升学生分析问题、解决问题的能力，加深学生对建设巩固国防和强大人民军队的重大意义以及党在新时代的强军目标的理解，深化学生对“强国必须强军，军强才能国安”论断的认识。

总结提升建议

第一，建设强大人民军队是接续奋斗的伟大事业，一代人有一代人的使命。了解以建军地命名的南昌舰的光辉历史，是每名南昌舰官兵上舰的第一课。第一代南昌舰是接收的国民党海军起义的护卫舰，仅有千余吨，航迹未出中国近海，但对于新中国成立之初的中国海军来说，南昌舰已是主力战舰，参加数次海上战斗，承担了近岸防御海疆的重要责任，于20世纪70年代末正式退出战斗序列。第二代南昌舰，是中国自行设计制造的第一型051型导弹驱逐舰，1982年加入人民海军战斗序列，在服役的34个春秋里守护着祖国海疆，圆满完成演习演练、奥运安保等80多项重大任务。第三代南昌舰是我国自主研制的055型万吨级驱逐舰首舰，2020年1月正式入列服役。在庆祝人民海军成立70周年海上阅兵中，该舰作为水面舰艇“排头兵”光荣接受习近平主席检阅。几年来，南昌舰参与执行航母编队战备训练等10余项重大任务，是海军新质作战力量的典型代表，是征战远海大洋的国之重器。三代南昌舰见证了中国海军从无到有，从小到大，从近海防御到远海防卫的历史跨越。新时代的人民军队使命如山：为巩固中国共产党领导和我国社会主义制度提供战略支撑，为捍卫国家主权、统一、领土完整提供战略支撑，为维护我国海外利益提供战略支撑，为促进世界和平与发展提供战略支撑。安享和平是人民之福，保卫和平是人民军队之责，必须坚定不移走中国特色强军之路，把强军事业不断推向前进。

第二，全面建成世界一流海军是全面建设社会主义现代化国家的战略要求。我国拥有辽阔的海域，孕育着丰富的海洋资源。我国明代著名航海家郑和有一句名言："欲国家富强，不可置海洋于不顾。财富取之于海，危险亦来自海上。"近代历史上，中国遭受西方列强的来自海上的入侵达数百次之多。建设强大的海军，寄托着中华民族向海图强的时代夙愿。21 世纪被称为海洋世纪。海洋安全已成为国家安全的重要领域。世界海洋斗争日趋激烈，我国海上形势面临着严峻局面，海防安全亦面临严峻的考验和挑战。作为一个拥有 1.8 万多公里大陆海岸线、约 300 万平方公里主张管辖海域的海洋大国，"不能制海，必为海制"。习近平主席强调："在新时代的征程上，在实现中华民族伟大复兴的奋斗中，建设强大的人民海军的任务从来没有像今天这样紧迫。""建设强大的现代化海军是建设世界一流军队的重要标志，是建设海洋强国的战略支撑，是实现中华民族伟大复兴中国梦的重要组成部分。"习近平主席多次视察海军部队，围绕全面建成世界一流海军做出一系列重大部署。南昌舰官兵牢记习近平主席的嘱托，瞄准世界一流，矢志强军兴军，聚焦备战打仗，远航白令海、战巡太平洋，在远海大洋留下了英雄战舰的身影。

第三，习近平主席创造性提出党在新时代的强军目标，明确了新时代我们党建军治军的总方略，为海防建设和海军发展提供了战略指引。党在新时代的强军目标是建设一支听党指挥、能打胜仗、作风优良的人民军队，把人民军队建设成为世界一流军队。入列以来，南昌舰党委深入学习贯彻习近平新时代中国特色社会主义思想，贯彻习近平强军思想，聚焦党在新时代的强军目标，全面贯彻党对军队绝对领导的根本原则和制度，切实加强党的建设，南昌舰党委被海军党委表彰为"奋进新时代先进基层党组织"。强军目标之"强"，说到底是打赢能力强。南昌舰瞄准建军一百年奋斗目标，扭住能打胜仗这个核心指向，努力锻造能打胜仗的精兵劲旅，做到召之即来、来之能战、战之必胜。南昌舰党委从命名城市"南昌"深厚的红色底蕴中寻觅战舰文化的根与魂，提出"英雄城、英雄舰、英雄兵，第一枪、第一舰、第一人"的 18 字舰训。舰党委还组织官兵赴南昌市等地学习，采用参观八一起义纪念馆、召开誓师大会、举办纪念仪式、邀请海战英雄讲述战斗故事、组织讨论交流等多种活动方式，开展"砺战斗血性、担胜战使命"教育实践活动，引领官兵赓续英雄基因、传承英雄精神。南昌舰被评为"全军践行强军目标标兵单位"。南昌舰党委是奋进深蓝写忠诚的坚强战斗集体。他们的感人事迹，生动展示了习近平主席领航新时代强军事业取得的历史性伟大成就，深刻反映了人民军队全面加强党的领导和党的建设的实践成效，充分彰显了全军官兵锚定实现建军一百年奋斗目标、奋力开创国防和军队现代化新局面的坚定决心和自觉行动。

第四，必须从政治和战略高度，充分认识全面加强练兵备战的重大意义和深远价值。人民军队永远是战斗队，人民军队的生命力在于战斗力，主责主业是备战打仗。人民海军作为我国海上武装力量，担负着保卫国家海上安全、领海主权和维护海洋权益的重要任务和神圣使命。党的十八大以来，习近平主席把大抓练兵备战作为重塑军队的战略选择、战略抓手，引领全军把工作重心放到备战打仗主责主业上来。海军加快推进由近海防御型向远海防卫型转变，能打胜仗的核心能力进一步提升。2017 年 6 月，南昌舰接舰部队正式组建，只用 10 个月就完成了全训考核，实现入列当年即形成战斗力。2020 年 1 月，南昌舰正式入列。打仗硬碰硬，训练必须实打实。作为新质作战力量的代表，南昌舰党委关注最多的就是如何提升战斗力，树立起向战而行的鲜明导向，实战实训、联战联训，把战斗力标准贯穿转型建设全过程，深入推进实战化军事训练，贯彻战训一致原则，练强指挥能力，练好战斗本领，磨砺战斗精神，练硬战斗作风，确保全时待战、随时能战。面对复杂的海上形势，面对外国舰机的抵近滋扰，南昌舰立足最困难、最复杂情况，敢于斗争、敢于胜利，发扬“一不怕苦、二不怕死”的战斗精神，做好随时打仗的充分准备，不惹事但绝不怕事，抓住难得契机，开展拿“敌”练兵，全面加强练兵备战，提高人民军队打赢能力。南昌舰被评为“海军转型精英先进单位”。

启示意义

第一，唯有发愤图强，历史悲剧才不会重演。对于海洋，中国人有着痛苦的记忆。海无防，祸无穷。国强则海权强，国弱则海权弱。2020 年夏，南昌舰执行某项训练任务，航行至刘公岛附近海域，一堂海战现场教育随即展开。眺望甲午海战遗迹，回顾百年屈辱历史，官兵下定决心：“作为新一代水兵，必须练就过硬本领，坚决不让历史重演!”实力决定底气，随着中国海军的壮大，今天的中国，再不是积贫积弱的旧中国了。人民海军有信心、有能力维护国家主权、安全、发展利益。在习近平主席提出“努力把人民海军全面建成世界一流海军”的伟大号召下，沿着强国梦、强军梦的方向，未来海军将更加美好。

第二，凡事预则立，不预则废。《孙子兵法》开宗明义：“兵者，国之大事，死生之地，存亡之道，不可不察也。”人类历史上，战争具有影响、改变国家命运乃至人类历史进程的重大作用。军不备战，国之大忌；战无胜力，天下必危。毛泽东在《论持久战》中明确指出：“没有事先的计划和准备，就不能获得战争的胜利。”当今世界，求和平、促发展、谋共赢的时代潮流虽不可逆转，但霸权主义、强权政治、冷战思维对世界和平与发展构成巨大威胁，国家安全面临的风险和挑战明显增多。南昌舰在远海大洋上，曾多次遇到外军对手挑衅。全舰官兵与对手斗智斗勇，敢于与强敌掰手腕。无数事实表明，一个国家的繁荣兴盛，强化忘战必危的忧患，砥砺以战止战的刀锋，二者不可或缺。习近平主席指出：“能战方能止战，准备打才可能不必打，越不能打越可能挨打，这就是战争与和平的辩证法。”宁可备而不战，不可无备而战。砥砺刀锋，为的是关键时刻亮剑。历史远没有走到铸剑为犁的阶段，只有保持剑的锋利，才能护卫家国的安宁。

案例
26

陆军“杨根思连”：“三个不相信”英雄宣言的新时代传人

核心阅读

2017 年 8 月 1 日，习近平在庆祝中国人民解放军建军 90 周年大会上，高度肯定了“三个不相信”英雄宣言。这个英雄宣言，出自新中国首位特级战斗英雄杨根思。跨越数十年，进入新时代的陆军某合成旅“杨根思连”官兵传承胜战基因、锤炼胜战本领、弘扬胜战精神，在“三个不相信”英雄宣言的感召下，沿着英雄的足迹奋进新征程、建功新时代，出色完成国际军事比赛、实兵演习、国际维和、抢险救灾等重大任务，不断在强军征程上书写新的荣光，被中央军委表彰为“全军践行强军目标标兵单位”，荣立大功 1 次、一等功 5 次、二等功 14 次、三等功 22 次，被中央宣传部授予“时代楷模”称号，全面展现了新时代踔厉奋发、争创一流的强军豪迈。

这是一支诞生于闽东革命老区的红军连队，这是中国人民解放军第一支以英雄的名字命名的连队，这是一支从朝鲜战场走来，先后历经 300 多次战役战斗，涌现出 150 余名英模个人的功勋连队，这是排排有授称、班班有战功的光荣集体……这就是陆军某合成旅“杨根思连”。在抗美援朝战场上，面对气焰嚣张的强大敌人，杨根思发出“三个不相信”的战斗宣言：在革命战士面前，不相信有完不成的任务，不相信有克服不了的困难，不相信有战胜不了的敌人！新时代，“杨根思连”官兵正意气风发，以实际行动践行“三个不相信”英雄宣言，将热血和汗水挥洒在强国强军征程上。

血脉熔铸英雄魂

“把一辈子交给党!”这是杨根思的心声——在抗美援朝战场上，他带领战士血战小高岭，以生命践行了“人在阵地在”的铮铮誓言。

“把一辈子交给党”，也是新时代“杨根思连”官兵对党最深情的告白。2016 年，李磊得知部队要组建维和步兵营，远赴南苏丹执行国际维和任务，他第一个递交请战书。面对危险，已经执勤一整天的他主动请缨，要求继续留在战位。这名年仅 22 岁的战士生前的最后一句话是：“我这辈子就交给党了。”2022 年，“杨根思连”参加某次实兵演习。临行前，全体官兵人人写下请战书、告别信。战士于智伟写道：李磊班长在南苏丹战火中牺牲，把这一辈子交给了党，我也要像他一样，只要党和国家需要，我便赴汤蹈火，在所不辞。

多年来，连队每周组织一次理论宣讲，每月举办一场“根思小讲堂”，聚焦“铁心向党铸忠诚、同心奋进担使命”深化教育实践活动，持续推动党的创新理论武装往深里走、往心里走、往实里落。连队注重用充满仪式感的传统教育培育官兵：新兵下连，第一次唱连歌、第一次喊连魂、第一次瞻仰老连长雕像、第一次看电影纪录片《杨根思》、第一次参观连队荣誉室、第一次面向连旗宣誓……“十个第一次”是“杨根思连”特有的仪式。通过这种仪式让新兵从入伍就刻上老连长“三个不相信”英雄宣言的烙印。任务出征组织集体宣誓，全连官兵在杨根思广场整装待命，扛起连旗做动员、表决心；载誉归来召开专场报告，面向老连长的雕像报告喜讯。每天集合站队喊的最多的是“三个不相信”；宿舍里，杨根思的床铺一直保留至今，每天战士们都过来帮老连长整理内务；走廊上，老连长的名言和事迹随处可见；晚点名时，第一个点到的名字就是杨根思，全连官兵一起答“到”……通过这一点一滴的积累，让每名官兵铭记老连长的故事，争做英雄传人，在灵魂深处种下听党话、跟党走的信仰种子。

忠诚既是心中的信仰，更是脚下的行动。翻阅“杨根思连”连史，当人民群众面临危难时，这支英雄连队总会挺身而出，连队官兵多次参加维和、救灾等急难险重任务，哪里任务最重、哪里挑战最大，“杨根思连”的连旗就在哪儿飘扬。

精武锻成英雄骨

从战火硝烟中走来的“杨根思连”，深知胜利才是对英雄精神最好的传承，能打仗是真本事、打胜仗是硬道理。

“杨根思连”走过“麦城”没有？“走过！”这一点，官兵都认账。2014 年，“杨根思连”作为旅尖刀部队参加“跨越-2014 · 朱日和”实兵对抗系列演习。战斗中，蓝军旅灵活运用先进的信息化作战系统实施机动突击、立体打击。“杨根思连”官兵还未与蓝军旅接触就遭重击。

一场败仗，打醒了“杨根思连”官兵，让大家更加深切地意识到，步兵靠“两条腿、一杆枪”打仗的时代早已过去，只有寻找求新求变之路，才能挺立于强军兴军的时代潮头。当前世界主要军事强国的陆军都在进行合成营建设探索。与传统步兵相比，合成步兵反应快、火力猛、信息化程度高，更适应信息化战争快节奏、高强度的特点。在军队规模结构和力量编成改革中，“杨根思连”融入合成体系，连队轻重火器数量增加了近一倍，近 1/3 的官兵转岗改训，以往的专业骨干、技术能手又站在了新的起跑线上。

全连官兵紧盯“科技之变、战争之变、对手之变”，集智攻关，组织骨干围绕战场侦察、战斗编组、战术动作等方面探索出百余条改进措施。面对装甲步兵连融入联合作战体系提出的新要求，他们突出新编组、新岗位、新装备，组织编写了数十种教案教范，成为全旅战备转型的排头兵。战士陆肖肖从机枪手改任狙击手，用“子弹既然出膛，靶上就得见孔”激励自己，从摸底考核排名倒数，一路逆袭成为结业考核的“最佳射手”；通信技师李伯利为了掌握新升级的指控系统，对着说明书一点点啃原理、钻进战车里一遍遍调参数，不仅打通了卡点堵点，还摸透了新系统的“脾气”……装甲步兵这个老兵种，在新型陆军作战体系内，作战能力突飞猛进。

2023 年上级翻新连队宿舍楼时，原计划增设娱乐活动室，没想到官兵一致请求增设研战室。连队每周组织学习国际上最新战例的相关资料，研究战报战况、分析战法打法。官兵牢固树立“时刻准备打仗”意识，做好随时战斗准备，确保所有车辆油料满基数加注、物资装备随车存放、战斗装具按编号放置。始终瞄准最强的作战对手，立足最困难最复杂的情况开展训练。如今，“杨根思连”官兵都能精通 3 种以上武器装备、训练课目成绩全部合格以上，干部骨干人人具备专业等级、个个精指挥懂技术。连队连续多年被集团军表彰为“强军兴训先锋连”。

血性激扬英雄气

朝鲜战场上，志愿军将士面对强大凶恶的敌人，身处恶劣残酷的环境，抛头颅、洒热血，以“钢少气多”力克“钢多气少”。这种舍生忘死、向死而生的血性胆魄，始终在“杨根思连”一茬茬官兵血脉中流淌激荡，熔铸成无往不胜的精神利刃。

2008 年北京奥运会开幕式，王超是《击缶而歌》方阵中的一员，不巧那天他突发高烧 39℃。“不能倒！绝对不能倒！倒下了你就不是‘杨根思连’的兵！”王超咬破嘴唇，反复默念这句话。几次意识模糊，都被生生扛了过去。

这是一个处处都要强的连队。干部骨干都知道，有句话不敢轻易对兵说，一旦说出来就像引爆手榴弹，针扎到骨髓。这话就是：“你不像‘杨根思连’的兵！”

战士张永业有点“恐高”。考核时，他一马当先，过关越障，可一上云梯，速度立减脸发白。连长大吼：“张永业，冲不过去你就不是‘杨根思连’的兵！”闻听此言，小张猛地睁圆双眼，大吼一声“我拼了！”，一跃而起向前冲！

2019 年 3 月，排长仇安所在车组被上级点将，参加“铁甲奇兵”比武。眼看正式比武时间临近，训练时却突发意外，导致 3 人受伤，仇安鼻梁处的伤势尤为严重。医生给出两个治疗方案：一个是安全稳妥的住院手术后观察；另一个是疼痛感强、存有隐患但可以不住院的正骨包扎。仇安果断选择了第二个方案。最终凭借“为了胜利一无所惜，除了胜利别无所求”的信念和顽强战斗精神在比赛中脱颖而出，夺得“优胜战斗车组”奖牌。

2022 年盛夏，在一次某陌生地域演习中，“杨根思连”担负夺控重要敏感目标任务，他们奇招频出，采用小分队渗透制“敌”、狙击手远程狙杀等手段，打了蓝军一个措手不及，在有效保护敏感目标的同时成功歼“敌”。

演习结束后，上级给予他们高度评价：“‘杨根思连’敢打硬拼的血性不减，巧打善拼的劲更足，这样的连队上战场一定能让党和人民放心。”

奋斗书写英雄志

杨根思被中共中央宣传部等部门联合表彰为“最美奋斗者”。一代代“杨根思连”官兵奋楫争先、不懈奋斗，续写新的辉煌。

2016 年夏天，班长陆亚东出国参加“国际炮兵能手”竞赛。比赛前一周，主办方临时改变比赛装备。一些他国参赛队员一度抱怨比赛不公平。陆亚东却说：“战场哪有‘公平’可言，‘杨根思连’的兵要做的就是：不管使用什么样的武器装备、遇到什么样的战场逆境，压倒一切对手，而不被对手所压倒。”他全身心投入训练，铆在训练场与新装备反复“磨合”，硬是把火炮操作时间由 4 分钟缩短到 45 秒。决赛时，陆亚东沉着冷静、果断击发，最终成为 5 个参赛国家中唯一 4 发全部命中的射手，被评为“最佳火箭筒手”。

2017 年，入伍 5 年的袁茂松从炮兵连调整到“杨根思连”。一想到要从零开始，袁茂松就感到信心不足。然而，进入连队的第一课，便让他深受震撼。

“袁茂松!”

“到!”

“你是我连组建以来第 6 808 名战士，现授予你‘杨根思连’第 6 808 名战士荣誉编号，欢迎入列!”

“是!”

入连仪式结束，袁茂松在指导员的带领下参观了荣誉室、领取了荣誉档案，并面对连旗宣誓——“只有给连旗增光的义务，没有给连旗抹黑的权利!”当晚，他在日记本上写下这样一段话：“在我之前，6 807 名战士为了连队的荣誉战斗。到我这里，绝不能掉链子!”4 个月后，袁茂松参加创破纪录比武，一举夺冠。

2019 年，付东旭作为“杨根思连”荣誉战旗擎旗手，入选庆祝中华人民共和国成立 70 周年阅兵仪式战旗方队。受阅方队采取全程淘汰制，考核不合格便会成为替补队员。付东旭不敢有丝毫懈怠，在 30 多摄氏度的训练场上，全力挑战身体极限。每当他快要坚持不住的时候，耳畔总会响起一个声音：“决不能给‘杨根思连’抹黑。”10 月 1 日，付东旭作为战旗方队基准兵，高擎“杨根思连”荣誉战旗通过天安门广场，光荣接受党和人民的检阅。

新征程需要杨根思传人接续奋斗，被中央宣传部授予“时代楷模”称号的“杨根思连”官兵用实际行动彰显他们的决心，那就是要像老连长一样去战斗!

思考讨论

1. 强国必须强军，军强才能国安。具有光荣历史的“杨根思连”如何推动党在新时代的强军目标在基层落地生根？是什么样的力量让“杨根思连”这个英雄连队始终保持一脉相承的奋斗精神，在新时代交出一份份亮眼的成绩单的？

2. 英雄连长的精神薪火相传，英雄连队的故事仍在续写，“杨根思连”官兵是如何传承和践行“三个不相信”英雄宣言的？

3. 大学生应如何以“时代楷模”“杨根思连”为榜样，奋进新征程、建功新时代？

教学建议

本案例主要适用于第十四章第二节“实现党在新时代的强军目标”和第三节“加快推进国防和军队现代化”部分的辅助教学。本案例通过介绍陆军某合成旅“杨根思连”践行“三个不相信”英雄宣言，奋进新征程、建功新时代的事迹，展示了新时代英雄传人奋斗强军、担当作为的崭新面貌，生动体现了在以习近平同志为核心的党中央坚强领导下，新时代强军事业取得的历史性伟大成就。

组织教学建议

第一，在使用本案例之前，应首先引导学生了解杨根思的英雄事迹，掌握其精神实质。可以组织学生课外观看中央电视台国防军事频道《军事纪实》栏目 2020 年 10 月 26 日播出的老战士杨德盛深情讲述英雄杨根思故事的《我的连长我的连》或中央电视台综合频道 2024 年 5 月 27 日播出的《时代楷模发布厅》节目。杨根思，生前系中国人民志愿军第 9 兵团 20 军 58 师 172 团 3 连连长。他靠着一股钻研劲，一步步成长为闻名全军的“爆破大王”。1950 年 11 月 29 日，在抗美援朝长津湖战役围歼美军陆战第 1 师的战斗中，杨根思率领战友们连续打退敌人 8 次猛烈进攻，战至最后一个人，抱起仅剩的炸药包冲向敌群，与敌人同归于尽，用年仅 28 岁的生命践行了“人在阵地在”的铮铮誓言。观看视频，使学生了解新中国第一个特级战斗英雄杨根思的感人事迹及其伟大精神，了解“杨根思连”的光荣历史及其在新时代取得的成绩，为案例讨论打下良好基础。

第二，在案例讨论过程中，教师应注意引导学生结合案例内容分析“杨根思连”如何推动党在新时代的强军目标在基层落地生根，从而加深对新时代强军目标的认识和理解。党在新时代的强军目标，是深刻总结我们党建军治军的成功经验，适应国际战略形势和国家安全环境发展的重大变化，着眼于解决军队建设所面临的突出矛盾和问题做出的战略决策，其具体内涵是建设一支听党指挥、能打胜仗、作风优良的人民军队，把人民军队建设成为世界一流军队。其中，听党指挥是灵魂，决定军队建设的政治方向；能打胜仗是核心，反映军队的根本职能和军队建设的根本指向；作风优良是保证，关系军队的性质、宗旨、本色。三者相互联系、密不可分，体现了坚持党的建军原则、人民军队根本职能、特有政治优势的高度统一。“杨根思连”这支由党一手缔造的红军连队，聚焦党在新时代的强军目标，牢记党对人民军队的绝对领导是人民军队建军之本、强军之魂，听党话、跟党走，沿着党指引的方向砥砺前行、不懈奋斗，全面加强练兵备战，赓续红色基因，发扬革命传统和优良作风，在训练场上、维和战场、抢险救灾一线，向实现强军目标发起新的冲锋，成为“全军践行强军目标标兵单位”。

第三，在案例讨论过程中，教师应结合“杨根思连”从单一的机械化步兵向合成步兵转型的历程，引导学生结合新时代我国国防面临的安全威胁，分析新时代的人民军队使命以及巩固国防和强大人民军队的必要性，从而加深对习近平强军思想的理解和认识。可以设置一些问题引发学生思考：建设一支强大人民军队对今天的中国有何重要意义？新时代应该建设一支什么样的强大人民军队？你对今天中国军队的实力有何评价？新时代怎样建设强大人民军队？如何才能全面建成世界一流军队？“杨根思连”官兵为了实现从传统步兵向合成步兵转型做出了哪些努力？通过激发学生的问题意识，提升学生分析问题、解决问题的能力，深化学生对“强国必须强军，军强才能国安”论断的认识和理解。

总结提升建议

第一，“杨根思连”是坚决听党指挥、矢志奋斗强军、忠实履行使命的先进典型和时代先锋，充分展示了新时代革命军人“学习强军思想、建功强军事业”的丰硕成果。党在新时代的强军目标，抓住了建设强大人民军队最根本、最紧要、最现实的问题，明确了加强军队建设的聚焦点和着力点，明确了新时代我们党建军治军的总方略，为国防建设和强大军队提供了战略指引。作为人民解放军第一支以英雄的名字命名的连队，“杨根思连”的广大官兵发扬光荣传统，不断厚植坚定维护核心、坚决听党指挥的忠诚底色，坚持不懈用习近平新时代中国特色社会主义思想凝心铸魂，坚持用习近平强军思想建连育人。全连官兵聚焦党在新时代的强军目标，扭住能打胜仗这个核心指向，把能打仗、打胜仗作为最高的使命担当和价值追求，从难从严真抓实备，努力提高召之即来、来之能战、战之必胜的实战本领，始终以实战标准抓战备、严训练、正作风，传承英雄精神，努力锻造能打胜仗的精兵劲旅，荣立大功 1 次、一等功 5 次、二等功 14 次、三等功 22 次，2024 年被中央宣传部授予“时代楷模”称号。他们的感人事迹，生动展示了新时代强军事业取得的历史性伟大成就，展现了人民军队始终保持一脉相承的奋斗精神，为实现新时代强军目标奋力拼搏，向党和人民交出了亮眼的成绩单。

第二，“杨根思连”是践行“三个不相信”英雄宣言、全面提高打赢能力的突出代表，是一心向战、不畏强敌、永不服输的模范。他们的感人事迹和练兵备战经验，有力回应了人民军队为谁打仗、敢不敢打、能不能胜的时代之问，集中展示了新时代革命军人血脉熔铸英雄魂、精武锻成英雄骨的英雄气概和崭新面貌。“国家安危事，军人肩上责。”进入新时代，以习近平同志为核心的党中央对人民军队使命任务做出新定位、提出新要求，概括起来就是“四个战略支撑”：为巩固中国共产党领导和我国社会主义制度提供战略支撑，为捍卫国家主权、统一、领土完整提供战略支撑，为维护我国海外利益提供战略支撑，为促进世界和平与发展提供战略支撑。使命光荣，任务艰巨。能战方能止战。人民军队的生命力在于战斗力，主责主业是备战打仗。从战火硝烟中走来、曾和世界上最强大的对手过过招的“杨根思连”深深认识到天下并不太平、战争风险在上升，要在残酷的未来战场战胜对手，就必须对自己狠一点，大力弘扬敢打必胜的精神品质，保持革命英雄主义的昂扬斗志。透过国际局部军事冲突，连队官兵看到了未来战争的趋势，认识到未来战争更加残酷，作战对手更加强大，强化思战谋战忧患意识，养成了“时刻准备打仗”的高度敏感，紧盯打赢未来战争，大力进行战备教育，激发练兵备战热情。全连周密组织极限训练，以打仗的标准抓训练、打基础、练硬功，在严格训练、实战环境、复杂斗争中去磨砺摔打，切实做到全时待战、随时能战，以作战能力的提升强化胜战底气，让“三个不相信”英雄宣言焕发新的时代光芒，凝聚起强军兴军的磅礴力量。

第三，培塑人民军队战斗精神是实现建军一百年奋斗目标、把人民军队全面建成世界一流军队的重要支撑。战争不仅是物质的较量，更是精神的比拼。人民军队历来是打精气神的，以敢打敢拼闻名于世。敢于斗争、敢于胜利，一不怕苦、二不怕死，是人民军队血性胆魄的生动写照。战斗精神来源于“人民军队忠于党”的坚定信仰和“一切行动听指挥”的严明纪律，来源于“战争随时会打响”的忧患意识，来源于“三个不相信”精神的革命传承。“三个不相信”英雄宣言，是“杨根思连”传承至今的连魂。2017 年建军节，是“杨根思连”官兵最为自豪和难忘的一天。习近平在庆祝中国人民解放军建军 90 周年大会上饱含深情地讲：“在枪林弹雨的战场上，面对气焰嚣张的强大敌人，人民军队曾经发出了‘三个不相信’的英雄宣言：在革命战士面前，不相信有完不成的任务，不相信有克服不了的困难，不相信有战胜不了的敌人!”“三个不相信”英雄宣言已经成为人民军队“敢于斗争、敢于胜利”强大精神力量的重要组成部分。培育战斗精神，是军队战斗力的一个重要因素。人民军队从胜利走向胜利，彰显了战斗精神的伟大力量。习近平多次强调并在党的二十大报告中重申，要“强化战斗精神培育”。“杨根思连”官兵正在用实际行动生动诠释英雄宣言的丰富内涵和时代价值。新时代的强军兴军征程中，必须把强化战斗精神培育摆在突出位置，向战斗精神要战斗力，用战斗精神催生战斗力，为提高我军备战打仗能力、实现党在新时代的强军目标提供强大精神动力。

第四，“杨根思连”官兵赓续弘扬“三个不相信”精神的生动实践充分证明，弘扬革命优良传统，对于培育战斗精神，锻造“四铁”过硬部队、培养“四有”军人至关重要。血性，是军人的脊梁、胜利的基因。血性，就是英勇果敢、一往无前、宁折不弯、视死如归的战斗精神。正是有了这种血性，“杨根思连”官兵才能自觉做到当兵不怕苦、训练不怕累、打仗不怕死。再多的困难，没有人畏惧；再大的危险，没有人后退！在重大风险、强大对手面前，敢于斗争、善于斗争，除了胜利一无所求，为了胜利一无所惜。血性激扬英雄气，奋斗书写英雄志。军人血性不是与生俱来的，其形成离不开精神的滋养，离不开血脉的传承，离不开革命传统的教育。抗美援朝战场上，中国人民志愿军“特级英雄”杨根思用生命和鲜血铸就的“三个不相信”精神，就是英雄血性的突出体现。硝烟散去，精神永存。走进“杨根思连”，英雄气息无处不在。“十个第一次”等充满仪式感的革命传统教育播撒着英雄的火种，让“三个不相信”英雄宣言深深铭刻在连队每名官兵的心里，深深融入一茬茬官兵基因血脉之中，激励大家在强军之路上勇往直前，全力锻造敢打必胜的铁血尖兵，勇立新功。党的二十届三中全会强调，国防和军队现代化是中国式现代化的重要组成部分。责任如山，使命催征。要培养有灵魂、有本事、有血性、有品德的新一代革命军人，铸造具有铁一般信仰、铁一般信念、铁一般纪律、铁一般担当的过硬部队，必须赓续传承“三个不相信”英雄宣言，在习近平强军思想的指引下，用实际行动书写新的胜战答卷，在新时代强军路上不断书写新的辉煌。

启示意义

第一，英雄是民族最闪亮的精神坐标，和平年代同样需要英雄情怀。山河无恙，是因为无数先烈前赴后继，甘洒热血；民富国强，是因为千万英雄舍家纾难，无私奉献。谈到英雄，很多人会第一个想到新中国第一位特级战斗英雄杨根思。电影《英雄儿女》中的英雄王成，喊着：向我开炮！拿起爆破筒与敌人同归于尽，就是以杨根思为原型人物的。习近平指出，“一个有希望的民族不能没有英雄，一个有前途的国家不能没有先锋”，“对一切为党、为国家、为人民作出奉献和牺牲的英雄模范人物，我们都要发扬他们的精神，从他们身上汲取奋发的力量”。70 多年过去了，一代代“杨根思连”官兵传承红色基因，赓续英雄血脉，在“三个不相信”英雄宣言的激励下，不断攻坚克难，向着新的胜利奋勇冲锋！新时代新征程面临诸多挑战与困难，更加需要英雄，更加需要弘扬英雄精神。“三个不相信”英雄宣言跨越时空，在新时代历久弥新，激励着亿万人民踔厉奋发、勇毅前行。当代大学生要从前辈的奋斗精神中汲取精神养分，获取无尽的思想激励、精神陶冶，激发奋进动力。

第二，理想信念坚定，才能迸发出以身许党许国的不竭力量。“把一辈子交给党”是特级英雄杨根思在入党志愿书中对党的心声，也是新时代“杨根思连”官兵对党最深情的告白。对党忠诚、为人民奉献的信仰一直激励着“杨根思连”官兵。“杨根思连”这支由党一手缔造的红军连队，始终紧紧跟随党的步伐，在灵魂深处种下了听党话、跟党走的信仰种子，并把对党的忠诚转化为践行“三个不相信”英雄宣言的实际行动，时刻听从党和人民的召唤，守山河无恙、护家国安宁。一个人没有理想信念，就像在黑暗中行走找不到方向。心中有信仰，脚下才有力量。习近平指出，“理想信念之火一经点燃，就永远不会熄灭。”只要理想信念在，党的事业一定会成功。在实现强国目标、民族复兴梦想的征程上，仍然需要高扬理想信念旗帜，以“功成不必在我，功成必定有我”的精神不懈奋斗。当代大学生应向“时代楷模”学习，坚定理想信念，培养奋斗精神，主动承担起新时代赋予的责任使命，让英雄精神在新时代绽放出新的光芒。

案例 27

盛世莲花耀濠江："一国两制"在澳门的成功实践

核心阅读

习近平在党的二十大报告中强调，"一国两制"是中国特色社会主义的伟大创举，是香港、澳门回归后保持长期繁荣稳定的最佳制度安排，必须长期坚持。自 1999 年 12 月 20 日澳门回归后，以宪法和澳门特区基本法为基础的特别行政区宪制秩序牢固确立，治理体系日益完善，特别行政区民主政制有序发展，澳门居民依法享有的广泛权利和自由得到充分保障；经济实现跨越发展，居民生活持续改善，澳门居民获得感、幸福感越来越强；社会保持稳定和谐，多元文化交相辉映，国际影响力不断提升……回归后澳门的发展雄辩地证明，"一国两制"是中国特色社会主义的伟大创举，是保持澳门持续繁荣稳定的最佳制度，是行得通、办得到、得人心的。

风起南海，潮涌濠江。1999 年 12 月 20 日零时，当五星红旗和澳门特别行政区区旗在澳门升起的那一刻，澳门市政厅广场人声鼎沸、灯火辉煌；北京天安门广场各族青年载歌载舞、激情澎湃；电视机前，海内外中华儿女热泪盈眶、热血沸腾。回归祖国 20 多年来，澳门奋笔书写了"一国两制"传奇，在中央政府和祖国内地的大力支持下，澳门同胞在 30 多平方公里的土地上挥洒自如，开创了历史上最好的发展局面，尽显"一国两制"的巨大优越性和强大生命力。

镜头一：坚守"一国"本固枝荣

"一国"是根，根深才能叶茂；"一国"是本，本固才能枝荣。何贤公园是澳门闹市区难得的城市公园，在这片寸土寸金的"绿洲"上，56 个民族形象的雕塑格外引人注目。"中华民族雕塑园"原来位于氹仔大潭山，2019 年国庆前夕，澳门市政署特意将其搬至此地，以便民众了解我国各民族风土人情和民族大融合的国情。在澳门，大中小学各个教育阶段都有基本法教育的相关内容，宪法和基本法被列为大学必修课。2009 年，澳门特区立法会制定实施《维护国家安全法》。这部法律通过之后，澳门特区不断通过一系列机制、制度建设，使之切实落地。例如，2016 年，澳门在立法会选举法修改法案中增加"防独"条款；2018 年成立了由行政长官任主席的澳门特别行政区维护国家安全委员会。2017 年

11月，全国人大常委会将《中华人民共和国国歌法》列入澳门基本法附件三。澳门特区很快就相应修改了当地的《国旗、国徽及国歌的使用及保护》，确保《中华人民共和国国歌法》各项规定在澳门当地得到贯彻实施，切实维护国家象征和标志的尊严。回归后的澳门始终把维护中央的全面管治权和保障澳门特区高度自治权有机结合起来，确保“一国两制”在澳门不变形、不走样。实践证明，只有切实维护国家主权、安全、发展利益，才能保持澳门的长期繁荣稳定。

镜头二：爱国爱澳 薪火相传

冼星海纪念馆、澳门林则徐纪念馆、郑家大屋、叶挺故居……澳门有许多名人纪念馆，历史风云、爱国传统滋养着澳门同胞的爱国主义情怀。澳门特区前行政长官崔世安说：“澳门回归后，爱国爱澳已成为全社会的核心价值。”澳门特区从成立之日起，就高度重视从特区政府、社会团体和教育界三个层面形成合力，不断弘扬光大爱国爱澳传统。首任行政长官何厚铧的首份施政报告，就旗帜鲜明地把“加强推进爱国主义和公民意识教育”列入施政目标，澳门的大中小学实现了升挂国旗全覆盖，并开展经常性爱国主义教育活动。

了解国家是爱国爱澳的重要前提，有助于激发青年人作为中国人的自豪感，激励他们投身到国家的建设发展中。澳门特区政府十分重视国情教育，2019年7月中下旬，特区政府组织了“新时代-同心行”澳门青少年赴内地参访团，有500名青年学生参加，分成5路。崔世安行政长官亲任团长带领一路，几位司长各带一路，到内地5个省市参观访问，既参观大工程、大项目，也到贫困地区实地了解国家脱贫攻坚战。澳门青联也每年都举办不同类型的活动，以多种方式让青年从多个角度了解祖国。澳门基金会和历史文化工作委员会共同出版的“华夏小灵精家国情怀绘本丛书”，以生动活泼的卡通形象、图文并茂的绘本形式，帮助小朋友们认识祖国、了解澳门，对祖国的了解加深了澳门同胞的爱国情。

镜头三：中央支持 粤澳和鸣

在回归前夕，因亚洲金融危机冲击、本地经济结构单一、治安混乱、制造业萎缩，澳门深陷经济持续低迷的泥潭中。回归后，澳门仍面临着经济结构过于依赖博彩业、发展空间受限等诸多难题。为支持澳门发展经济、改善民生，破解经济社会发展过程中的深层次矛盾和问题，中央政府积极支持澳门特区政府依法行政，积极融入祖国内地发展，坚持不懈地推进澳门经济适度多元发展，先后出台了内地居民“个人游”政策、批准了对澳门开放人民币业务等。2009年，在澳门回归祖国10周年之际，全国人大常委会通过《关于授权澳门特别行政区对设在横琴岛的澳门大学新校区实施管辖的决定》，授权澳门特区自横琴岛澳门大学新校区启用之日起对该校区依照澳门特区法律实施管辖，开创了澳门特区“一国两制”实践的“横琴模式”。在澳门回归祖国20周年之际，全国人大常委会通过了《关于授权澳门特别行政区对横琴口岸澳方口岸区及相关延伸区实施管辖的决定》，授权澳门特区对横琴口岸澳方口岸区及相关延伸区实施管辖，这是中央坚持“一国两制”“澳人治澳”、高度自治方针，大力支持粤港澳大湾区建设和澳门特区发展的重要举措。习近平指出，“当前，特别要做好珠澳合作开发横琴这篇文章，为澳门长远发展开辟广阔空间、注入新动力”。2021年9月，中共中央、国务院印发了《横琴粤澳深度合作区建设总体方案》，标志着横琴粤澳深度合作区建设进入全面实施、加快推进的新阶段。中央有关部门和广东省人民政府相继出台了产业、科技、人才、金融等领域的细化措施。

镜头四：多元发展 未来可期

回归祖国后，澳门特别行政区政府持续推进经济适度多元发展。澳门的会展、中医药、特色金融、文创等新兴产业在澳门本地生产总值中的占比持续上升；"一中心、一平台、一基地"的战略定位稳步落地，世界旅游休闲中心特别是"美食之都"享誉世界，中国与葡语国家商贸合作服务平台建设成果丰硕，以中华文化为主流、多元文化共存的交流合作基地建设扎实推进。澳门的对外交往不断扩大，国际影响力日益增强。截至 2023 年 12 月，144 个国家和地区给予澳门护照免签证或落地签证待遇。中国澳门，正在从容自信地走向世界、融入全球。1999 年出生的车雪芬是澳门旅游学院的一名大学生，她说："我亲身见证并参与了澳门的建设和发展！""我在澳门出生，妈妈是葡萄牙人，爸爸祖籍广东。从小爸爸就告诉我们姊妹三人：我们是中国人！"车雪芬说，刚开始从事酒店会展业的时候，接待的大多是 50 人的会议，只需要用一个会议室一个麦克风。现在最大规模的活动人数达 2.1 万多。会展业已成为澳门多元化产业中不可或缺的组成部分。在回归以前，澳门 GDP 超过 500 亿澳门元的年份不多，而从 1999 年到 2019 年，澳门 GDP 由 519 亿澳门元增长到 4 445 亿澳门元，保持年均 11%的增长率，在发达经济体中位居前列。2023 年，澳门 GDP 增长高达 80.5%。

妈阁望海，涛声依旧。20 多年来，澳门似盛开的莲花吐露芬芳，与祖国同行，共享荣光，"一国两制"成功实践铸就濠江辉煌。

思考讨论

1. 为什么说"一国两制"是澳门回归后保持长期繁荣稳定的最佳制度安排？
2. 如何理解"一国两制"在澳门的成功实践？
3. "爱国爱澳"在澳门的"一国两制"实践中有何重要意义？

教学建议

本案例主要适用于第十五章第二节"保持香港、澳门长期繁荣稳定"部分的辅助教学。案例通过澳门回归后的稳定发展、持续繁荣，突出了澳门"一国两制"实践的伟大意义，生动展示了"一国两制"实践不变形、不走样的深刻内涵，通过丰富的数据和人物访谈深化对澳门特色"一国两制"实践的理解。

组织教学建议

第一，教师引导学生通过澳门维护国家安全法律条文的制定和爱国爱澳力量主导澳门发展的事实，深刻把握澳门"一国两制"成功实践的内涵。回归后澳门特区的发展之所以能够取得辉煌的成就，根本原因就是"一国两制"在澳门的成功实践。"一国两制"方针，

“一国”是本，本固枝荣。自澳门回归以来，爱国爱澳始终是特区发展的主旋律。澳门人民充分认识到，维护国家安全是保证国家长治久安、澳门社会长期繁荣稳定的必然要求，是包括澳门同胞在内的全体中国人民的共同义务。在爱国爱澳力量的支持下，2023年特区修改了《维护国家安全法》，完善了维护国家安全法律制度和执行机制，进一步夯实了维护国家安全的制度根基，充分展现出澳门特区政权机关和社会各界坚决维护国家安全的责任意识和担当精神。同时，这一成果的取得也离不开澳门回归后的爱国爱澳教育和实践，澳门不仅实现了土地的回归，更实现了人心的回归，澳门人民的家国情怀、国民意识伴随着澳门浓浓的“一国”情在濠江两岸牢牢扎根。澳门回归以来的瞩目成就充分证明了“一国两制”是从澳门的历史和现实情况出发，将澳门特区过去的历史发展习惯和未来的发展定位有效结合在一起，形成一幅定位清晰、方向明确、中央保障充足、特区地方行之有力的澳门发展兴盛之图。

第二，教师要引导学生把握本案例的展示思路。案例从4个镜头呈现了澳门回归20多年来的发展成就，展现了具有澳门特色的“一国两制”实践的重要意义。案例文本的4个镜头体现了层层递进的逻辑关系。首先，案例呈现了澳门在维护国家安全方面的宪制责任，凸显了维护“一国”的重要性，本固才能枝荣。其次，案例彰显了澳门回归后如何积极培育发展爱国爱澳力量，让爱国主义在澳门薪火相传，凸显了澳门回归后繁荣稳定的社会基础。再次，案例通过中央对澳门的支持和粤澳和鸣，充分说明了澳门的发展离不开祖国的大力支持，“一国”是澳门的强大后盾。最后，案例通过澳门的多元化发展，展现了澳门美好的前景。案例以事实和数字充分说明，“一国两制”在澳门的实践促进了澳门回归后的繁荣和稳定，是最佳的制度安排。

第三，教师要引导学生通过澳门“一国两制”实践，准确理解“高度自治”和中央“全面管治权”的关系。澳门“一国两制”实践是中央和特区关系良好互动的结果。中央始终高度重视澳门的经济发展和民生改善，充分尊重澳门原有的资本主义社会制度，尊重澳门居民原有的生活方式，尊重澳门同胞的新闻、言论自由等权利，紧紧依靠爱国爱澳人士，支持行政长官依法施政、积极作为，团结带领澳门各界人士齐心协力谋发展、促和谐。在充分落实“澳人治澳”、高度自治的同时，中央依照宪法和基本法对特区享有宪制权力。全面管治权与高度自治权在本质上是统一的。全面管治权是授权特区高度自治的前提和基础，高度自治权是中央行使全面管治权的体现，它们之间是源与流、本与末的关系。在“一国两制”实践中，必须始终维护中央全面管治权，在任何时候，都不能将全面管治权和高度自治权对立起来；在任何情况下，特区行使高度自治权都不得损害国家主权和中央全面管治权，更不能以高度自治权对抗全面管治权。

第四，教师要引导学生认识澳门“一国两制”的成功实践，是澳门完全融入国家发展战略的结果。由于历史的原因，澳门面积狭小，经济结构单一，这严重限制了澳门的长远发展。回归后，澳门除保持原有的特色外，充分融入了祖国发展大局，利用《内地与香港关于建立更紧密经贸关系的安排》(CEPA)、自贸区、“一带一路”倡议和粤港澳大湾区建设等政策、制度安排，积极主动与内地开展密切合作，实现了澳门多元化发展。内地与澳门贸易持续增长，2022年两地贸易总值为43.6亿美元，同比增长32.9%。尤其是珠海和澳门的合作已初见成效，广东自贸区横琴片区已成为实现澳门经济适度多元、可持续发展的连接地。2021 年，中共中央、国务院印发了《横琴粤澳深度合作区建设总体方案》，提出到 2024 年澳门回归祖国 25 周年时，特色产业加快发展，公共服务和社会保障体系与澳门有序衔接，在合作区居住、就业的澳门居民大幅增加。事实证明，背靠祖国，澳门才能一次次从容应对危机和考验。持续深化与内地的合作发展，是澳门持续稳定繁荣的必由之路。

总结提升建议

第一，完善以基本法为核心的法制体系，坚守"一国"之本，善用"两制"之利。《澳门特别行政区基本法》是保障澳门繁荣稳定、促进澳门迈向腾飞的利器。基本法在澳门的全面准确贯彻，不仅为谱写"一国两制"华章提供独特而精辟的路径，也为香港解决类似社会问题提供经验借鉴。2009 年，澳门特区立法会通过《维护国家安全法》，完成了基本法 23 条立法，此后，至 2018 年底共完成了 800 多部法律和行政法规的制定修订，建立起协调统一的宪法和基本法宣传教育体系，为澳门的健康快速发展奠定了良好稳定的宪制基础。澳门特区的实践证明，必须深刻认识"一国"是"两制"的前提和基础。"一国"是根，根深才能叶茂；"一国"是本，本固才能枝荣。同时，"一国"不仅意味着国家统一，更重要的还在于同胞之间彼此认同、心灵契合。只有积极主动融入国家发展大局，才能拓展自身发展空间；只有携手共进、风雨同舟，才能从容应对外部风险与挑战。

第二，中央的支持以及澳门的能动性发挥，是成功实践"一国两制"的动力。澳门"一国两制"实践取得成功的原因有二：一方面得益于中央政府的大力支持，每当澳门面临困境的时候，中央总是能够伸出援手，从政策到制度、从资金到人员，给予澳门最大的帮助。另一方面也与中央支持下澳门特区政府充分发挥能动性密不可分。澳门特区政府务实施政，积极发展澳门经济，力促社会稳定繁荣，落实了惠民政策，保障了广大澳门居民的合法权益，得到澳门居民的充分肯定。在政制改革上，澳门特区政府及时向中央请求释法，全国人大常委会亦对基本法进行了解释，保障了澳门政治体制改革的有序进行。澳门在中央的大力支持下，发挥独特的制度优势，积极寻找发展机遇，在紧密沿着融入国家发展大局这一正确路线下，与内地尤其是广东建立了密切的互利合作关系，社会民生各项事业迈上新的台阶，在国内乃至海外的竞争力、影响力进一步提升。所以澳门"一国两制"实践的成功，是中央政府和澳门特区政府合力的结果，是"一国"基础上"两制"合力谋发展的典范。

第三，坚持发展爱国爱澳力量，始终筑牢"一国两制"社会政治基础。最能体现具有澳门特色"一国两制"的实践是澳门各界不断巩固的爱国爱澳的社会政治基础。特别行政区政府和社会各界高度重视弘扬爱国传统，坚决落实以爱国者为主体的"澳人治澳"，特区政权机关均以爱国者为主组成，爱国爱澳力量日益发展壮大，爱国爱澳核心价值在澳门社会居于主导地位。在行政长官亲自领导、政府部门切实履职、社会各界共同参与下，澳门各类学校的爱国主义教育有声有色，国家意识和爱国精神在青少年心中深深扎根。爱国爱澳力量在澳门特别行政区取得了绝对话语权。广大澳门居民拥护国家宪法和澳门基本法，具备贯彻落实“一国两制”的坚定意志，能够确保“一国两制”实践不变形、不走样。20多年来“爱国爱澳”成为全社会的核心价值，宪法和基本法权威牢固树立，行政主导体制顺畅运行，融入国家发展大局积极主动，包容和谐增强社会凝聚力，这是澳门回归祖国以来取得举世瞩目成就的现实注脚。

第四，从澳门实践中坚定“一国两制”的制度自信。“一国两制”最初是邓小平为解决历史遗留下来的台湾问题，实现祖国和平统一而提出的一个创造性构想，后来变为中国政府对台湾、香港、澳门的一系列方针政策，并在香港、澳门得到成功实践。从港澳回归祖国之日起，“一国两制”在港澳全面付诸实施，并由此开启了一种崭新的政治实践和管治模式。这种模式从理论、制度到管治方式，都是一种创新，是一个伟大创举，是中国共产党人和中华民族对人类政治文明的一大贡献。澳门回归后的实践证明，坚持“一国两制”，符合澳门同胞的根本利益，符合澳门繁荣稳定的实际需要，符合国家根本利益，符合全国人民的共同意愿，“一国两制”是完全行得通、办得到、得人心的。我们要保持战略定力，坚定“一国两制”制度自信，实践中无论遇到什么样的困难和挑战，坚持“一国两制”方针的决心和信心绝不动摇，推进“一国两制”实践的决心和信心绝不动摇。

启示意义

党的二十大报告指出，“一国两制”是中国特色社会主义的伟大创举，是香港、澳门回归后保持长期繁荣稳定的最佳制度安排，必须长期坚持。澳门的实践已经充分证明了“一国两制”的科学性，形成了具有澳门特色的实践经验，不断丰富“一国两制”的制度体系。随着实践的不断发展，“一国两制”未来也会遇到新情况、新问题、新挑战，只要深刻把握“一国两制”的科学内涵，就一定能不断续写具有澳门特色的“一国两制”新篇章。

案例
28

汪辜会谈：传承历史启迪未来的历史性握手

核心阅读

1993 年 4 月，在两岸坚持体现一个中国原则的“九二共识”政治基础上，大陆海峡两岸关系协会会长汪道涵与台湾海峡交流基金会董事长辜振甫在新加坡举行会谈，实现了两岸双方首次以受权民间团体名义举行高层会谈，标志着两岸关系发展迈出历史性的重要一步。汪辜会谈充分体现了两岸同属一个中国的客观事实，集中反映了两岸同胞要接触、要交流、要合作的强烈民族情感和民族认同，成功地树立了在一个中国原则基础上进行两岸平等协商的范例。汪辜会谈的成功召开是两岸关系发展进程中的重要里程碑，它表明只要信守一个中国原则，两岸就可以平等谈判，求同存异，累积共识，共同寻求消除分歧、解决问题的良策，携手推进两岸关系的发展，共创中华民族的伟大复兴的美好未来。

1993 年 4 月 27 日至 29 日，在海峡两岸关系协会（简称海协会）会长的倡议和积极推动下，在海峡两岸共同坚持“九二共识”及其核心要义“海峡两岸同属一个中国，共同努力谋求国家统一”的基础上，海协会会长汪道涵和台湾海峡交流基金会（简称海基会）董事长辜振甫在新加坡举行会谈。这次会谈受到海内外广泛关注，史称汪辜会谈。这场举世瞩目的会谈，是 1949 年两岸隔绝以来，两岸授权的民间团体最高负责人之间的首次会晤，开创了海峡两岸在坚持一个中国原则基础上进行平等协商的制度性安排。汪辜会谈留下的历史经验弥足珍贵，历久弥新，至今依然启迪着两岸关系的现实发展和未来走向。

20 世纪 80 年代末到 90 年代初，随着两岸关系隔绝状态被打破，两岸同胞之间的民间交往日益密切，但与此同时，两岸交往中衍生的问题也日渐突出，诸如法律文书认证、海上渔事纠纷、海上抢劫以及空中劫机犯罪等问题，不同程度地影响了两岸间的正常交往。但是台湾当局顽固坚守“不接触、不谈判、不妥协”的所谓“三不政策”，致使两岸间无法开展官方层面的问题协商。在继续拒绝正式谈判的前提下，台湾成立了以辜振甫为董事长的海基会，意图以民间机构与祖国大陆进行接触，解决两岸交往中的事务性问题。祖国大陆基于争取“先谈起来”的考虑，同意与之先进行事务性商谈，以创造政治谈判的条件，随后成立了以汪道涵为会长的海协会。两会随即围绕两岸关系有关问题开始了频繁的交往与接触。

1992年，海协会与海基会受权就在两岸事务性商谈中表述坚持一个中国原则事宜进行协商。经过同年10月香港会谈及其后一系列函电往来，两岸达成了各自以口头方式表述“海峡两岸均坚持一个中国原则”的共识。这就是著名的“九二共识”，共识的达成表明大陆与台湾同属一个中国，两岸关系不是国与国的关系，也不是“一中一台”，中国的主权和领土完整从未分裂，两岸同属一个国家、两岸同胞同属中华民族，这一历史事实和法理基础从未改变，也不可能改变。“九二共识”奠定了两岸协商的政治基础。疏通了两会商谈的重大梗阻，为实现两会更高层级见面会谈创造了必要条件。海基会前副董事长焦仁和回忆说：“虽然没有白纸黑字，但等于双方都同意了这一共识，这才有了后来的汪辜会谈。”

1993年4月8日至11日，为了保障汪道涵与辜振甫首次会谈顺利进行，海协会常务副会长唐树备和海基会副董事长兼秘书长邱进益进行了预备性磋商，确定汪辜会谈性质定位是民间性、经济性、事务性、功能性的会谈。4月27日早上，新加坡方面安排汪道涵和辜振甫第一次见面的地点是在海皇大厦26层的一个房间。有趣的是，两位老人不仅在两岸政治舞台上角色近似，而且在年龄、阅历、爱好等方面也有许多相似之处。两人年龄相差两岁，都对中国古典文学情有独钟，此外他们还都是京剧票友。上午10点，汪辜会谈正式开始，海峡两岸各派10名代表参会。汪道涵与辜振甫两人站立，隔桌握手，这是40多年来两岸高层人士首次公开握手。当时有200多名中外记者将两人团团围住，快门声不断，闪光灯不停，记录下了两岸关系史上具有历史意义的这一画面。

“渡尽劫波兄弟在，相逢一笑泯恩仇”，历经战乱后海峡两岸双方可以坐在一起握手言欢的场面令人感慨万千。汪道涵会长后来回忆道，他与辜先生握手，凝结的是中国人的民族认同和民族情感，昭示的是两岸虽然尚未统一，但中国的主权和领土完整没有分割。

在汪辜会谈中，双方就两岸经济合作、科技文化交流等问题深入交换意见，推动两岸关系柳暗花明。4月29日，汪道涵和辜振甫正式签署了《汪辜会谈共同协议》《两会联系与会谈制度协议》《两岸公证书使用查证协议》《两岸挂号函件查询、补偿事宜协议》四份协议。双方一致认为，“两岸应加强经济交流，互补互利”，同意将台商投资权益保护及相关问题、能源资源开发与交流列为后续协商内容。汪辜会谈具有高远的前瞻性和大局观念，为两岸开辟了一条制度化的沟通渠道，建立了一套双方均能接受的协商模式，有力推动了两岸关系的改善和发展。江泽民高度评价说，汪辜会谈是成功的，是有成果的，它标志着海峡两岸关系发展迈出了历史性的重要一步。

从1993年8月到1995年1月，两会共举行了7次副秘书长级工作商谈和3次负责人（副会长、副董事长）级会谈，议题大多按照《汪辜会谈共同协议》的规划进行。1998年10月，辜振甫率海基会参访团访问上海和北京。在上海，汪道涵与辜振甫再度会晤，就一个中国的内涵、台湾涉外事务、结束两岸敌对状态等问题对话，拉开了两岸政治对话的序幕。这次汪辜会晤达成四项共识，包括两会进行政治、经济等方面的对话，汪道涵在适当时候访问台湾等。辜振甫“参访”大陆后，祖国大陆方面继续推动两岸关系的良性发展。1999年6月，两会在北京商谈，就落实四项共识交换了意见，并就汪道涵9月中旬或

10 月初访台达成初步共识。但是，李登辉很快抛出所谓“两国论”，使两会在一个中国原则下接触、交流、对话的基础不复存在，两会的联系遂告中断。

汪辜会谈开启的两岸接触对话的大门一旦打开，就不可能被强行关上。两岸要交流、要合作是大势所趋、民心所向，是任何政治势力都不可能阻挡的。2008 年 6 月，两会恢复事务性协商以来签署的《海峡两岸经济合作框架协议》（ECFA）、赴台游、直航等多项协议，延续了汪辜会谈开辟的正确道路。2015 年 11 月，两岸领导人在新加坡实现了首次会面，就进一步推进两岸关系和平发展交换意见。2024 年 4 月，习近平在会见马英九一行时指出，只要不分裂国家，只要认同两岸都是中国人、一家人，两岸同胞完全可以坐下来，就家里人的事先接触交流起来，增进了解，累积互信，化解矛盾，寻求共识。

在历史的长河中，海峡两岸的分裂状态，只不过是一个插曲。结束分裂、实现统一是全体中华儿女的共同心愿，历史将会永远记住汪辜会谈，将会永远铭记汪道涵先生和辜振甫先生为两岸关系发展所做出的历史性贡献。

思考讨论

1. 如何理解“九二共识”是汪辜会谈的前提基础？
2. 如何理解汪辜会谈的历史意义？
3. 如何理解两岸统一的历史大势是任何人任何势力都无法阻挡的？

教学建议

本案例主要适用于第十五章第三节“推进祖国完全统一”部分的辅助教学。本案例主要展示的是汪辜会谈的背景及重要历史意义，通过汪辜会谈及后续两岸关系发展成果，凸显了两岸要和平、要发展、要交流、要合作的历史主流。案例用生动的事实证明，唯有加强交流与合作，才能增进了解，消除隔阂，深化互信，造福两岸同胞。

组织教学建议

第一，教师要引导学生深刻把握汪辜会谈的政治基础“九二共识”。在分析汪辜会谈的背景时，教师必须重点引导学生认识汪辜会谈是在一个中国原则基础上的两岸制度化协商机制，没有一个中国原则就没有汪辜会谈。在 1992 年的两会商谈中，双方都表明了“海峡两岸均坚持一个中国原则”和“努力谋求国家统一”的态度；对于一个中国的政治含义，海基会表示“认知各有不同”，海协会表示“在事务性商谈中不涉及”，做了求同存异的处理。所以，“九二共识”双方都认可的核心意涵就是“海峡两岸同属一个中国，共同努力谋求国家统一”。这个共识是在双方表明坚持一个中国原则态度的基础上，照顾各方利益，搁置对一个中国政治含义的争议，以灵活的方式求同存异而达成的，体现了两岸中国人的政治智慧。“九二共识”对两岸建立政治互信，开展协商对话，发展两岸关系，发挥了不可替代的重要作用，是两岸关系发展的定海神针。历史事实证明：什么时候坚持

“九二共识”，两岸对话协商就能顺利开展，两岸关系就能行稳致远；什么时候否认“九二共识”，两岸商谈就难以为继，两岸关系就会陷入紧张动荡，台湾同胞的切身利益就会受到损害。只有顺应民心所向、大势所趋，坚持“九二共识”，认同两岸同属一个国家、一个民族的基本事实，才能为两岸关系和平发展、台海和平稳定创造有利条件，为两岸交流合作、台湾同胞福祉提供可靠保障。

第二，教师要引导学生把握本案例的展示思路。案例梳理了汪辜会谈的过程和历史意义，并简要回顾了汪辜会谈开启两岸商谈机制后取得的重要成果，以生动的事实凸显了两岸和平发展的重要性，展现了在一个中国原则基础上，通过对话与谈判解决双方分歧，实现海峡两岸和平统一，是祖国大陆方面的一贯主张。是否认同“九二共识”是检验一切谅解与善意的“试金石”。只要台湾当局坚持“九二共识”，两岸交往的政治基础就会稳固，两岸同胞才能共享和平安宁的生活，子孙后代才能共享美好的未来。反之，两岸关系就会陷入紧张动荡。

第三，教师要引导学生深刻认识和把握汪辜会谈的历史背景。开展两岸协商谈判，是以和平方式实现祖国统一的必由之路。中央对台大政方针的一项重要内容，就是主张通过两岸协商谈判，逐步解决彼此间的问题，不断推动两岸关系发展，最终实现祖国和平统一。20世纪50年代中期，毛泽东、周恩来等中央领导人公开表示，中国人民愿意在可能的条件下，争取用和平的方式解放台湾。1987年底，两岸同胞隔绝状态被打破后，两岸人员往来和经济、文化交流随即兴起，衍生出许多需要通过协商解决的具体问题。20世纪80年代和90年代初，两岸有关方面曾就处理两岸人民交往中的具体问题进行过零星的接触与商谈。1990年9月，为杜绝台湾军警以非人道做法遣返大陆私渡人员导致重大伤亡事故重演，中国大陆红十字会总会与台湾红十字组织在金门举行商谈，并签订金门协议，这是1949年以来两岸分别授权的民间团体签订的第一个书面协议。但是，两岸有关方面就个案进行的零星接触，已无法满足两岸形势发展的需要。台湾民众要求台湾当局改变不合理政策与做法、解决两岸交往中自身权益问题的呼声日益高涨。1990年11月，台湾方面成立海基会。海基会接受台湾当局委托、授权与大陆方面进行联系和协商，处理“涉及公权力”的两岸事务。1991年12月，大陆方面成立海协会，确立了与海基会进行制度化接触商谈的渠道。海协会根据有关方面授权，坚持以一个中国原则作为两会交往和事务性商谈的基础。1992年两会达成“九二共识”，确立了两岸商谈的政治基础，为两会开展协商并取得成果提供了必要前提。汪辜会谈正是在这样的历史背景下召开的，讲清楚这一背景，有助于学生更加全面地理解汪辜会谈的历史意义。

第四，教师要引导学生全面把握汪辜会谈的历史意义，以及对之后两岸关系发展产生的深远影响。汪辜会谈标志着两岸双方在坚持一个中国的政治基础之上，搁置政治分歧，顺应两岸关系发展的时代潮流，以及两岸同胞要交流、要合作的主流民意，共同推动两岸进入协商对话的新阶段，也印证了两岸同胞都是中国人、一家人，家里的事都好商量。汪辜会谈标志着1949年之后，历经曲折的两岸关系终于打开了一扇全新的大门，海峡两岸的中国人从此迈向了和平发展、交流合作、协商对话的新时代。更重要的是，它表明两岸人民完全有能力、有智慧解决好自己的问题。汪辜会谈是两岸关系发展的里程碑。

此外，教师还可以结合当前复杂多变的台海形势，讲解汪辜会谈的历史价值。建议教师组织学生围绕当前两岸关系进行必要的思考讨论，尤其是结合汪辜会谈后两岸关系的曲折发展和美国等西方势力妄图插手台海事务的企图，引导学生通过汪辜会谈看两岸关系发展的主流和本质。

总结提升建议

第一，汪辜会谈彰显“九二共识”的重要意义，为两岸开展对话交流奠定政治基础。海峡两岸以什么为基础进行接触、对话、商谈，推进两岸关系发展，关系到两岸关系的性质与和平统一的前景。1949 年国民党败退到台湾后，在相当长的一个时期内，两岸均一直坚持一个中国原则和祖国终极统一的目标。李登辉执政后，从 1990 年开始陆续地提出了所谓“一国两府”“两个对等政治实体”“两岸分裂分治”等分裂国家主权的主张，在坚持一个中国原则方面的态度明显地出现了变化。针对这种情况，祖国大陆方面提出，海峡两岸在事务性接触、对话与商谈中首先必须明确地确定如何坚持一个中国原则以及海峡两岸必须坚持以一个国家的内部事务来处理两岸在各种交流、交往与经贸活动中所衍生出来的问题。为此海基会和海协会成立后，在 1992 年就这一问题进行了近 8 个月的协商，最后达成采用各自以口头声明的方式表述“海峡两岸均坚持一个中国原则”的共识，并表明“努力谋求国家统一”的共同态度。“九二共识”奠定了两岸关系发展的政治基础，精髓是求同存异，体现了双方对待两岸间政治问题的务实态度和处理此问题的政治智慧。正因为有了“九二共识”这个政治基础，才能开启两岸协商谈判，建立两岸制度化协商联系机制。从 2008 年到 2016 年，在“九二共识”基础上，两岸事务主管部门建立常态化联系沟通机制，两岸相关部门负责人实现互访、开通热线。两岸民间大交流、大合作、大发展，给两岸同胞特别是台湾同胞带来实实在在的好处，事实发展充分证明两岸和则两利，通则双赢。然而，2016 年民进党成为台湾执政当局后，拒不承认“九二共识”，煽动两岸对立对抗，导致两岸联系沟通机制停摆，两岸沟通对话渠道日益缩小，两岸关系不进反退。所以是否承认一个中国原则的“九二共识”，是两岸开展对话的前提基础，是两岸关系发展的定海神针。

第二，汪辜会谈开启两岸制度化协商机制，为海峡两岸在一个中国原则基础上进行对等协商、平等谈判树立了成功范例。汪辜会谈是在两岸对等的关系下召开的，所签署的《两会联系与会谈制度协议》，分别就两会领导人举行“会谈”、两会工作人员就两岸交流中衍生的问题进行专案事务性协商以及成立专业小组、建立紧急联系渠道等做出了明确的规定。这为建立两岸制度化的协商机制，启动经济、科技和文化交流议题的磋商，解决两岸交往中衍生的具体问题提供了一定的法律制度保障，从而为促进两岸交流与合作开拓了宽广的道路。从 1993 年 8 月到 1995 年 1 月，两会共举行了 7 次副秘书长级工作商谈和 3 次负责人（副会长、副董事长）级会谈，议题大多按照《汪辜会谈共同协议》的规划进行。它充分地体现了彼此之间相互尊重、实事求是、平等协商、求同存异的精神，说明了两岸只要在一个中国原则的基础上谈判，是可以暂时搁置某些政治分歧，并本着求同存异的精神，通过平等协商的方式，妥善解决两岸同胞共同关心的一些问题的，更说明海峡两岸的中国人是完全可以在一个中国原则的基础上，找到平等协商、对等谈判的适当方式的。正如习近平在会见国民党前主席连战时所指出的：“我们愿在一个中国框架内，同台湾方面进行平等协商，做出合情合理安排。……我相信，两岸中国人有智慧找出解决问题的钥匙来。”

第三，汪辜会谈促进两岸民间交流和经贸往来，为海峡两岸各项事业交流合作开辟空间。汪辜会谈是两岸经贸往来与民间交流迅速发展催生的产物，集中体现了两岸同胞要接触、要交流、要合作的民族情感与民族意愿。汪辜会谈的成果及影响又大大推动了两岸经贸关系和民间往来的发展。祖国大陆在会谈中积极倡导加强两岸经济交流合作、发展民族利益，所促成的“两岸应加强经济交流，互补互利”的重要共识，不仅为会谈后30多年两岸经济交流与合作、民间往来的发展开创了广阔的空间，而且对现实两岸关系的改善与发展亦具有重要的现实意义。从2008年到2016年，两岸在“九二共识”基础上，双方两岸事务主管部门建立常态化联系沟通机制，两部门负责人实现互访、开通热线。两岸民间大交流、大合作、大发展。党的十八大以来，大陆秉持“两岸一家亲”理念，为推动两岸关系和平发展、融合发展持续做出努力，表现在为提升通关便利性，大陆实行卡式台胞证，为促进两岸融合发展，福建省向金门地区供水，并逐步为台湾同胞在大陆学习、创业、就业、生活提供同等待遇，总之从中央到地方持续推出惠台措施。30多年来，大陆成为台湾最大出口市场、最大贸易顺差来源地和最大岛外投资目的地。上百万台湾同胞在大陆学习工作生活。两岸交往领域之广、社会联系之密、利益交融之深，前所未有。汪辜会谈及其后两岸关系的发展历程表明，反对“台独”、坚持“九二共识”，是保持两岸关系和平发展方向和良好势头的关键。汲取汪辜会谈历史经验和有益启示，坚定维护“九二共识”政治基础，坚持两岸关系和平发展正确方向，努力增进两岸同胞利益福祉，共同实现中华民族伟大复兴，是对汪辜会谈最好的纪念。

启示意义

以史为鉴，可以知兴替。汪辜会谈实践表明，两岸协商谈判必须坚持体现一个中国原则的“九二共识”，其构建了两岸商谈的基本前提和政治基础。汪辜会谈实践证明，两岸商谈既是善意沟通、解决问题的互动过程，也是加深了解、建立信任的有效方式。协商对话既有利于增强两岸民众的信心，也有利于为将来解决政治难题不断积累共识、创造条件。推进两岸商谈应当坚持互惠互利的基本方向，秉持“两岸一家亲”理念，从同胞之情出发，落脚于增进两岸民众福祉。无论台湾执政当局如何变化，大陆的真诚、善意与执着，一定能获得越来越多台湾人民的支持、理解与认同，祖国统一、民族复兴的目标一定能够实现。

案例 29

多瑙河畔：百年钢厂展新颜

核心阅读

乘历史大势而上，走人间正道致远。2013 年以来，“一带一路”倡议落地生根、蓬勃发展，既发展了中国，也造福了世界。位于多瑙河畔的河钢集团塞尔维亚钢铁公司就是高质量共建“一带一路”的样板工程，在中塞双方运营团队的共同努力下，仅用了 8 个月就让连续亏损 7 年的老钢厂扭亏为盈，保住了全厂近 5 000 个就业岗位，让数千个塞尔维亚家庭重拾希望，让遭遇凛冬的百年钢厂发展成全球产能最大的钢铁生产商和综合服务提供商之一，重新成为“塞尔维亚的骄傲”。钢厂里的塞尔维亚工人由衷地赞叹，是“一带一路”倡议为钢厂带来了春天。展望未来，携手同心、勇毅前行，就一定能不断战胜各种风险挑战，让共建“一带一路”越来越繁荣、越走越宽广，共同绘制人类命运共同体的美好画卷。

在多瑙河与摩拉瓦河的交汇处，坐落着塞尔维亚小城斯梅代雷沃。城里有塞尔维亚最大的钢铁生产企业——成立于 1913 年的斯梅代雷沃钢厂，曾被誉为“塞尔维亚的骄傲”。鼎盛时期，钢厂为斯梅代雷沃市贡献了 40%的财政收入，带动 1 600 余家当地供货商，许多家庭几代人都在钢厂工作。

20 世纪末，由于国际市场竞争激烈，加上管理不善等因素，钢厂陷入困境，多方寻求出路未果，一度濒临倒闭，塞尔维亚政府不得不每月补贴 1 000 万美元维持这家企业。2003 年，斯梅代雷沃钢厂被卖给美国钢企，但依然亏损严重，2012 年美国投资者撤资，将钢厂以 1 美元价格回售给塞尔维亚政府。

2016 年，中国河钢集团收购了斯梅代雷沃钢厂，成立河钢集团塞尔维亚钢铁公司(简称河钢塞钢)。作为“一带一路”建设的标志性工程，高质量共建“一带一路”的河钢乐章正在跃动着激昂的时代音符。

“中国的合作伙伴给我们带来了真正的希望”

在斯梅代雷沃钢厂面临严重困境时，中国河钢集团正式出资 4 600 万欧元收购了这家钢厂，5 000 多名面临失业的钢厂员工重返车间。

2016年6月19日上午，正在对塞尔维亚进行国事访问的习近平到斯梅代雷沃钢厂参观。钢厂工人和家属、当地市民数千人夹道欢迎。高大宽敞的热轧车间内，机器轰鸣，热气蒸腾，生产线上各种轧钢锻材不时呼啸而过。习近平不时驻足参观产品，并登上中控室，详细询问工艺环节，了解生产情况。在塞方领导人的陪同下，习近平来到员工食堂同工人交流互动。在钢厂发表讲话时，习近平指出，中塞企业携手合作，开启了两国产能合作的新篇章。这既是对两国传统友谊的延续，也体现了双方深化改革、实现互利共赢的发展决心，中国企业一定会与塞方同行精诚合作。

在习近平的关心和指导下，中国持续向工厂提供帮助，助力工厂复兴。如何让钢厂发展“迈开步子”，是中塞双方运营团队的共同任务。针对钢厂设备陈旧、工艺落后的问题，中方运营团队协调技术专家对生产设备进行彻底的“把脉问诊”，从“修修补补”到“拆旧换新”，再到实施绿色高效生产工艺改造，帮助钢厂多方面查找和解决问题，联合制定改进方案。

运营团队一套“组合拳”，激发了河钢塞钢的潜能——2017年，钢厂产钢约147万吨，实现销售收入6.52亿欧元；2018年产钢177万吨，突破历史纪录，实现营业收入8.93亿欧元，对塞尔维亚国内生产总值的贡献率达到1.8%。截至2024年，河钢塞钢营收超过60亿欧元，4年蝉联塞尔维亚第一大出口企业。

中国有句老话：“患难见真情。”塞尔维亚有句俗语：“朋友是时间的果实。”多年过去，斯梅代雷沃钢厂的员工们仍记忆犹新——面对台下满怀期待的工人，习近平坚定地说：“我们不需要拍胸脯、夸海口，而是要诚恳、严肃地兑现承诺。言必信、行必果。我们承诺的事情，包括引进先进技术、开拓更广阔市场、保障当地就业、惠及广大民生，一定要做到。”

百年钢厂重新成为“塞尔维亚的骄傲”

以行动兑现承诺，河钢利用自身在技术、管理、市场等方面的优势资源，把河钢塞钢建设成为欧洲领先的绿色节能现代化工厂。以前用天然气作为燃料的老烧结厂停了，新烧结厂采用高炉煤气替代天然气，黑色的铁矿石经过破碎、分类、烧结等工序最终成为用于高炉炼铁的炉料，不仅节省了购买天然气的成本，还降低了能耗，提高了环保治理能力。

河钢塞钢正朝着“欧洲领先的绿色节能现代化工厂”的目标前进。钢厂的粉尘排放量小于15毫克/标准立方米，远远优于40毫克/标准立方米的欧盟标准，并于2023年获得了欧盟和联合国开发计划署等联合颁发的“绿色议程”奖励证书，是唯一获此殊荣的中资企业。

在双方管理团队和钢厂工人的共同努力下，钢厂面貌焕然一新，为斯梅代雷沃市的发展提供了有力支撑，也让斯梅代雷沃这座“钢铁小城”焕发活力——当地每年新增约200个就业岗位；该市10万多人口中，平均每5人中就有1人的工作直接或间接与河钢塞钢相关；全市失业率由18%降至6%，年财政收入达到原来的2倍多。

耀眼的炉火，见证了斯梅代雷沃钢厂的转变，也为当地居民带来了满满的获得感、幸福感。

“共建‘一带一路’合作的成功典范”

2018年9月，武契奇作为塞尔维亚总统来华出席夏季达沃斯论坛。在同习近平会见时，武契奇说："斯梅代雷沃钢厂起死回生是个成功的典范。它有力地证明'一带一路'倡议给塞尔维亚带来的是就业的增加和经济的增长。"

作为高质量共建"一带一路"的标志性工程，河钢塞钢从未停下前进的脚步。当地时间 2024 年 4 月 15 日，河钢-贝尔格莱德大学钢铁绿色制造联合实验室揭牌，双方将聚集全球技术人才等创新要素，致力于把联合实验室打造成为共建"一带一路"科技合作的典范，推动河钢塞钢技术创新和绿色发展。同日，河钢与西门子在贝尔格莱德签署共建塞尔维亚钢铁公司数字化绿色化工厂项目合作协议，致力于把河钢塞钢打造成欧洲最具竞争力的全流程绿色智能化钢厂。4 月 16 日，河钢（塞尔维亚）全球绿色智能供应链合作大会在贝尔格莱德召开，河钢以更加开放的姿态，与全球合作伙伴共同探讨钢铁未来发展之路。

2024 年，河钢塞钢 30 名塞籍职工代表致信习近平主席，介绍钢厂发展近况及对当地民生改善的重要贡献，表达对习近平主席亲自关心和促成该项目的感激之情。4 月 29 日，习近平主席复信河钢集团斯梅代雷沃钢厂塞尔维亚籍职工，勉励他们为中塞友谊做出新贡献，强调钢厂职工是中塞友好合作的参与者、见证者、贡献者，也是受益者。钢厂职工们表示，这封复信让他们对钢厂的未来充满信心，他们将继续努力工作，用实际行动浇筑塞中铁杆友谊。

走出寒冬的百年钢厂，正希冀着一个又一个鲜花盛开的春天。通过不断深化的务实合作，中塞铁杆友谊也将在高质量共建"一带一路"的新征程上续写更多春意盎然的故事。

思考讨论

1. 2024 年 4 月 29 日，习近平主席在复信河钢集团斯梅代雷沃钢厂塞尔维亚籍职工时强调，斯梅代雷沃钢厂的良好发展，是中塞高质量共建"一带一路"的生动实践，也是两国互利合作的成功典范。结合案例，你认为河钢塞钢为什么能走出困境、实现良好发展？

2. 当地时间 2024 年 5 月 8 日，习近平主席在贝尔格莱德塞尔维亚大厦同塞尔维亚总统武契奇举行会谈。两国元首宣布，深化和提升中塞全面战略伙伴关系，构建新时代中塞命运共同体。结合现实，如何理解构建人类命运共同体是世界各国人民前途所在？

3. 党的十九届六中全会通过的《中共中央关于党的百年奋斗重大成就和历史经验的决议》，把"坚持胸怀天下"作为党百年奋斗的十条历史经验之一。结合中国特色大国外交实践，你认为中国共产党在新时代是如何坚持胸怀天下的？

教学建议

本案例主要适用于第十六章第三节"推动构建人类命运共同体"部分的辅助教学。案例展示的是中国和塞尔维亚两国在共建"一带一路"过程中深入合作、共同推动斯梅代雷沃钢厂转亏为盈的发展历程，既生动体现了"一带一路"倡议所取得的历史性成就，也诠释了中国秉持共商共建共享原则与国际社会共建"一带一路"、推动构建人类命运共同体的理念和实践。

组织教学建议

第一，本案例适用于教学导入环节。教师在对“推动构建人类命运共同体”这一知识点进行系统讲解之前，可以引入本案例。在课堂上讲解讨论本案例，既可以让学生直观感受到斯梅代雷沃钢厂化危为机的经营转变，也能够引导学生深入思考其背后的原因，进而认识到“一带一路”倡议是开放包容、互利互惠、合作共赢、深受欢迎的国际公共产品和国际合作平台，能够为全球共同发展搭平台、做增量、添动力。

第二，教师在运用本案例开展教学时，应注意从历史、现实和未来的维度对“一带一路”倡议的推进落实情况进行系统讲解。教学中既要系统回顾“一带一路”倡议自 2013 年提出以来深入发展、广受欢迎的实践历程，也应立足当下着重分析展示高质量共建“一带一路”所取得的历史性成就，同时还应面向未来，向学生阐释共建“一带一路”的广阔前景，引导学生全方位认识共建“一带一路”的重要历史意义。此外，教学中还应注意点面结合，既以斯梅代雷沃钢厂的案例为主，同时也适当拓展案例内容，向同学介绍更多的中塞合作基础设施项目，如普平大桥、“米洛什大公”高速普雷利纳至帕科夫拉查路段、匈塞铁路贝诺段等，从而让学生更加全面地了解中塞共建“一带一路”的重要成就。

第三，教师在讲解本案例时应注意调动学生参与案例教学的积极性和主动性。鉴于“一带一路”倡议在过去 10 多年所取得的系列成就，教师在讲解案例时可以请同学补充介绍其所了解的中国与相关国家携手共建“一带一路”的标志性项目，引导学生从基础设施互联互通扩展至政策沟通、设施联通、贸易畅通、资金融通、民心相通等其他领域，从欧洲扩展至亚洲、非洲、拉丁美洲等其他地区的“一带一路”项目，让学生从全球视野和历史大势上来理解认识“一带一路”倡议的重大历史意义。

第四，教师可以结合运用相关影视和文献资料来深化案例教学。为深刻阐释习近平提出的“一带一路”倡议，全面梳理总结“一带一路”倡议 10 多年的重要进程和重大成果，展现“一带一路”倡议作为构建人类命运共同体重要实践平台的历史价值和现实意义。中央广播电视总台联合推进“一带一路”建设工作领导小组办公室摄制大型纪录片《通向繁荣之路》，于 2023 年 10 月 11 日至 16 日在中央广播电视总台综合频道黄金时段首播。全片共分六集，分别为“大道同行”“跨越山海”“轻关易道”“心手相连”“向新而行”“和合共生”。该片以“共商共建共享”原则为表达逻辑，从基础设施“硬联通”、规则制度“软联通”、民心相交“心相通”等不同角度，聚焦 10 多年来中国与共建国家携手，互利共赢，共同推动高质量发展的生动实践。教师可以组织学生在课下观看这一纪录片，并结合案例主题进行课上讨论，从而深化对“一带一路”倡议的理解认识。

总结提升建议

第一，“一带一路”倡议根植历史、面向未来，源于中国，更属于世界。2013 年，习近平提出共建“丝绸之路经济带”和“21 世纪海上丝绸之路”的重大倡议，成为人类发展史上具有里程碑意义的重大事件。10 多年来，在各方的共同努力下，共建“一带一路”从中国倡议走向国际实践，从理念转化为行动，从愿景转变为现实，从谋篇布局的“大写意”到精耕细作的“工笔画”，成为深受欢迎的国际公共产品和国际合作平台。共建“一带一路”秉持的是共商共建共享原则，以促进协同联动发展、实现共同繁荣为核心内涵。案例中介绍的中国与塞尔维亚以共建“一带一路”为依托所进行的卓有成效的合作，尤其是斯梅代雷沃钢厂重焕生机的发展历程，生动诠释了“一带一路”倡议追求的是发展、崇尚的是共赢、传递的是希望。斯梅代雷沃钢厂在被中国河钢集团收购后，引入了新的经营理念、新的技术设备、新的生产流程，通过技术改造、优化管理、拓展市场等措施，仅用半年时间就让企业扭亏为盈，在 2016 年就已成为塞尔维亚第二大出口企业，至少保住了 5 000 人的就业，给当地民众的生活带来巨大收益，也为塞尔维亚国家的发展提供新的机遇。这一典型事例有力地表明，共建“一带一路”是造福相关国家人民的大事业，是世界各国人民携手迈向人类命运共同体的康庄大道。

第二，构建人类命运共同体是共建美好世界的中国方案，是世界各国人民前途所在。在经济全球化进程深入发展的基础上，在全球性风险挑战不断增加的背景下，各国之间的相互依存程度前所未有地加深，正如习近平深刻指出的那样：“人类生活在同一个地球村里，生活在历史和现实交汇的同一个时空里，越来越成为你中有我、我中有你的命运共同体。”这就要求各国应该深化合作、携手应对挑战，共同建设美好世界。立足于这一国际现实，习近平以深远的历史眼光、深邃的哲学理念、深厚的天下情怀，深入分析人类过去 100 多年的历史启示，深刻洞察人类前途命运和时代发展趋势，提出鲜明的中国方案：构建人类命运共同体，实现共赢共享。以中国与塞尔维亚的互利合作为例，用鲜血和生命铸就的中塞友谊在共建“一带一路”的新征程上也掀开了新的篇章。塞尔维亚总统武契奇曾明确表示，“一带一路”倡议是一项促进世界稳定的倡议，从精神层面和物质层面将不同的国家、文化和人民连接在一起。以“一带一路”为平台，中国携手各国人民共同建设持久和平、普遍安全、共同繁荣、开放包容、清洁美丽的世界，在构建人类命运共同体的人间正道上并肩前行。

第三，共建“一带一路”是推动构建人类命运共同体的重要实践平台，为促进世界共同繁荣发展提供重要助力。“一带一路”倡议，创造性地传承弘扬古丝绸之路这一人类历史文明发展成果，并赋予其新的时代精神和人文内涵，为构建人类命运共同体提供了重要抓手。2023 年 10 月，武契奇总统率领史上最大规模代表团赴华出席第三届“一带一路”国际合作高峰论坛，习近平主席在同武契奇总统会见时强调，双方要共同建设好、运营好匈塞铁路，发挥好河钢斯梅代雷沃钢厂等项目的经济社会效益，扎实推进基础设施建设等重点领域合作，同时积极发掘数字经济、科技创新等合作新增长点。武契奇总统曾说，塞尔维亚人民很高兴成为“一带一路”倡议的一部分，因为在“一带一路”框架下，塞中两国开展了大型基础设施建设，这些合作项目带动了塞尔维亚的经济发展，为塞尔维亚人民创造了更好的生活环境。共建“一带一路”以构建人类命运共同体为最高目标，并为实现这一目标搭建了实践平台、提供了实现路径，推动美好愿景不断落实落地，是完善全球治理的重要公共产品。以中塞友好合作为例，共建“一带一路”跨越不同地域、不同文明、不同发展阶段，超越意识形态分歧和社会制度差异，推动各国共享机遇、共谋发展、共同繁荣，打造政治互信、经济融合、文化包容的利益共同体、责任共同体和命运共同体，成为构建人类命运共同体的生动实践。

第四，新时代中国特色大国外交深刻彰显了中国共产党胸怀天下的伟大情怀和世界担当。中国共产党是为中国人民谋幸福、为中华民族谋复兴的党，也是为人类谋进步、为世界谋大同的党。无论是在革命战争年代，还是在和平发展时期，中国共产党始终坚持胸怀天下，顺应历史进步潮流，既立足把自己的事情做好，也通过推动中国发展给世界创造更多机遇。进入新时代，中国共产党以世界眼光关注人类前途命运，创造性提出并积极推动构建人类命运共同体，在国际事务中发挥了重要作用，领导中国特色大国外交砥砺前行。以案例介绍的中塞双方合作成功运营河钢塞钢为例，中国共产党将自身的经验理念与塞尔维亚政府和人民进行分享，以实际行动帮助钢厂脱离困境并取得显著的经济社会效益，直接体现了中国共产党作为马克思主义执政党为人类做出更大贡献的宽广胸怀、雄心壮志、坚定信念。

■ 启示意义

共建“一带一路”秉持人类命运共同体理念，坚持共商共建共享原则，为世界各国走向共同发展繁荣提供了理念指引和实践路径。10 多年来，共建“一带一路”取得显著成效，作为共建“一带一路”的重要合作伙伴，塞尔维亚与中国在“一带一路”倡议框架下展开了一系列卓有成效的合作，河钢塞钢就是其中的典型代表。这些成功实践充分证明，共建“一带一路”是各国共同走向现代化之路，也是人类通向美好未来的希望之路，具有广阔的发展前景。面向未来，中国将与各国一道，坚定不移推动高质量共建“一带一路”，让和平的薪火代代相传，让发展的动力源源不断，让文明的光芒熠熠生辉，让人类命运共同体建设的阳光普照世界。

案例
30

这些年，党内法规制度建设“一路生花”

核心阅读

“治国必先治党，治党务必从严，从严必依法度。”加强党内法规制度建设是全面从严治党的内在规定，是以政党治理现代化和国家治理现代化推进中国式现代化行稳致远的必然要求。党的十八大以来，以习近平同志为核心的党中央从事关党长期执政和国家长治久安的战略高度，创造性提出坚持依规治党，坚持把依规治党作为全面从严治党的重大任务，加快推进党内法规制度建设，形成了以党章为根本的较为完善的党内法规体系，为依法依规管党治党提供了基本遵循。10 多年征程，硕果累累。截至 2023 年 6 月底，全党现行有效党内法规共 3 802 部。其中，党中央制定的中央党内法规 227 部，中央纪律检查委员会以及党中央工作机关制定的部委党内法规 190 部，省、自治区、直辖市党委制定的地方党内法规 3 385 部。党内法规制度建设推进力度之大、出台数量之多、取得成效之显著前所未有。

党内法规是党的中央组织以及中央纪律检查委员会，党中央各部门，省、自治区、直辖市党委制定的规范党组织工作、活动和党员行为的党内规章制度的总称，也是全面从严治党的关键所在。2021 年 12 月 21 日，习近平总书记对加强党内法规制度建设做出指示：“我们党历来重视党内法规制度建设，注重运用党内法规管党治党、提高党的执政能力和领导水平。”党的十八大以来，以习近平同志为核心的党中央持续推进党内法规制度建设，对加强党内法规制度建设做出了总体谋划和科学安排，新时代党内法规建设成绩斐然。

顶层设计

2014 年 10 月，党的十八届四中全会把形成完善的党内法规体系纳入全面推进依法治国总目标。2017 年 10 月，党的十九大明确提出，坚持依法治国和依规治党有机统一，加快形成覆盖党的领导和党的建设各方面的党内法规制度体系。2019 年 10 月，党的十九届四中全会强调，健全总揽全局、协调各方的党的领导制度体系，对加快形成完善的党内法规体系做出新部署。2021 年 11 月，党的十九届六中全会指出，党坚持依规治党，严格遵守党章，形成比较完善的党内法规体系。2022 年 10 月，党的二十大报告指出，坚持制度治党、依规治党，以党章为根本，以民主集中制为核心，完善党内法规制度体系，增强党内法规权威性和执行力，形成坚持真理、修正错误，发现问题、纠正偏差的机制。2023年1月，习近平在中共二十届中央纪委二次全会上指出，坚持制度上全贯通，把制度建设要求体现到全面从严治党全过程、各方面、各层级，以党章为根本，以民主集中制为核心，不断完善党内法规制度体系，增强党内法规权威性和执行力，用制度促进全面从严治党体系贯通、联动，真正实现制度治党、依规治党。

特别是党中央于2016年、2021年两次召开全国党内法规工作会议，先后颁布实施了《中央党内法规制定工作五年规划纲要（2013—2017年）》《中央党内法规制定工作第二个五年规划（2018—2022年）》《中央党内法规制定工作规划纲要（2023—2027年）》，实现了党内法规制度建设的顶层设计规划常态化。

框架构成

中共中央印发党的历史上第一个专门部署推进党内法规制度建设的中央文件——《关于加强党内法规制度建设的意见》，指出完善“1＋4”结构的党内法规制度体系框架，即以党章为根本，党章之下包括党的组织法规制度、党的领导法规制度、党的自身建设法规制度、党的监督保障法规制度。

——以党章为根本遵循。党的十八大以来，加强党内法规制度建设，始终坚持尊崇党章、贯彻党章、维护党章，以党章为根本依据建章立制，确保党内法规准确体现党的最高意志。2012年5月，中共中央印发《中国共产党党内法规制定条例》（2019年8月30日修订），明确规定党章是最根本的党内法规，是制定其他党内法规的基础和依据。党的十九大提出党内法规制度建设必须贯彻“以党章为根本遵循，把党的政治建设摆在首位，思想建党和制度治党同向发力，统筹推进党的各项建设”的总体部署。2022年10月，党的二十大通过的《中国共产党章程》在总纲中增写“不断健全党内法规体系”的内容，进一步阐明了依规治党的实践要求。

——完善党的组织法规制度。党的十八大以来，关于党的组织法规制度的调整最具代表性的是《中国共产党工作机关条例（试行）》《中国共产党党组工作条例》《中国共产党中央委员会工作条例》的制定出台。特别是2021年5月，中共中央印发了中国共产党历史上第一部关于组织工作的统领性、综合性基础主干法规《中国共产党组织工作条例》，夯实了党治国理政的组织制度基础。

——完善党的领导法规制度。党的领导法规包括党领导经济建设、政治建设、文化建设、社会建设、生态文明建设、国防和军队建设等方面的法规，如《中共中央政治局关于加强和维护党中央集中统一领导的若干规定》《中国共产党农村工作条例》《中国共产党统一战线工作条例》《中国共产党宣传工作条例》《中国共产党领导外事工作条例》等，坚持在制度轨道上全面实施党的领导活动。

——完善党的自身建设法规制度。政治建设方面，党制定了《关于新形势下党内政治生活的若干准则》《中国共产党重大事项请示报告条例》等；思想建设方面，党制定了《中国共产党党员教育管理工作条例》《党史学习教育工作条例》等；组织建设方面，党制定了《中国共产党支部工作条例（试行）》《干部教育培训工作条例》等；作风建设方面，党制定了《十八届中央政治局关于改进工作作风、密切联系群众的八项规定》《党政机关办公用房管理办法》等；纪律建设方面，党制定了《中国共产党纪律处分条例》《中国共产党廉洁自律准则》等；反腐败斗争方面，党制定了《党政主要领导干部和国有企事业单位主要领导人员经济责任审计规定》等，为党的建设新的伟大工程提供根本制度保证。

——完善党的监督保障法规制度。10 多年来，党中央制定修订《中国共产党党内监督条例》《中国共产党巡视工作条例》《中国共产党纪律检查机关监督执纪工作规则》《中国共产党问责条例》等一批法规。在制度建设保障层面，《中国共产党党内法规和规范性文件备案审查规定》《纪检监察规范性文件备案审查规定》等发布实施，为保证党组织和党员干部履行好党和人民赋予的职责提供制度保障。

——加快补齐制度短板。党的十八大以来，党中央统筹推进各位阶、各类型、各领域党内法规制定工作。到 2022 年 6 月，已经制定修订中央党内法规 156 部、占现行有效中央党内法规的 70.5%，其中制定修订起“四梁八柱”作用的准则、条例 45 部，占现行有效准则、条例的 90%，填补了大量制度空白，加速推进党内法规体系建设。

——维护制度协调统一。面对党的建设出现的新情况新问题，党中央对党内法规进行了备案审查，开展党内法规立改废工作。2012 年，《中国共产党党内法规和规范性文件备案规定》和《中共中央办公厅关于开展党内法规和规范性文件清理工作的意见》印发，备案审查和清理工作正式启动。到 2021 年 8 月，已经审查地方和部门向党中央报备的党内法规和规范性文件 3.2 万余件、发现和处理“问题文件”1 400 余件，更多的法规文件通过及时清理实现“新陈代谢”。

——紧抓法规执行落实。党的十八大以来，党中央坚持把党内法规制度执行落实摆在更加突出的位置。着力加大公开力度，及时抓好重要党内法规宣传解读；着力加强教育培训，持续推进党内法规制度宣传教育；着力强化监督问责机制，对重要党内法规制度落实情况进行专项督查；着力压实执规责任，构建起比较完善的党内法规执行责任体系，党内法规治理效能日益彰显。

截至 2023 年 6 月底，全党现行有效党内法规共 3 802 部。其中，党中央制定的中央党内法规 227 部，中央纪律检查委员会以及党中央工作机关制定的部委党内法规 190 部，省、自治区、直辖市党委制定的地方党内法规 3 385 部。

2023 年 12 月，中共中央印发新修订的《中国共产党纪律处分条例》。这是党的十八大以来，党中央对该条例的第三次修订，再次释放出以严明纪律管全党治全党的鲜明信号。

2024 年 2 月，中共中央印发新修订的《中国共产党巡视工作条例》，更加鲜明地确定了巡视工作的方向和任务，首次从党内法规的高度对政治巡视定位和巡视工作方针做出规定。

党内法规制度体系的建立健全，使得各级党组织和全体党员的各项行为和党的各项活动有章可循、有规可依，为维护党的团结统一，为推进新时代党的建设新的伟大工程，为党团结带领全国人民实现中华民族伟大复兴提供了坚实的制度保障。

思考讨论

1. 如何理解党内法规制度体系框架？
2. 为什么说加强党内法规制度建设是全面从严治党的长远之策、根本之策？
3. 党的十八大以来党内法规制度建设有哪些经验启示？

教学建议

本案例主要适用于第十七章第二节“以政治建设为统领深入推进党的建设”部分的辅助教学。案例主要展示了党的十八大以来，以习近平同志为核心的党中央加强顶层设计、统筹推进，以制度建设推动全面从严治党所开展的党内法规制度建设的基本概况和显著成效。

组织教学建议

第一，要引导学生全面了解党内法规制度建设的基本概况及重要意义。案例主要从加强党内法规建设的科学部署、“1＋4”结构的党内法规制度体系、统筹推进党内法规制度建设的具体举措三方面展开。通过梳理案例的基本思路，带领学生回顾党的十八大以来中国共产党以建章立制为重要抓手，坚持制度治党、依规治党，系统推进党内法规制度建设的主要脉络，使学生对10多年党内法规建设的主要内容及其时代价值有系统整体的把握。

第二，要引导学生深刻认识党章在新时代加强党内法规制度建设的重要地位。10多年间以习近平同志为核心的党中央为加快推进党内法规制度建设所做出的一系列科学部署和重大决策安排，其中最为核心的一条就是以党章为根本遵循。《中国共产党党内法规制定条例》明确规定党章是最根本的党内法规，是制定其他党内法规的基础和依据。党的十九大则将党内法规制度建设作为加强党的自身建设与提高治国理政能力的重要方面，提出了党内法规制度建设必须贯彻以党章为根本遵循，把党的政治建设摆在首位，思想建党和制度治党同向发力，统筹推进党的各项建设的总体部署。习近平在中共二十届中央纪委二次全会上再次强调，以党章为根本，以民主集中制为核心，不断完善党内法规制度体系。这都凸显了党章在党规党纪中的根本地位。

第三，组织学生围绕制度执行和制度落实的重要性展开讨论，引导学生理解新时代党内法规制度执行落实环节的重大意义。10多年间，为顺应时代发展新变化，党中央以及各地区各部门加快党内法规制定步伐，开展党内法规立改废工作，既填补了制度空白，又对原有无法完全适应社会发展的部分党内法规做出调整，建构起了“1＋4”结构的党内法规制度体系框架，即以党章为根本，党章之下包括党的组织法规制度、党的领导法规制度、党的自身建设法规制度、党的监督保障法规制度。与此同时，还要引导学生理解发挥党内法规制度优势的关键就是要抓好落实执行。党的十八大以来，党通过加大党内法规公开宣传和教育力度、完善执行监督问责制度、构建执行责任体系等举措紧抓党内法规执行环节，确保党内法规制度建设与党内法规执行一体推进，强化制度执行，发挥制度的治理优势转化作用。

第四，引导学生理解党内法规建设是推进党的自我革命的重要制度保障。勇于自我革命，是中国共产党区别于其他政党的显著标志，是党长盛不衰的重要原因。党内法规在推进新时代党的建设新的伟大工程、推进全面从严治党向纵深发展等方面发挥着重大作用。不断完善的党内法规制度体系，为党的自我革命伟大实践提供了坚实的制度保障。

总结提升建议

第一，党内法规制度建设事关全面从严治党、依规治党的目标能否达成，事关党的长期执政和国家长治久安。党内法规制度是中国特色社会主义制度的重要组成部分，是中国共产党管党治党的独特制度优势，是全面从严治党的根本之策、长远之策，全面从严治党必须突出强调党内法规制度建设。新时代党内法规制度建设取得的历史性成就表明，制度问题带有根本性、全局性、稳定性和长期性。坚持党要管党、全面从严治党必须有坚强的制度作保证。党的十八大以来，通过建构“1＋4”结构的党内法规制度体系框架，形成了以党章为根本，党的组织法规制度、党的领导法规制度、党的自身建设法规制度、党的监督保障法规制度等一系列制度设计和安排，这些党内法规制度贯穿党的政治建设、思想建设、组织建设、作风建设、纪律建设和反腐败斗争等各项工作，覆盖党内生活的各方面各环节，为推动全面从严治党向纵深发展提供了强大助力。

第二，党章是最根本的党内法规，是制定其他党内法规的基础和依据。将党章作为根本性规范，是新时代党的建设的本质要求。中国特色社会主义进入新时代，党的建设的一条重要经验，即始终坚持把党章作为管党治党总依据，着力形成以党章为根本，以准则、条例等中央党内法规为主干，内容科学、程序严密、配套完备、运行有效的党内法规制度体系，将认真学习党章、严格遵守党章作为加强新时代党的建设的一项基础性、经常性工作，切实把党章要求贯彻到党的工作和党的建设全过程、各方面，使全党思想上更加统一、政治上更加团结、行动上更加一致，推动党在革命性锻造中更加坚强有力。党的十八大以来，我们党以党章为根本依据建章立制，通过了《中国共产党党内法规制定条例》《关于在全体党员中开展“学党章党规、学系列讲话，做合格党员”学习教育方案》等，建构起以党章为根本性规范的党内法律法规制度。

第三，加强党内法规制度建设，是继续推进新时代党的建设新的伟大工程的必然要求和题中应有之义。中国共产党是执政党，是中国特色社会主义事业的领导核心，党的建设质量和水平关乎中国特色社会主义事业的兴衰成败。党的自身建设制度化设计和安排，对于全面从严治党向纵深发展和提高党的领导质量和水平具有重要作用。从案例中可以看到，10多年来，我们党在政治建设、思想建设、组织建设、作风建设、纪律建设、反腐败斗争等方面，制定了一系列法律法规，规范党员领导干部言行，念好“紧箍咒”，为党的建设新的伟大工程提供根本制度保证。

第四，党内法规制度的生命力在于执行，只有紧紧扭住党内法规制度执行这个关键，才能切切实实把党内法规制度优势更好地转化为管党治党效能。制度能否发挥作用，关键要看执行是否到位。制度执行越有力，就越能充分发挥其功能，彰显其价值。否则，再好的制度、再严的纪律、再硬的规矩也会因为落实不到位而走样、变形，成为一纸空文。随着中国特色社会主义进入新时代，中国共产党要不断深化对客观形势的认识，顺应时代发展新变化和党的建设新要求，坚持科学立规与严格执规相统一的重要原则，适时加强党内法规建设工作，紧抓党内法规制度执行环节，把党内法规制度落实摆在更加突出的位置，建立健全制度执行的监督、检查等配套机制，构建起一整套行之有效的制度执行体系，增强制度的协同性和整体性功能，坚决维护制度的严肃性和权威性，才能推动制度落实落地，切实把我国制度优势转化为治理效能。全党现行有效的党内法规覆盖了党的领导和党的建设各方面。这里必须要强调的是，如果制度得不到落实，再多的制度也只会流于形式。

启示意义

“经国序民，正其制度。”制度问题更带有根本性、全局性、稳定性和长期性。加强党内法规制度建设，是全面从严治党的长远之策、根本之策，有利于提高党科学执政、民主执政、依法执政水平，保证全党团结统一、行动一致。正如案例所示，党的十八大以来，一系列关于加强党内法规制度建设的决策部署，立足实际、着眼长远，环环相扣、梯次推进，充分彰显依规治党的强大政治保障功能，为坚定不移推进全面从严治党提供了制度保障。面向未来，中国共产党必须继续加强党内法规制度建设，织牢全面从严治党“制度笼子”，把党内法规制度优势更好转化为管党治党、治国理政的治理效能，以党的执政能力现代化推进中国式现代化向纵深发展。

案例 31

全面从严治党：雷霆风暴扫淤沙 激浊扬清始到金

核心阅读

“新松恨不高千尺，恶竹应须斩万竿。”党的十八大以来，我们党开展了史无前例的反腐败斗争，以“得罪千百人、不负十四亿”的使命担当祛疴治乱，不敢腐、不能腐、不想腐一体推进，“打虎”“拍蝇”“猎狐”多管齐下，坚持以严的主基调深化自我革命，以反腐惩恶的雷霆之势彰显自我革命，反腐败斗争取得压倒性胜利并全面巩固，开辟了党的自我革命新境界。习近平在党的二十大报告中强调：“腐败是危害党的生命力和战斗力的最大毒瘤，反腐败是最彻底的自我革命。”2024 年 1 月，在二十届中央纪委三次全会上习近平再次明确指出：“新征程反腐败斗争，必须在铲除腐败问题产生的土壤和条件上持续发力、纵深推进。”全面从严治党永远在路上，党的自我革命永远在路上。

腐败是世界公认的“政治之癌”。对于中国共产党而言，腐败是人民的天敌，中国共产党与腐败水火不容，势不两立。党的十八大以来，以习近平同志为核心的党中央坚持“打虎”“拍蝇”“猎狐”多管齐下，以雷霆之势出击，采取有效措施坚决遏制腐败蔓延势头，在从严管党治党方面取得卓越成效。

腐败淤沙

2013 年 1 月 22 日，习近平在十八届中央纪委第二次全会上指出：“当前一些领域消极腐败现象仍然易发多发，一些重大违纪违法案件影响恶劣，反腐败斗争形势依然严峻，人民群众还有许多不满意的地方。”从一段时间以来腐败现象滋生蔓延的情况看，反腐败斗争依然存在着长期性、复杂性、艰巨性的显著特征。

淤沙一：腐败程度深

家族性腐败、区域性腐败、系统性腐败、塌方式腐败多发。窝案串案多，集体沦陷多。贪腐数额巨大，贪腐金额动辄上千万、上亿元，而且往往集政治蜕变、经济贪婪、生活腐化于一身。诸如石油系统的腐败窝案串案、山西塌方式腐败，查处一案牵出一窝，“拔出萝卜带出泥”，腐败蔓延态势趋于严重化。

淤沙二：腐败涉及广

各部门包括党政机关、司法机关、国有企业、军队等都发现有大量腐败问题，各省份也都有腐败现象。各类腐败现象的相互交织，各种利益关系的相互交织，权钱交易、权色交易、权权交易的相互交织。诸如十七届中央政治局原委员、原常委周永康，通过滥用权力在其周围编织出“秘书帮”“石油系”“四川系”“政法系”等各式政治利益与经济利益相互交织的政治帮派团伙，形成党内重大政治隐患。

淤沙三：腐败人数多

从上到下，既有正国级官员这种“大老虎”，也有科级干部这样的“小苍蝇”，“小官大贪”的案件更是频频出现。北京市郊区一个村会计挪用资金达1.19亿元；河北省秦皇岛市北戴河区供水总公司一个干部家中竟然搜出现金上亿元、黄金37公斤，其名下还有房产60多套。“蝇贪”肆虐，其害如“虎”，直接侵害着人民群众的切身利益，严重损害了党和政府在人民群众中的形象。

淤沙四：腐败花样百出

变通式腐败层出不穷。一些腐败分子存在一些使歪招、打折扣、搞变通的现象。有的送礼和收礼穿上“隐身衣”，礼品册、电子礼品卡等花样繁多，利用网络、快递进行，双方不见面，十分隐蔽。

雷霆风暴

党的十八大以来，以习近平同志为核心的党中央把全面从严治党纳入“四个全面”战略布局，坚持反腐败无禁区、全覆盖、零容忍，坚持重遏制、强高压、长震慑，坚持受贿行贿一起查，坚定不移“打虎”“拍蝇”“猎狐”，反腐败斗争取得压倒性胜利并全面巩固。

风暴一：严惩群众身边不正之风和腐败问题

2012年至2017年，处分乡科级及以下党员干部134.3万人。扫黑除恶专项斗争开展以来，扶贫和乡村振兴领域的突出问题得到坚决整治，涉黑涉恶腐败和“保护伞”被深挖彻查，处置破获唐山烧烤店打人案、黑龙江哈尔滨李氏三兄弟案、湖南新晃操场埋尸案、云南孙小果案等一批大案要案。党的二十大以来，整治群众身边不正之风和腐败问题的工作要求进一步聚焦、深化。中共中央办公厅印发《中央反腐败协调小组工作规划（2023—2027年）》，明确要求推动反腐败向基层延伸，聚焦就业创业、教育医疗、养老社保、生态环保、安全生产、食品药品安全、执法司法等领域，加大对腐败案件中发现的“村霸”“街霸”“矿霸”等的整治力度。

风暴二：加强反腐败国际追逃追赃

2014年，中央反腐败协调小组专设国际追逃追赃工作办公室，持续协调开展“天网行动”，遏制腐败分子外逃态势。党的十八大至二十大期间，“天网行动”共追回外逃人员10 668人，追回赃款447.9亿元，“百名红通人员”已有61人归案，新增外逃腐败分子数量大幅下降，从根本上扭转了腐败分子“贪了就跑、跑了就了”的状况。“天网2023”行动共追回外逃人员1 624人，追赃挽损102亿元，新增外逃人员继续控制在低位。2025年已是天网行动走过的第11个年头，全面从严治党永远在路上，反腐败国际追逃追赃永远在路上。

风暴三：加强党对反腐败斗争的全面领导

从2016年11月开始，以加强党对反腐败斗争统一领导为目的的国家监察体制改革，先在北京、浙江、山西三地试点，然后推广至全国。十三届全国人大一次会议通过的《中华人民共和国宪法修正案》和《中华人民共和国监察法》把监察体制改革这一加强党对反腐败斗争统一领导的实践成果转化为法律成果。党的十八大以来出台的《监察机关监督执法工作规定》《中华人民共和国监察法实施条例》《中国共产党纪律检查委员会工作条例》等党内法规、监察法规均规定了党委在反腐败斗争各个环节应当发挥的领导作用。

风暴四：加强推进制度反腐

中央推动设立国家监察委员会和地方各级监察委员会，实现对所有公职人员的监察监督全覆盖。2015年8月通过的《中华人民共和国刑法修正案（九）》进一步完善贪污受贿犯罪的定罪量刑标准，加大对行贿犯罪的处罚力度。2018年10月修改的《中华人民共和国刑事诉讼法》，完善与《中华人民共和国监察法》的衔接机制，调整人民检察院侦查职权，加大境外追逃工作力度和手段，建立犯罪嫌疑人、被告人潜逃境外的缺席审判程序。2024年修订的《中国共产党巡视工作条例》进一步完善了巡视监督内容，强调发挥政治巡视利剑作用，继续推动巡视工作深化发展。

风暴五：注重受贿行贿一起查

党的十九大以来的历次中央纪委全会都特别总结当年全国纪检监察机关在“受贿行贿一起查”方面的工作进展，并对进一步加强“受贿行贿一起查”提出具体要求。2021年9月，中央纪委国家监委会同有关单位联合印发《关于进一步推进受贿行贿一起查的意见》，规定了应重点查处的行贿行为及纪检监察机关、审判机关和检察机关的工作着力点，迈出了推进“受贿行贿一起查”法治化、制度化、规范化、长效化的重要一步。

风暴六：规范领导干部配偶、子女及其配偶经商办企业行为

2022年6月，中共中央办公厅印发《领导干部配偶、子女及其配偶经商办企业管理规定》。该规定明确要求，对不同层次、不同类别领导干部配偶、子女及其配偶经商办企业分别提出了禁业要求，领导干部职务层次越高要求越严，综合部门严于其他部门；此外，要求领导干部子女的配偶经商也需报告。这些都表明相关红线越来越严厉，约束之网织得更紧了，有利于最大程度从源头避免领导干部亲属经商滋生种种乱象。

“硕果累累”

一系列数据有力表明反腐败斗争压倒性胜利持续巩固。

2012年11月至2022年4月底，全国纪检监察机关共立案审查调查438.8万件、470.9万人；查处违反中央八项规定精神问题72.3万起，给予党纪政务处分64.4万人；运用“四种形态”批评教育帮助和处理1 134.4万人次。

2017年10月至2022年4月底，全国共查处民生领域腐败和作风问题49.6万个，给予党纪政务处分45.6万人，7.4万人主动向纪检监察机关投案，反腐败“拐点”效应日益凸显。教育医疗、养老社保等领域的腐败和作风问题得到持续纠治，民生领域损害群众利益问题的治理机制不断完善。

仅2024年，全国纪检监察机关就立案87.7万件，其中立案省部级及以上干部73人、

厅局级干部4 348人、县处级干部3.5万人、乡科级干部12.1万人；处分88.9万人，其中处分省部级及以上干部73人，厅局级干部3 838人，县处级干部3.1万人，乡科级干部11.2万人，一般干部12.8万人，农村、企业等其他人员61.3万人。坚持受贿行贿一起查，立案行贿人员2.6万人，移送检察机关4 271人。

从“腐败和反腐败呈胶着状态”到“反腐败斗争压倒性态势正在形成”“反腐败斗争压倒性态势已经形成并巩固发展”，再到“反腐败斗争取得压倒性胜利并全面巩固”，这是党的十八大以来全面从严治党、党风廉政建设和反腐败斗争不断向纵深发展的重大成果。

纵深推进

2024年1月，第二十届中纪委第三次全体会议在京召开，习近平发表重要讲话，深刻阐述党的自我革命的重要思想，科学回答了“为什么要自我革命”、“为什么能自我革命”和“怎样推进自我革命”三个重大问题，明确提出推进自我革命具体实践要求，为新时代新征程深入推进全面从严治党、党风廉政建设和反腐败斗争提供了根本遵循。

2024年，中共中央办公厅印发《关于在全党开展党纪学习教育的通知》，指出为深入学习贯彻修订后的《中国共产党纪律处分条例》，经党中央同意，自2024年4月至7月，在全党开展党纪学习教育。这次学纪、知纪、明纪、守纪学习教育活动，是严明纪律把党建设得更加坚强有力、推动全面从严治党向纵深发展的新的重要举措，彰显了我们党把伟大自我革命进行到底的坚定决心。

思考讨论

1. 党的十八大以来反腐败斗争都取得了哪些重大成就？

2. 如何理解反腐败斗争取得压倒性胜利并全面巩固？

3. 习近平在党的二十大报告中指出：“腐败是危害党的生命力和战斗力的最大毒瘤，反腐败是最彻底的自我革命。”如何理解这一科学论断？

教学建议

本案例主要适用于第十七章第三节“坚定不移推进反腐败斗争”部分的辅助教学。案例主要展示的是党的十八大以来这10多年以习近平同志为核心的党中央持续推进反腐败斗争，掀起反贪风暴、清治腐败淤沙，在反腐败领域中取得的重大成就和基本概况。

组织教学建议

第一，引导学生把握党的十八大以来我们党开展反腐败斗争的具体概况，从反腐败斗争所取得的重大成就看全面从严治党的重大意义。案例主要结合党的十八大前后腐败现象滋生蔓延的具体表现，梳理了党的十八大以来反腐败斗争重点查处的对象和工作重点，再以反腐败斗争取得的总成就的具体数据为落脚点。这里要以反腐败斗争的准确、真实、震慑性强的成绩进一步激发学生对全面从严治党，尤其是党的反腐败斗争的认同与信任。这里还可以引导学生通过了解中国社会科学院发布的《形象危机应对研究报告2013—2014》的相关数据，在“群众对官员负面形象的厌恶排名”中，“贪”（30.7%）、“渎”（24.8%）和“假”（17.4%）位列群众对党员领导干部负面形象厌恶排名的前三位，进而引导学生进一步把握全面从严治党的重大意义。

第二，引导学生深刻认识和把握全面从严治党的背景。这里要结合案例中的具体数据以及相关报告进一步引导学生了解新时代全面从严治党的背景和复杂形势，使学生懂得腐败问题严重侵蚀了党的执政基础，严重损害了党内政治生态和党的形象，给党和人民事业造成了巨大损失。全面从严治党深入推进反腐败斗争任重而道远，必要且迫切。

第三，建议组织学生观看《永远在路上》《永远吹冲锋号》等，引导学生深入思考腐败和反腐败斗争的相关问题，使学生树立廉洁意识，提高反腐败的政治觉悟。从案例中看到党内存在的腐败现象呈现程度深、涉及广、人数多、花样百出的特点，腐败中出现的“红通人员”“老虎”“苍蝇”等，反腐败斗争中的国际追逃追赃、打“老虎”抓“苍蝇”、严查干部违法乱纪等，无不彰显了腐败和反腐败斗争的此消彼长。不仅如此，这里还要引导学生正确认识腐败问题，讲清楚党的十八大前后腐败问题的严峻性，使学生认识到贪污腐败对个人成长、社会发展和民族兴旺的严重破坏，强化学生恨贪、拒贪、反贪的政治觉悟；还要注意引导学生了解相对于超1亿党员和绝大多数任劳任怨的党员干部而言，腐败分子只是一小部分，从而坚定跟党走的决心。此部分建议教师播放周永康、蒋洁敏等“大老虎”在法庭上的认罪和忏悔视频，视频两侧可穿插“一人不廉，全家不圆”“名为锢身锁，利是焚身火”等类似警醒话语，将隐性教育与显性教育结合起来，增强学生对腐败的警示，提升自身廉洁意识。

总结提升建议

第一，全面打赢反腐败斗争攻坚战持久战，是深入推进全面从严治党向纵深发展的必然要求。腐败是最大的社会毒瘤，是党面临的重大威胁，如果任凭腐败问题愈演愈烈，最终必然亡党亡国。中国共产党要实现长期执政，就必须坚持全面从严治党向纵深发展，向腐败亮剑，深入推进反腐败斗争，根治党内出现的贪污腐败问题。只有扎实推进反腐败斗争，把不敢腐的强大震慑效能、不能腐的刚性制度约束、不想腐的思想教育优势融于一体，全面从严治党才有震慑力和说服力。

第二，维护最广大人民群众的根本利益，是坚持反腐败斗争的根本遵循。人民群众是历史的创造者和实践主体，权力源于人民，党员领导干部必须坚持以人民为中心，把人民群众的根本利益作为一切工作的出发点和落脚点。坚持反腐败斗争深入推进必须持续纠治群众身边的腐败和不正之风，不断提升人民群众的获得感、幸福感、安全感。党和国家在反腐败过程中，加强扫黑除恶专项斗争、严查基层干部违纪违法行为、严查黑恶势力“保护伞”、严查“村霸”宗族等恶势力和黄赌毒背后的腐败行为，体现了坚持以人民为中心的鲜明政治立场，展现了彻底清除群众身边的腐败分子和社会上的黑恶毒瘤的坚决态度和坚定决心。

第三，加强反腐败体制机制建设，是深入推进反腐败斗争的重要内容。制度往往带有根本性、全局性、稳定性和长期性的作用，推进反腐败斗争必须加强制度设计和机制安排。法律是最权威的制度，法治反腐是制度反腐的核心。10多年间党和国家在反腐败领域出台的《中国共产党纪律检查机关监督执纪工作规则》《监察机关监督执法工作规定》《中国共产党纪律检查委员会工作条例》《关于进一步推进受贿行贿一起查的意见》等相关法律制度，构建了一套完善的制度体系，监控和规范公权力的运作方式，在全党起到严厉惩治、形成震慑的同时，有力地扎紧了权力的制度笼子、规范了权力的有序运行。

第四，党的政治建设是党的根本性建设，在新时代党的建设总体布局中具有统领地位。旗帜鲜明讲政治，是马克思主义政党的鲜明特征，也是我们党一以贯之的政治优势。因此，坚持全面从严治党向纵深发展要以政治建设为统领，把党的思想建设、组织建设、作风建设、纪律建设、制度建设贯通协同起来，深入推进反腐败斗争，更好地发挥全面从严治党的成效。从反腐败的案例中可以看到，党内存在的贪污腐败、任人唯亲、买官卖官、纪律涣散、拉帮结派等问题都同政治问题相关联。坚持反腐败斗争就是要透过腐败和作风这个“表”，抓住党的政治领导弱化、政治纪律规矩松弛、管党治党宽松软这个“里”。

第五，反腐败是最彻底的自我革命，必须持之以恒推进反腐败斗争。反腐败斗争关系民心这个最大的政治，是一场输不起也决不能输的重大政治斗争。这种斗争极其复杂、极其艰难，容不得丝毫退让妥协。只有勇于进行自我革命，高度重视腐败的顽固性和危害性，准确把握腐败阶段性特征和变化趋势，聚焦重点领域和关键环节，保持零容忍的警醒、零容忍的力度，统筹推进各领域反腐败斗争，才能从根本上破除阻碍党跳出治乱兴衰历史周期率的腐败“藩篱”，不断清除一切损害党的先进性和纯洁性的有害因素，不断清除一切侵蚀党的健康肌体的病原体。党的十八大以来反腐败斗争所取得的显著成效就是最有力的证据。在新征程上，必须将反腐败这个最彻底的自我革命进行到底，完善党的自我革命制度规范体系，健全党统一领导、全面覆盖、权威高效的监督体系，落实全面从严治党政治责任，以零容忍态度反腐惩恶，更加有力遏制增量，更加有效清除存量，一体化推进不敢腐、不能腐、不想腐，坚决打赢反腐败斗争攻坚战、持久战，确保党永远不变质、不变色、不变味。

第六，在全面从严治党中把党建设得更加坚强有力，中国式现代化才能行稳致远。中国共产党以其性质宗旨、初心使命、信仰信念、政策主张，确保了中国式现代化是社会主义现代化，而不是别的什么现代化。腐败侵蚀党的肌体，破坏公平正义，危害经济健康发展，是实现中国式现代化的“拦路虎”“绊脚石”。只有持续发力、纵深推进正风肃纪反腐，以永远在路上的执着把全面从严治党不断引向深入，才能为中国式现代化清障护航、为中国式现代化提供坚强政治保障。只有时刻保持解决大党独有难题的清醒和坚定，把党建设得更加坚强有力，才能确保中国式现代化劈波斩浪、行稳致远。扎实推动全面从严治党向基层延伸，以惩治群众身边“蝇贪”促进现代化发展成果真正惠及广大人民群众。案例中展示的党的十八大以来全面从严治党所取得的巨大成就已经证明，把党建设得更加坚强有力，对于全面推进中国式现代化来说，是一项必须做也必须做好的“政治工程”。

启示意义

“志行万里者，不中道而辍足。”全面从严治党没有“休止符”只有“进行时”。以什么样的态度对待腐败、以什么样的行动铲除腐败，决定着一个政党、一个政权的成败兴衰。党的性质和宗旨，决定了我们党同各种消极腐败现象水火不容。党风廉政建设和反腐败斗争既是攻坚战也是持久战，一刻都不能放松，一刻也不会放松。习近平在党的二十大报告中强调：“只要存在腐败问题产生的土壤和条件，反腐败斗争就一刻不能停，必须永远吹冲锋号。”反过来逻辑也成立，为了做好反腐败工作，必须消除腐败滋生的土壤和条件。新的征程上，只要把严的主基调长期坚持下去，保持零容忍的警醒、零容忍的力度，坚持不敢腐、不能腐、不想腐一体推进，同时发力、同向发力、综合发力，就一定能把增量遏制住、把存量清除掉，营造出弊绝风清、海晏河清的政治生态。

参考文献

[1] 习近平. 习近平谈治国理政：第 4 卷. 北京：外文出版社，2022.

[2] 中共中央宣传部理论局. 中国式现代化面对面：理论热点面对面·2023. 北京：人民出版社，2023.

[3] 中共中央宣传部理论局. 新征程面对面：理论热点面对面·2021. 北京：人民出版社，2021.

[4] 赵承，张旭东，熊争艳，等. 彪炳史册的伟大奇迹：中国脱贫攻坚全纪实. 共产党员（河北），2021（5）.

[5] 万鹏，任一林. 使命在肩 不负人民：党的领导为脱贫攻坚“领航”“定盘”. 人民网，2020-07-10.

[6] 王晓霞. 求解共同富裕：为何缩小贫富差距在经济下行时愈发重要?. 中国新闻周刊，2021（1013）.

[7] 欧阳浩，乔振友，蒋立杰. 织里：致富之理 解读改革致富的织里样本. 解放军报，2018-09-09（1）.

[8] 杨斌英，王凌云. 中国童装之都织里：奋力演绎新时代“扁担精神”. 浙江日报，2023-02-01（9）.

[9] 张国圣. 重庆：数字经济让城市更有温度. 光明日报，2020-09-13（1）.

[10] 为经济赋能 为生活添彩 重庆为高质量发展插上数字化“翅膀”. 人民日报，2022-08-21（7）.

[11] 王彩娜，孟歌. 科大讯飞：勇攀科技高峰，用人工智能解决社会刚需. 中国经济时报，2022-08-09（1）.

[12] 科大讯飞 引领共建产业生态 扬帆数字蓝海. 人民日报，2022-11-21（12）.

[13] 朱李鸣. 共同富裕示范区县域先行的德清实践及启示. 政策瞭望，2022（10）.

[14] 胡安华. 浙江省湖州市德清县：莫干山下，铺展和美共富画卷. 中国城市报，2023-02-20（16）.

[15] 王英，吴江.“一号工程”锚定“智”胜新赛道. 苏州日报，2022-06-27（5）.

[16] 推动长三角一体化发展取得新的重大突破 在中国式现代化中更好发挥引领示范作用. 人民日报，2023-12-01（1）.

[17] 吴焰，韩俊杰，徐靖. 长三角一体化推动高质量发展. 人民日报，2023-06-08（4）.

[18] 王斌来，姜峰，吴丹，等. 成渝地区双城经济圈建设迈出新步伐. 人民日报，2023-12-22（1）.

[19] 林治波，王斌来，崔佳，等. 联动添活力 共塑新优势 成渝地区双城经济圈建设

稳步推进.人民日报，2022-08-05（1）.

［20］王昊男，汪哲平.目标同向 措施一体 优势互补 互利共赢 京津冀协同发展十年成果丰硕.人民日报，2024-02-23（7）.

［21］李兰冰，靳博.充分发挥京津冀协同发展的战略牵引作用.人民日报，2024-03-07（17）.

［22］靳昊.人民法庭，把司法温暖送到群众心坎上.光明日报，2022-10-29（5）.

［23］马澳楠.大镇小法庭 倾心润江北：铜陵郊区法院江北人民法庭办案札记.中国法院网，2023-11-20.

［24］于瑞荣.永不消逝的“马背法庭”：“建设更高水平平安青海”蹲点调研.青海日报，2023-11-02（5）.

［25］光明日报调研组.让三苏文化“活起来”“火起来”：敬仰中华优秀传统文化坚定文化自信的眉山实践.光明日报，2023-06-29（5）.

［26］郑智维.眉山三苏祠：守住三苏文化千年根脉.民生周刊，2023（23）.

［27］李圆玲.从藤梯到楼梯：“悬崖村”的山乡巨变.传记文学，2021（1）.

［28］华小峰.“悬崖村”村民的新生活.南方人物周刊，2022-06-27.

［29］董瑛，李岚.监督直达田间 清风吹暖民心：浙江省宁波市象山县清廉村居建设的实践探索.光明日报，2020-04-01（5）.

［30］顾仲阳，方敏.自治消化矛盾 法治定分止争 德治春风化雨 浙江念好乡村治理“三治经”.人民日报，2019-06-09（1）.

［31］江南，窦瀚洋.走进安吉，看“绿水青山就是金山银山”.人民日报，2023-12-08（13）.

［32］岳德亮.浙江余村“两山”转化再出发.瞭望，2021（52）.

［33］冯家顺.国家安全机关公布5起典型案例.新华网，2024-04-14.

［34］刘奕湛，齐琪，杨湛菲.“国门”之外、网络背后……这些危害国家安全的行为要警惕.新华社，2023-04-14.

［35］杨明.系统推进国家安全体系和能力现代化.光明日报，2022-12-01（6）.

［36］周宇.“2018-雷霆”专项行动破获百余起台湾间谍案.北京青年报，2018-09-17.

［37］周斌.反华敌对势力渗透拉拢策反内地赴港学生 国家安全机关公布4起危害国家安全典型案例.法治日报，2021-04-15（5）.

［38］徐隽，金正波.砺剑深蓝铸忠诚.人民日报，2024-01-07（2）.

［39］海军党委.奋进深蓝写忠诚.求是，2024（4）.

［40］本报评论员.谱写具有澳门特色“一国两制”成功实践新篇章.人民日报，2023-03-31（1）.

［41］莫纪宏.澳门实践彰显“一国两制”生命力和优越性.光明日报，2019-12-27（6）.

［42］钟厚涛，傅强.“汪辜会谈”三十年：传承历史 启迪未来.中国报道，2023（4）.

［43］宿亮，石中玉，张远，等.百年钢厂，又是春好时.光明日报，2024-05-02（1）.

［44］米彦泽，贡宪云.奏响多瑙河畔“钢铁交响曲”！河钢塞钢交出中塞友好合作优

异答卷. 河北日报，2024-05-02（1）.

[45] 黄俏伦，罗宇峰. 中山市：以数字化打造香山号系列创新品牌. 人民之声，2023（10）.

[46] 张房耿. "香山号" 越开越通畅. 中山日报，2023-05-11（2）.

[47] 吴潇雪，黄海燕，李倩文. 广西三江：发挥好 "国字号" 立法直通车的民族特色. 中国人大，2021（17）.

[48] 全国人大常委会法制工作委员会. 基层立法联系点是新时代中国发展全过程人民民主的生动实践. 求是，2022（5）.

[49] 殷雄. 铺开大海写诗篇（上）：忆彭湃、彭士禄父子两人的光辉历程. 经济导刊，2021（4）.

[50] 阮纯生，钟根清. 生态产品价值实现的丽水实践. 学习时报，2021-04-26（8）.

[51] 刘磊，刘毅，颜珂，等. 风展红旗如画：全面贯彻新发展理念的三明探索与实践（上）. 人民日报，2020-12-16（1）.

[52] 罗旭，邱玥，高建进，等. 新时代的幸福缩影：聚焦以人民为中心的三明实践（上）. 光明日报，2020-12-17（12）.

[53] 姜微，何欣荣. 浦东开启新的引领之路. 瞭望，2021（38）.

[54] 姜微，谢锐佳，季明，等. 潮涌东方再扬帆：以习近平同志为核心的党中央关心浦东开发开放纪实. 新华网，2020-11-11.

[55] 刘一霖. 开辟新时代依规治党新境界. 中国纪检监察报，2022-10-12（5）.

[56] 习近平. 健全全面从严治党体系 推动新时代党的建设新的伟大工程向纵深发展. 求是，2023（12）.

[57] 中共中央办公厅法规局. 充分发挥依规治党的政治保障作用：以习近平同志为核心的党中央加强党内法规制度建设纪实. 人民日报，2022-06-26（1）.

[58] 田哲. 反腐败斗争必须永远吹冲锋号. 解放军报，2022-10-21（5）.

[59] 田坤. 党的十八大以来我国反腐败政策和措施调整及动因. 马克思主义研究，2022（6）.

[60] 孙林. 反腐败为何是最彻底的自我革命. 学习时报，2022-11-18（1）.

后　记

本书是2021年度教育部高校思想政治理论课教师研究专项重大课题攻关项目“高校思政课习近平新时代中国特色社会主义思想教学案例库建设研究”（项目批准号：21JDSZKZ01）的阶段性研究成果。在课题推进过程中，得到了教育部社科司主管领导的悉心指导，得到了中国人民大学出版社郭晓明、牛晋芳编审的鼎力支持，以及编辑的精心编校，谨此表示衷心的感谢和深深的敬意。

本书是集体智慧的结晶，由课题首席专家杨慧民主持完成，依托教育部高校思想政治理论课名师工作室（大连理工大学）、大连理工大学思想政治理论课案例教学研究中心开展工作，并得到大连理工大学马克思主义学院党政领导的全力支持。除大连理工大学外，大连交通大学、大连工业大学、西安财经大学的部分教师也参与了编统工作。编写组分工如下：

葛丽君、贾迪：案例2、3、4、8、20、25、26；

王新影：案例18、19、23、24、29；

王娜：案例9、10、11、12；

刘鹏飞：案例1、13、14、15；

张超：案例21、22；

屈宏：案例27、28；

刘秉贤：案例5、6、7；

张灿：案例30、31；

赵劲：案例16、17。

杨丽丽参加了部分案例编写工作。杨慧民负责统稿、定稿。团队成员3年多来的同心协力、精诚合作和战斗友谊成就了本书，在此一并表示感谢。

习近平新时代中国特色社会主义思想内容丰富，但并非所有内容都适合开展案例教学。有些重大理论问题或理论难题，教学案例难以承载和驾驭，只能靠理论自身的魅力来解答。由此，本书虽主要以全国统编教材《习近平新时代中国特色社会主义思想概论》的主要内容和逻辑结构为编写体例，但所选编案例并非对应或涵括每一个理论框架内的所有内容，章节之间案例分布也稍欠均衡，教师可根据教学需要和自身实际灵活选用。

在编写过程中，我们团队参考了许多相关文献资料，无法一一列出，望相关作者谅解，在此表示诚挚的谢意。由于编者能力水平有限，书中一定存在缺点和不足，敬请方家不吝赐教指正。

本书得到了大连理工大学马克思主义学院教材出版经费的资助，特此感谢。

主编

2024年10月

图书在版编目（CIP）数据

新时代高校思想政治理论课教学案例精选. 第 4 辑/杨慧民，张超主编. -- 北京：中国人民大学出版社，2025. 8. -- ISBN 978-7-300-33956-6
Ⅰ. G641
中国国家版本馆 CIP 数据核字第 20256ZU978 号

新时代高校思想政治理论课教学案例精选（第 4 辑）
主　编　杨慧民　张　超
Xinshidai Gaoxiao Sixiang Zhengzhi Lilunke Jiaoxue Anli Jingxuan

出版发行	中国人民大学出版社		
社　　址	北京中关村大街 31 号	**邮政编码**	100080
电　　话	010－62511242（总编室）		010－62511770（质管部）
	010－82501766（邮购部）		010－62514148（门市部）
	010－62511173（发行公司）		010－62515275（盗版举报）
网　　址	http://www.crup.com.cn		
经　　销	新华书店		
印　　刷	中煤（北京）印务有限公司		
开　　本	787 mm×1092 mm　1/16	**版　　次**	2025 年 8 月第 1 版
印　　张	13 插页 1	**印　　次**	2025 年 8 月第 1 次印刷
字　　数	294 000	**定　　价**	79.00 元